INTERMEDIATE FRENCH FOR COMMUNICATION

BIEN SÛR!

GRAMMAIRE EN CONTEXTE

MARIE-CHRISTINE WEIDMANN-KOOP

University of North Texas

with

J. ELIZABETH NEW

University of North Texas

Executive Editor: Laura McKenna

Assistant Editor: María F. García

Senior Managing Editor: Debbie Brennan
Illustrator: Andrew Lange
Manufacturing Buyer: Tricia Kenny

 © 1996 by Prentice Hall, Inc.
A Simon and Schuster Company
Upper Saddle River, New Jersey 07458

Printed in the United States of America
10   9   8   7   6   5   4   3   2   1

ISBN   0-13-399924-6

Prentice Hall International (UK) Limited, *London*
Prentice Hall of Australia Pty. Limited, *Sydney*
Prentice Hall Canada Inc., *Toronto*
Prentice Hall Hispanoamericana, S. A., *México*
Prentice Hall of India Private Limited, *New Delhi*
Prentice Hall of Japan, Inc., *Tokyo*
Simon & Schuster Asia Pte. Ltd., *Singapore*
Editora Prentice Hall do Brasil, Ltda., *Rio de Janeiro*

Table of Contents

Chapitre 10
Etablir des relations entre les éléments et montrer 201

Structures

Faisons le point   217

Bloc-notes: Convaincre   220

Compréhension auditive

Appendices

Preface

Bien sûr is a flexible, two-volume program that focuses on expanding communicative competence and developing cultural skills at the intermediate level. It consists of a cultural reader/conversation text (*Culture et communication*) and a grammar review text (*Grammaire en contexte*) that may be used together, separately, or in conjunction with other texts, depending on the focus and goals of the course.

Culture et communication uses a variety of authentic documents from contemporary France and Francophone regions to equip students to function in different situations within a French-speaking context. It offers balanced work in all skill areas, including materials for developing cultural skills. *Grammaire en contexte* includes a systematic presentation of French structures accompanied by contextualized activities that further explore the themes and recycle the vocabulary in the corresponding chapters of *Culture et communication*. *Grammaire en contexte* may serve as an active review of French grammar or a grammar reference text.

Highlights of the Program: *Culture et communication*

- Each of the ten chapters is organized around a cultural theme. An introduction, written in clear, manageable French, provides students with an overview of the basic elements of each theme and prepares them for the authentic texts that follow.

- Reading and discussion materials include a generous mix of authentic selections from magazines and newspapers, essays by recognized authors, literary excerpts and other authentic documents.

- A complete range of pre- during- and post-reading activities helps students develop good reading habits through intensive practice in skimming, scanning, decoding and other reading strategies.

- An abundance of widely-ranging activities, including both the guided and open-ended types, provides progressive practice in all skill areas.

- A focus on functions and idiomatic phrases exposes students to several language registers. Communicative activities encourage students to recycle functions and idiomatic phrases as they explore provocative themes.

- The *Echos francophones* collages assemble a variety of materials that offer unusual glimpses into French-speaking regions around the world. Along with the other authentic texts in the chapter, the *Echos francophones* provide a dynamic and up-to-date picture of life in contemporary France and the Francophone world.

Highlights of the Program: *Grammaire en contexte*

This volume serves as both a grammar review with exercises and a workbook/lab manual combination.

- Grammar explanations in English enable students to review material outside of class.

- All exercises are contextualized and related to the themes in *Culture et communication*.

- A section of skill-using activities provides opportunities to synthesize material introduced throughout the chapter in an expanded context.

- A series of process-writing activities which includes peer editing and journal work.

- All pages are perforated, so that students may hand in the sections *Faisons le point*, *Bloc-notes*, and *Compréhension auditive* to their instructor after each chapter has been completed.

- Listening texts-on-cassette provide opportunities to develop aural skills.

Chapter Organization

Every chapter of **Culture et communication** contains these elements:

- *Introduction.* An overview of the chapter theme that provides key background information in clear, easy-to-read French.

- *Vocabulaire pour la discussion.* A semantically-organized list of basic words and expressions related to the chapter theme. Brief activities give students the opportunity to process this new vocabulary before encountering it in authentic texts and using it in more open-ended activities.

- Authentic texts. Two or three authentic reading texts from magazines, newspapers, essays, literature and other sources present different aspects of the chapter theme. Extensive pre-, during-, and post-reading tasks help students become independent readers by developing their repertoire of reading strategies. The authentic texts also serve as a basis for activities that develop students' oral communicative competence and cultural awareness.

- *Boîte à outils.* This section presents key language functions and idiomatic phrases, including those typically used in colloquial French. Here students develop an array of oral strategies for communicating in different situations and are exposed to registers other than the formal language. The activities in this section include role-plays and other opportunities for practicing functions and phrases in context.

- *Echos francophones.* A series of brief, authentic documents that explore dimensions of the chapter theme as it relates to French-speaking regions and countries outside of France.

Every chapter of **Grammaire en contexte** contains four sections:

- The *Structures* section comprises a systematic review, in English, of French grammatical structures. A series of exercises, contextualized around the themes of the corresponding chapter in **Culture et communication**, offers immediate practice of each structure.

- The *Faisons le point!* section provides an array of skill-using activities and tasks that synthesize the chapter material, including additional opportunities to practice grammatical structures in context. This section serves as a workbook with activities to be handed in to the instructor.

- The *Bloc-notes* section is a carefully-developed sequence of process-writing activities which provide guidance for performing major functions: free-write; brainstorming and planning; description; exposition; peer editing; writing formal letters; argumentation; expressing opinions, hypotheses, and wishes; and journal work.

- A separate section at the end of the book (*Compréhension auditive*) includes listening activities based on dialogs and authentic materials recorded on a separate cassette.

Supplements

Student cassette
This 60-minute cassette contains recordings of the dialogs and other aural texts that provide a basis for the listening comprehension activities in the *Compréhension auditive* section of ***Grammaire en contexte***.

Instructor's Manual with Testing Program
The Instructor's Manual provides teaching suggestions and tips for presenting material, additional activities, a tapescript of material on the student cassette, and a complete test bank with a testing cassette.

The two-volume format allows maximum flexibility. Instructors may choose **Bien sûr** to suit a variety of courses and goals. *Culture et communication* may be used as a stand-alone reader, conversation text, or culture text or even in conjunction with any reference grammar. Similarly, ***Grammaire en contexte*** may be combined with any intermediate-level reader or conversation text.

Acknowledgments

The *Bien sûr* program is the result of many years of research and benefits from the input and invaluable suggestions from instructors, students, and colleagues from around the country. In particular, I would like to thank the many students at the University of North Texas who participated in the testing of this program. I would also like to extend my appreciation to the following professionals who participated in reviewing preliminary drafts of the manuscript at various stages of development:

Dorothy Betz, *Georgetown University*
David Birdsong, *University of Florida*
Richard Boswell, *Binghampton University*
Lynne Breakstone, *Washington University*
Joseph Brienes, *Boston University*
Madeleine Cottenet-Hage, *University of Maryland*
Ernest F. Crystle, *University of North Texas*
Martine Debaisieux, *University of Wisconsin, Madison*
Christian R. Derobert, *Boston University*
Cecil Fay-Baulu, *McGill University (Canada)*
Rosalee Gentile
Helene Germain-Simoes, *University of Kansas*
Donald Gilman, *Ball State University*
Elizabeth M. Gunthrie, *University of California, Irvine*
Deborah Hess Morsink, *Drew University*
Karen Kelton, *University of Texas, Austin*
Celeste Kinginger, *University of Maryland*
Lynn Klausenburger, *University of Washington*
John Klee, *Foothill College*
Pam LeZotte, *University of Nebraska, Lincoln*
Jeff Loveland, *University of Cincinnati*
Lucy Mould, *University of South Carolina*
Sini Prosper Sanou, *University of Arizona*
Jean-Marie Schultz, *University of California, Berkelely*
Sharon L. Shelly, *University of Kentucky*
Susan F. Spillman, *Xavier University of Louisiana*
William Thompson, *Memphis State University*
Sharon T. Trachte, *Elizabethtown College*
Andy Wallis, *University of Georgia*
Erin Walsh, *Penn State University*
Jeannie Welch, *Brigham Young University*
Mary Williams, *Tarrant County Junior College*

I am especially grateful to Isabelle Kaplan who provided many insightful suggestions during the development of the manuscript and to Elizabeth New for agreeing to participate in the second volume of the program, *Grammaire en contexte* and for her invaluable contributions.

I would also like to thank the staff at Prentice Hall: to Steve Debow who guided me skillfully through the entire publishing process; Marian Wassner for her suggestions; Debbie Brennan for her project management and page layout; Joan Schoellner for her keen insight for both form and content; María García for her management of the audio component of the program; Karen George for her assistance throughout the project; and Todd Ware and Maria Piper for their help with the art production.

Finally, I wish to thank my family and friends who supported me throughout the process. I am indebted to my parents who helped me with the search for authentic documents and realia, and to my friend Isolde Crahay for her assistance in many ways. Last, but certainly not least, I express my thanks to Dave for his suggestions and untiring help with the proofreading, and Caroline for her patience and understanding.

M.-C. W.-K.

Parler au présent et situer un lieu géographique

Structures

- Le présent de l'indicatif
- L'impératif
- Les prépositions avec les noms géographiques

Faisons le point

Bloc-notes

Ecriture libre

Le présent de l'indicatif

General uses of the present tense

The present tense expresses an action that is happening at the present moment. It can refer to the following situations:

1. An action of a general nature or habitual nature

   On **parle** français en Belgique.
   French is spoken in Belgium.

   Tous les étés, je **passe** mes vacances en Suisse.
   Every summer I spend my vacation in Switzerland.

2. An action that is currently in progress

   Qu'est-ce que tu **fais**?
   What are you doing?

   Je **regarde** un film sur la Côte d'Ivoire.
   I am watching a movie about the Ivory Coast.

3. An action that will take place in the near future

   Je **pars** pour Bruxelles demain soir.
   I am leaving for Brussels tomorrow evening.

Note that the French present tense has only one form, whereas English has three:

je regarde $\left\{\begin{array}{l} I\ watch \\ I\ am\ watching \\ I\ do\ watch \end{array}\right.$

Formation of the present tense

The present tense is formed by dropping the ending of the infinitive and adding the present tense endings to the stem of the verb.

Verbs ending with *-er* in the infinitive

parler → parl-	
je parle	nous parl**ons**
tu parl**es**	vous parl**ez**
il/elle/on parle	ils/elles parl**ent**

étudier → étudi-	
j'étudie	nous étudi**ons**
tu étudi**es**	vous étudi**ez**
il/elle/on étudie	ils/elles étudi**ent**

PRONOMINAL VERB[1]: *se laver → lav-*	
je me lave	nous nous lav**ons**
tu te lav**es**	vous vous lav**ez**
il/elle/on se lave	ils/elles se lav**ent**

---

[1]See **Chapitre 7** for more details on pronominal or reflexive verbs.

Reminder: when a verb starts with a vowel or silent **h**:

- **je** becomes **j'**: **j'étudie, j'habite**; **me, te, se** become **m', t', s'**: **je m'habille**.
- in the plural, the liaison between the subject pronoun and the verb form is mandatory: **nous étudions, vous habitez, ils aiment**.

a. **Aller** is the only irregular **-er** verb.

ALLER	
je vais	nous allons
tu vas	vous allez
il/elle/on va	ils/elles vont

b. Although all other **-er** verbs have regular endings, some verbs undergo spelling changes according to their stem.

- When verbs end in **-cer**, the **c** becomes **ç** in the **nous** form in order to maintain the [s] sound of the stem:

  commencer: je commence, nous commençons

  Some verbs in this category are: **annoncer, prononcer, remplacer**.

- When verbs end in **-ger**, an additional **e** is needed in the **nous** form in order to maintain the [ʒ] sound of the stem.

  manger: je mange, nous mangeons

  Some verbs in this category are: **voyager, nager, changer**.

- When verbs end in **-yer**, the **y** of the stem changes to **i** in the **je, tu, il(s), elle(s)**, and **on** forms, but not in the **nous** and **vous** forms.

  employer: j'emploie; BUT: nous employons
  s'ennuyer: tu t'ennuies; BUT: nous nous ennuyons

  Some verbs in this category are: **envoyer, essayer**. However, verbs ending in **-ayer** may retain the **y**:

  payer → **je paie** or **je paye**.

- When verbs have an **é-** in the next to last syllable of the infinitive, this **é-** changes to **è-** in the **je, tu, il(s), elle(s)**, and **on** forms, but not in the **nous** and **vous** forms.

  célébrer: je célèbre; BUT: nous célébrons

  Some verbs in this category are: **céder, compléter, espérer, interpréter, posséder, précéder, préférer, protéger, répéter**.

- When verbs end in **e + consonant + er**, there are two possibilities:

  In some cases, the consonant before **-er** is doubled in the **je, tu, il(s), elle(s)**, and **on** forms.

  appeler: j'appelle, il appelle; BUT: nous appelons, vous appelez
  jeter: je jette, tu jettes; BUT: nous jetons, vous jetez

  In other cases, a grave accent is added to the **e** that precedes the consonant in the **je, tu, il(s), elle(s)**, and **on** forms.

  acheter: j'achète, tu achètes, ils achètent; BUT: nous achetons, vous achetez
  amener: j'amène; BUT: vous amenez

  Some verbs in this category are: **mener** and its derivatives, **lever** and its derivatives, **geler** and **peser**.

Activité 1. Deux étudiantes martiniquaises à Montpellier. Complétez ce qu'elles nous disent en conjuguant les verbes entre parenthèses au présent et en faisant les changements nécessaires.

PATRICIA: «Bonjour, je me _____ (appeler) Patricia et voici ma sœur Nathalie. Nous _____ (habiter) à la Martinique, mais nous _____ (commencer) notre deuxième année à l'Université de Montpellier la semaine prochaine.

NATHALIE: Moi, je _____ (étudier) l'histoire mais ma sœur _____ (hésiter) encore. Toi, tu _____ (préférer) la sociologie, n'est-ce pas?

PATRICIA: Oui. Je _____ (essayer) de me décider et je _____ (espérer) le faire ce semestre.

NATHALIE: On se _____ (ennuyer) le dimanche et aujourd'hui nous _____ (nager) à la piscine. Nous _____ (penser) souvent à nos parents; ils _____ (aller) nous rendre visite à Noël.

PATRICIA: Nous _____ (aimer) beaucoup la France et nous _____ (voyager) pendant les vacances. Nous _____ (aller) passer une semaine à Paris.

Activité 2. Un petit marché en Suisse. Beaucoup de touristes passent chaque année leurs vacances à Neuchâtel, en Suisse francophone. Les personnes suivantes aiment en particulier le petit marché de la ville. Faites-les parler en conjuguant les verbes au présent.

a. Pierre Duval parle de lui-même: il emploie «je».

b. Sylvie Dumourier parle de ses parents: elle emploie «ils».

c. M. et Mme Schmidt parlent ensemble: ils emploient «nous».

d. Mme Régent parle à sa petite fille: elle emploie «tu».

e. M. Fabrice parle à ses amis, M. et Mme Bodin: il emploie «vous».

f. M. Anquetil parle de sa femme: il emploie «elle».

1. PIERRE: Se lever de bonne heure et commencer la journée par un bon petit déjeuner.

2. SYLVIE: Aller au marché tout de suite après cela.

3. LES SCHMIDT: Se promener d'abord dans le marché, regarder les étalages (*displays*) et comparer les prix des marchands.

4. MME RÉGENT Espérer trouver des produits de la région et acheter des produits de qualité.

5. M. FABRICE: Payer la marchandise et rentrer à la maison.

6. M. ANQUETIL: Manger des produits frais avec beaucoup de plaisir.

Regular verbs ending with *-ir* in the infinitive

There are two groups of regular -**ir** verbs.

a. Most verbs ending in -**ir** include the letter **i** in their singular endings and the letters -**iss** in their plural endings.

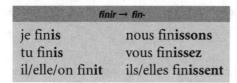

finir → fin-	
je fin**is**	nous fin**issons**
tu fin**is**	vous fin**issez**
il/elle/on fin**it**	ils/elles fin**issent**

Some verbs in this category are: **accomplir, choisir, obéir, punir, réfléchir, remplir, réussir, saisir,** etc.

Verbs formed from adjectives and ending in -**ir**: **grandir, grossir, maigrir, rougir,** etc.

b. Other regular -**ir** verbs do not add -**i(ss)**. Rather, these verbs drop the consonant preceding the -**ir** ending in the singular, but keep this consonant in the plural.

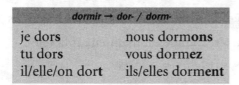

dormir → dor- / dorm-	
je dor**s**	nous dorm**ons**
tu dor**s**	vous dorm**ez**
il/elle/on dor**t**	ils/elles dorm**ent**

Some verbs in this category are: **mentir, partir, sentir, servir, sortir.**

Activité 3. La vie au Québec. Complétez les phrases suivantes en écrivant les verbes entre parenthèses au présent. Faites attention au radical (*stem*) et à la terminaison (*ending*)!

1. Beaucoup de Québécois _____ (choisir) de passer leurs vacances en Gaspésie, une région à l'est du Québec.

2. Dans les restaurants québécois, on _____ (servir) souvent de la tarte au sucre.

3. Au Québec, les enfants _____ (grandir) maintenant en parlant français et anglais.

4. A Montréal, les gens ne _____ (sortir) pas beaucoup en hiver à cause du froid et beaucoup de personnes âgées _____ (partir) pour le sud des Etats-Unis pendant cette saison.

5. Dans la ville de Québec, nous nous _____ (sentir) un peu comme en France.

6. Les commerçants québécois _____ (obéir) à la loi 101 et _____ (réussir) à attirer les clients francophones.

Regular verbs ending with *-dre* in the infinitive

vendre → vend-	
je vend**s**	nous vend**ons**
tu vend**s**	vous vend**ez**
il/elle/on vend	ils/elles vend**ent**

Some verbs in this category are: **attendre, défendre, descendre, entendre, perdre, rendre, répondre, tendre.**

Activité 4. L'Algérie aujourd'hui. Une Française parle de l'Algérie à une amie. Complétez les phrases suivantes en conjuguant l'un des verbes de la liste au présent.

attendre	défendre	dépendre	entendre
perdre	rendre	répondre	vendre

1. Dans les marchés d'Algérie, on _____ beaucoup de fruits exotiques.

2. Si vous parlez français aux Algériens, beaucoup vous _____ dans la même langue, surtout dans les milieux administratifs et commerciaux.

3. En France, nous _____ beaucoup d'Algériens parler français; en fait, les Algériens _____ peu à peu leurs attaches avec la France. L'arabe est maintenant la seule langue officielle en Algérie.

4. Les Algériens _____ parfois visite aux membres de leur famille qui ont émigré en France.

5. Dans les villages, les femmes _____ souvent de leur père, de leur frère aîné ou de leur mari et elles _____ leurs coutumes ancestrales.

6. Dans les villes, les jeunes filles _____ d'aller à l'université pour obtenir leur indépendance.

Irregular verbs

There are many irregular verbs in French; some belong to common verb groups, while others are isolated cases. The conjugations of major irregular verbs appear in the Appendix. Here are some frequently used irregular verbs.

	AVOIR	CONNAÎTRE	DEVOIR	ÉCRIRE	ÊTRE	FAIRE	METTRE
je, j'	ai	connais	dois	écris	suis	fais	mets
tu	as	connais	dois	écris	es	fais	mets
il/elle/on	a	connaît	doit	écrit	est	fait	met
nous	avons	connaissons	devons	écrivons	sommes	faisons	mettons
vous	avez	connaissez	devez	écrivez	êtes	faites	mettez
ils/elles	ont	connaissent	doivent	écrivent	sont	font	mettent

	OUVRIR	POUVOIR	PRENDRE	SAVOIR	VENIR	VOIR	VOULOIR
je, j'	ouvre	peux	prends	sais	viens	vois	veux
tu	ouvres	peux	prends	sais	viens	vois	veux
il/elle/on	ouvre	peut	prend	sait	vient	voit	veut
nous	ouvrons	pouvons	prenons	savons	venons	voyons	voulons
vous	ouvrez	pouvez	prenez	savez	venez	voyez	voulez
ils/elles	ouvrent	peuvent	prennent	savent	viennent	voient	veulent

Some verbs that follow the same patterns are:

> **connaître →** its derivatives (**reconnaître**), **paraître** and its derivatives (**apparaître, disparaître**)
> **mettre →** its derivatives (**permettre, promettre, remettre**)
> **ouvrir →** its derivatives (**couvrir, découvrir**), **offrir, souffrir**
> **prendre →** its derivatives (**apprendre, comprendre**)
> **venir →** its derivatives, **tenir** and its derivatives

The conjugation tables of other irregular verbs can be found in the Appendix.

 Activité 5. Le perroquet (*parrot*). Formez des groupes de trois étudiant(e)s. Un(e) étudiant(e) va d'abord poser des questions à un(e) deuxième étudiant(e) qui lui répond. Pendant ce temps, le/la troisième étudiant(e) écoute attentivement; quand ses deux camarades ont terminé, il/elle rapporte les réponses au reste de la classe.

EXEMPLE: d'où / être?　　ETUDIANTE 1:　D'où es-tu?
　　　　　　　　　　　　ETUDIANTE 2:　Je suis de Madagascar.
　　　　　　　　　　　　ETUDIANTE 3:　Il/Elle est de Madagascar!

1. avoir / des frères et sœurs?
2. à quelle heure / venir / ici le matin?
3. prendre / la voiture ou le bus?
4. que / vouloir / faire dans la vie?
5. que / faire / pendant l'été en général?
6. savoir / faire de la plongée sous-marine?
7. connaître / des pays francophones?
8. souffrir / du froid en hiver?

Activité 6. Les activités du Club Med. Vous êtes journaliste et vous visitez le Club Med de Bora-Bora pour écrire un article à ce sujet. Vous observez les membres du Club pour faire une description de leurs activités. Formez des phrases en employant un élément de chaque colonne et en conjuguant le verbe au présent. Consultez l'Appendice pour la conjugaison des verbes irréguliers.

EXEMPLE: Des artistes amateurs peignent le paysage paradisiaque.

des artistes amateurs	faire	le paysage paradisiaque
un jeune couple	essayer	des jus de fruits exotiques
des adolescents	suivre	une lettre sous un parasol
une dame d'un certain âge	peindre	la plongée sous-marine
une employée du Club	apprendre	dans la forêt tropicale
de jeunes enfants	venir	leurs parents sur la plage
on	offrir	de la planche à voile
la plupart des gens	pouvoir	son journal
une jeune fille	se promener	au Club pour se reposer
un monsieur	lire	s'asseoir à l'ombre des cocotiers
on	écrire	l'anglais avec un moniteur

Activité 7. Un voyage au Sénégal. Complétez les conversations suivantes en conjuguant les verbes entre parenthèses au présent. Consultez l'Appendice pour la conjugaison des verbes irréguliers.

1. Est-ce que vous _____ (vouloir) prendre un voyage organisé?

   —Oui, nous _____ (prendre) cette formule! C'_____ (être) plus pratique!

2. Vous _____ (pouvoir) partir en juillet?

   —Moi, je _____ (devoir) travailler en juillet, mais je _____ (être) libre en août.

3. Est-ce qu'on _____ (accepter) des francs français au Sénégal?

   —Je ne _____ (savoir) pas, mais je _____ (pouvoir) demander à ma banque.

   —Bon alors, tu _____ (appeler) ta banque demain.

4. Quel hôtel est-ce que nous _____ (choisir)?

   —Je _____ (préférer) le Méridien; il _____ (offrir) beaucoup d'options.

5. Nous _____ (faire) une croisière sur le fleuve Sénégal?

   —Ah, oui! Nous _____ (devoir) absolument visiter un petit village typique.

6. Vous _____ (connaître) la cuisine sénégalaise?

   —Non, mais je _____ (croire) qu'on _____ (servir) beaucoup de poisson.

7. Est-ce que Grand-mère _____ (aller) nous accompagner?

   —Non, elle _____ (craindre) la fatigue!

8. Nous _____ (écrire) à l'Office de Tourisme de Dakar?

   —Oui, je _____ (voir) justement l'adresse dans cette brochure! Je _____ (envoyer) ma lettre demain!

9. Est-ce que vous _____ (avoir) tous un passeport en règle?

   —Non, mais nous _____ (commencer) les formalités cette semaine.

10. Est-ce qu'on _____ (avoir) un guide touristique?

    —Je _____ (aller) en acheter un. Tu _____ (venir) avec moi?

Special uses of the present tense

Le futur proche

The immediate future consists of a conjugated form of **aller** in the present tense plus the infinitive of the main verb. It is preferred to the future tense for actions that are expected to take place in the near future.

> Je **vais téléphoner** à Bruxelles tout à l'heure.
> *I am going to call Brussels later on.*

> Viens leur dire au revoir, ils **vont partir**!
> *Come and say good-bye to them, they are going to leave!*

Le passé immédiat

The immediate past consists of a conjugated form of **venir** in the present tense followed by the preposition **de** and the infinitive of the main verb. It is used for an action that has just taken place.

> Il **vient de passer** une semaine en Haïti.
> *He has just spent a week in Haiti.*

> Notre fille **vient d'écrire** à son correpondant à Rabat.
> *Our daughter has just written to her pen pal in Rabat.*

 Activité 8. Les Francofolies. Mme Latour organise les Francofolies, le festival de la chanson francophone, et vérifie avec sa secrétaire si tous les préparatifs sont terminés. Avec un(e) partenaire, formez des questions et des réponses selon le modèle suivant.

EXEMPLE: Pierre / écrire au maire de Montréal?
—Est-ce que Pierre va écrire au maire de Montréal?
—Non, il vient d'écrire au maire de Montréal.

1. vous / réserver l'auditorium pour le festival?

2. votre assistante / retenir des chambres d'hôtel pour les artistes?

3. Patricia Kaas et Roch Voisine[2] / confirmer leur participation?

4. nous / organiser une réception pour les personnalités politiques?

5. L'Agence Havas / commencer la campagne de publicité?

---

[2]Deux chanteurs Francophones très célèbres: Patricia Kaas est française, Roch Voisine est canadien-français.

Use of *depuis* in the present tense

The duration of an action that started at some point in the past, but is still in progress, is expressed in the present tense with **depuis**.

> Le Québec **est** une région francophone **depuis** plusieurs siècles.
> *Quebec has been a French-speaking region for centuries.*

> Les Sénégalais parlent français **depuis** l'époque coloniale.
> *The Senegalese have been speaking French since the colonial period.*

Note that the English equivalent uses the present perfect with *for* or *since*. In French, the focus is on the result: since the action or condition is still taking place, the verb is in the present tense. Other expressions such as **il y a… que** and **ça fait… que** are introduced in **Chapitre 5**.

Activité 9. Importance de la langue française. L'Alliance Française de votre région vous envoie une annonce publicitaire qui, pour convaincre le public, insiste sur la dimension internationale de la langue française. Essayez d'en restituer le texte original en français.

Why is the French language so important?

▲ Millions of people outside France have spoken it for centuries!

▲ Numerous African countries have been using French as an official language for many years!

▲ It has been the only official language in Québec since 1977!

▲ Finally, French has been a diplomatic language and the official language of international law for a long time!

Learn French, the language of the future!

L'impératif

Use and forms

The imperative mood is used to express a command or a request. As opposed to other moods, it only has three forms: the second person singular (**tu**), and the first and second person plural (**nous**, **vous**). However, the subject pronouns are omitted.

The endings of the imperative are the same as for the present tense of the indicative mood, except for verbs ending in **-er**, which do not take an **s** in the **tu** form.

Regarde cette photo du Cameroun!
Look at this picture of Cameroon!
(≠ present tense of the indicative: **tu regardes**)

Ecrivons à nos amis belges!
Let's write to our Belgian friends!
(= present tense of the indicative: **nous écrivons**)

A Montréal, **prenez** le métro!
In Montreal, take the subway!
(= present tense of the indicative: **vous prenez**)

NOTE: In the imperative, when an **-er** verb in the second person singular is followed by **y** or **en**, the **s** of the present indicative is restored for the liaison.

Va à Abidjan!
Go to Abidjan!

BUT: **Vas-y!**
Go there!

Achète des souvenirs du Sénégal!
Buy some souvenirs from Senegal!

BUT: **Achètes-en!**
Buy some!

Three verbs have an irregular imperative: **avoir**, **être**, and **savoir**.

AVOIR	ÊTRE	SAVOIR
aie	sois	sache
ayons	soyons	sachons
ayez	soyez	sachez

Additional points

1. The negative imperative is formed by placing **ne** or **n'** before the verb and **pas** after it.

> **Ne** va **pas** à Abidjan!   **N'**achète **pas** de souvenirs!
> *Don't go to Abidjan!*   *Don't buy any souvenirs!*

2. In the imperative affirmative, all object pronouns are placed after the verb (see **Chapitre 7** for details). In the imperative negative, however, pronouns have the same position as in other moods.

> Apporte-**le-leur**!   BUT: Ne **le leur** apporte pas!
> *Bring it to them!*   *Don't bring it to them!*

Activité 10. La leçon de géographie. On étudie la géographie des pays francophones. Formulez les phrases du professeur en conjuguant les verbes à l'impératif.

EXEMPLE: chercher la province de Québec
         Cherchez la province de Québec!

QUÉBEC

1. mettre le doigt sur la ville de Québec
2. suivre le fleuve St. Laurent jusqu'à Montréal
3. calculer la distance entre Québec et Montréal
4. écrire cette distance dans votre cahier

LA SUISSE

5. lire le nom de la capitale
6. identifier le plus grand lac
7. apprendre le nom des rivières
8. faire la carte de la Suisse dans votre cahier

Activité 11. Etudier à Québec. Vous voulez participer au programme intensif d'été organisé chaque année par l'Université Laval à Québec. Vous demandez à votre professeur de français de vous indiquer les formalités à suivre. Transformez les phrases de votre professeur en employant l'impératif à la forme «vous».

EXEMPLE: Il faut d'abord écrire à l'Université Laval.
         Ecrivez d'abord à l'Université Laval!

1. Il faut d'abord écrire à l'Université Laval.
2. Il faut demander une brochure sur le programme intensif d'été.
3. Il faut ensuite remplir la demande d'inscription (*registration form*).
4. Il ne faut pas choisir ses cours avant l'arrivée sur le campus.
5. Il faut faire une demande de logement.
6. Il ne faut pas avoir peur de vivre avec une famille québécoise.
7. Il faut envoyer un acompte (*deposit*) avec le dossier d'inscription.
8. Il faut avoir un passeport en cours de validité.
9. Il faut acheter son billet aller et retour au moins deux mois avant le départ.
10. Il faut être ponctuel, surtout le premier jour de classe.

Activité 12. Formalités d'inscription. Imaginez ensuite que votre camarade vous demande les formalités à suivre pour s'inscrire à ce programme. Faites le même exercice en employant cette fois l'impératif à la forme «tu».

Les prépositions avec les noms géographiques

In French, geographical names are used with an article, except in the case of cities and most islands.

> Aimez-vous le Canada?
> *Do you like Canada?*

> Aimez-vous Montréal?
> *Do you like Montreal?*

In expressions of location, destination, or origin, prepositions are used as well. The preposition chosen depends on the gender of the country, province, or state concerned. The same preposition will be used to mean *in*, *at*, or *to*.

Location or destination (*at, in, to*)

Cities and islands: *à*

à Paris
à Tahiti
à Tunis
à Montréal
La Nouvelle-Orléans: à La Nouvelle-Orléans
Le Havre: au Havre (**au = à + le**)

EXCEPTIONS: en Corse, en Haïti

Countries, provinces, and states

a. Feminine continents, countries, provinces, and states use **en**. Most are feminine when they end in **-e**.

en Asie   en Normandie
en France   en Californie

EXCEPTIONS: le Cambodge, le Mexique, le Zaïre

b. Masculine countries beginning with a vowel also use **en**.

en Irak   en Israël
en Iran

c. Masculine countries beginning with a consonant use **au** (**à + le**).

au Canada   au Sénégal
au Maroc   au Mexique

d. Countries in the plural use **aux**.

aux Etats-Unis   aux Pays-Bas *(the Netherlands)*

e. Masculine provinces and states tend to use **dans le**.

 dans le Colorado   dans le Vermont   dans le Languedoc

 EXCEPTIONS: au Nouveau-Mexique, au Québec, au Texas

NOTE: American states that end in -*a* in English usually end in **-e** in French: they are feminine and therefore generally use **en**. Exception: States that are derived from Indian names do not change their spelling and are masculine.

 en Louisiane   dans le Dakota

f. Special cases. When the same geographical name can designate either a city or a country, its meaning is distinguished as follows:

 à Québec (*city*) vs. au Québec (*province*)

 à New York (*city*) vs. dans l'Etat de New York (*state*)

Origin (*from*)

1. **De (D')** alone for cities, small islands, feminine countries, continents, and masculine countries and states beginning with a vowel

 d'Algérie   d'Afrique du Nord   de France
 de Tahiti   d'Israël   de Paris

 La Nouvelle-Orléans: de La Nouvelle-Orléans
 Le Havre: du Havre (**du = de + le**)

2. **Du** for masculine countries, provinces, and states starting with a consonant

 du Sénégal   du Languedoc   du Colorado

3. **Des** for plural countries

 des Etats-Unis   des Pays-Bas

Activité 13. Des villes francophones. Pour chacune, précisez dans quel pays elle se trouve en employant la préposition qui convient.

EXEMPLE: Paris
         Paris se trouve en France.

Dakar	Lausanne
Yaoundé	Port-au-Prince
Québec	Le Havre
Bruxelles	Rabat
Abidjan	Berne

Activité 14. Sigles des pays européens. Voici les sigles de quelques pays européens ainsi qu'on les trouve indiqués sur les voitures par des auto-collants (*bumper stickers*).

A:	Autriche	**IRL:**	Irlande
AND:	Andorre	**IS:**	Islande
B:	Belgique	**L:**	Luxembourg
CH:	Suisse	**MC:**	Monaco
D:	Allemagne	**N:**	Norvège
DK:	Danemark	**NL:**	Pays-Bas
E:	Espagne	**P:**	Portugal
F:	France	**PL:**	Pologne
GB:	Grande-Bretagne	**R:**	Roumanie
GR:	Grèce	**S:**	Suède
I:	Italie		

Vous passez quelques jours en Belgique, et vous remarquez les voitures étrangères qui portent le sigle de leur pays et l'écusson (*shield*) de leur ville. Pour chaque élément ci-dessous, indiquez son pays et sa ville d'origine. Suivez le modèle.

EXEMPLE: **F:** Paris
   Cette voiture vient de France, de Paris exactement.

CH:	Neuchâtel
D:	Berlin
DK:	Copenhague ·
E:	Madrid
F:	Le Mans
GB:	Bristol
I:	Florence
NL:	Amsterdam
P:	Lisbonne
S:	Stockholm
USA:	La Nouvelle-Orléans

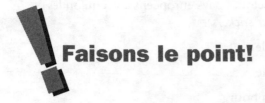

Faisons le point!

Le présent de l'indicatif

A. Vacances à Montréal. Caroline, une jeune Française, va passer ses vacances à Montréal et nous fait part de ses premières impressions. Complétez son histoire en écrivant les verbes entre parenthèses au présent. Consultez les conjugaisons de l'Appendice, si nécessaire.

(1) Je _____ (partir) de Paris et, après un voyage de plusieurs heures, nous

_____ (arriver) enfin à Montréal. (2) Je _____ (devoir) aller chercher

mes bagages et je _____ (appeler) un taxi qui me _____

(conduire) à mon hôtel. (3) Nous _____ (traverser) de grandes avenues et je

_____ (s'apercevoir) que je _____ (être) maintenant sur le continent

américain. (4) Tout me _____ (paraître) plus grand qu'en Europe. (5) A l'hôtel, je

_____ (aller) à la réception où une charmante employée _____ (se

mettre) à me parler avec un accent québécois qui ne me _____ (déplaire) pas. (6) Je

_____ (prendre) l'ascenseur et je _____ (ouvrir) la porte de ma chambre.

(7) Je _____ (courir) ensuite à la fenêtre et là, devant moi, _____

(s'étendre) la grande ville de mes rêves! (8) Je _____ (savoir) que je

_____ (aller) aimer cette cité. (9) Je _____ (voir) le fleuve Saint-Laurent

et mon cœur _____ (battre). (10) Je _____ (s'asseoir) près de la fenêtre et

je _____ (essayer) de reconnaître des endroits célèbres. (11) Mais il _____

(faire) déjà nuit et il _____ (falloir) dormir car je _____ (vouloir)

commencer ma visite demain matin.

L'impératif

B. Une recette. En français, on peut donner des explications de deux façons: à l'impératif ou à l'infinitif. Voici la recette (*recipe*) de la fondue au fromage qui est une spécialité des Alpes françaises et de la Suisse. Transformez les phrases suivantes en conjuguant à l'impératif les verbes qui sont à l'infinitif.

La fondue au fromage

Ingrédients
750 g de gruyère (Swiss cheese) coupé en dés (diced)
Une gousse d'ail (clove of garlic)
1/2 verre de vin d'Alsace
Un peu de poivre
1 cuillère à soupe de farine (flour)
2 cuillères à soupe de kirsch (cherry brandy)
Une pincée de bicarbonate de soude (baking soda)
Tranches de pain coupées en petits morceaux

1. Choisir de préférence une casserole épaisse (thick pan) décorative.
2. Frotter (rub) l'ail au fond de la casserole et placer la casserole sur le feu. Ajouter le fromage et le vin. Faire bouillir (boil) et tourner sans arrêt avec une cuillère en bois pour faire fondre (melt) le fromage. Ne pas faire cuire (cook) très fort. Y ajouter le poivre.
3. Mélanger la farine à un peu d'eau et y ajouter le kirsch. Incorporer ce mélange au fromage et continuer à faire mijoter à petit feu (simmer). Ajouter le bicarbonate de soude et bien mélanger.
4. Servir dans la casserole.

Pour manger, piquer les petits morceaux de pain avec une fourchette et les tremper (dip) dans la fondue. Déguster avec du vin blanc sec.

1. _____

_____

2. _____

_____

3. _____

_____

4. _____

_____

Prépositions et noms géographiques

C. Le Sommet de la Francophonie. Le Secrétaire général du Haut Conseil de la francophonie part en voyage officiel pour organiser le prochain sommet des pays francophones. Complétez son itinéraire avec les mots qui conviennent.

Lundi 12 janvier

Départ _____ Paris le matin. Arrivée _____ Sénégal dans l'après-midi. Dîner officiel _____ Dakar avec des représentants venus _____ Gabon, _____ Zaïre et _____ Côte-d'Ivoire.

Mardi 13 janvier

Départ _____ Dakar le matin et arrivée _____ Alger en début d'après-midi. Conférence de presse avec des journalistes _____ Algérie, _____ Tunisie et _____ Maroc au sujet du prochain sommet francophone qui aura lieu _____ Havre. Soirée libre.

Mercredi 14 janvier

Déjeuner officiel et départ en début d'après-midi. Arrivée _____ Montréal en fin d'après-midi. Soirée libre.

Jeudi 15 janvier

Déjeuner officiel avec le maire _____ Montréal. Vol Montréal-Québec. Arrivée _____ Québec en fin d'après-midi. Dîner avec le Premier ministre _____ Québec.

Vendredi 16 janvier

Vol Québec-New York. Déjeuner _____ New York avec les présidents de groupes francophones situés _____ Vermont et _____ Louisiane. Départ _____ New York en début de soirée.

Samedi 17 janvier

Arrivée _____ Belgique le matin. Dîner et réception _____ Bruxelles.

Dimanche 18 janvier

Vol Bruxelles-Paris en fin de matinée. Arrivée _____ Paris en début d'après-midi.

BLOC-NOTES
Ecriture libre

The writing program to accompany the text **Bien sûr!** is designed to allow you to express yourself with confidence in French while reinforcing the material learned in class. The importance of both what you write and how you go about the process of writing is emphasized throughout, helping you to build toward greater proficiency in the writing skill. Each chapter writing section has three parts. First, techniques and strategies for good written expression are introduced and are accompanied by a pre-writing activity. These activities help to prepare you for writing extended prose in the foreign language. Next, you will be given a composition topic and guidelines on how to accomplish the task based on what you have been learning in class. Finally, each chapter includes a journal section where you will be able to express yourself in a more creative and informal format.

For each assignment, how much to be written is indicated in the primary writing activity; for the journal, you will generally have the opportunity to write as much as you wish. In some instances, the length of the activity is specified. Of course, making frequent contributions to your journal will greatly enhance your written skills and level of confidence in the new language. And remember, good writing doesn't just happen; it is a skill that is learned!

Thème: Votre origine

One of the most difficult aspects of writing in a foreign language is getting used to writing more than a sentence or two at one time. It takes time to develop the skills necessary to create extended prose in French. When attempting a writing assignment in the foreign language, many students become overwhelmed with all the things they have to remember, such as grammar, vocabulary, and idiomatic expression. To get around this hurdle, you will participate in a writing activity known as "freewriting". This technique will allow you to express yourself in a risk-free format without having to worry about accuracy. In other words, the freewrite part of the assignment will not be graded. Therefore, you can focus on the ideas you want to communicate and become comfortable with writing a paragraph or more.

A. Avant d'écrire. For the following freewriting task, you will need a watch or a clock with a second hand, a pen or pencil, and some paper. Give yourself ten minutes in which to write as much as you can in French on the following topic without stopping. Keep your pen moving! There will be time to check the dictionary and verify grammar later. If there is a French word you wish to use but do not know, you might try placing the native language equivalent on paper with parentheses around it. There will be time to come back to it later in the assignment.

Using the present tense, briefly describe yourself in terms of nationality, your city of origin, where you live now, where your family lives, what language(s) you speak, your family speaks, etc. You might find it helpful to recall what you learned in **Chapitre 1** of the text, but again, the main idea for this activity is that you never stop writing.

B. Ecrivons! Take a look at what you have done in the pre-writing activity, and read over it with a more critical eye. Rewrite your "composition" in a more organized way, taking your time to check vocabulary and grammar as needed. Be sure and review it again when you have finished.

_____

_____

_____

_____

_____

_____

_____

_____

_____

_____

_____

_____

_____

_____

_____

_____

_____

_____

_____

_____

_____

_____

_____

_____

_____

_____

_____

_____

_____

✏ Journal

In this chapter, you have learned about several French-speaking areas of the world such as Quebec, Sénégal, and Vietnam. Choose one francophone country that interests you or perhaps an area in which you might like to live. Tell why and give your personal reaction in French by composing a paragraph of at least five sentences. Remember, this section is where you can express yourself informally.

Je voudrais habiter en/au/aux _____ parce que

Exprimer la négation et s'informer

Structures

- La négation
- L'interrogation

Faisons le point

Bloc-notes

Organiser ses idées

La négation

Negative expressions

There are several words and phrases to express various negative meanings. Whatever the phrase, remember that **ne** must always precede the verb.

NOTE: In spoken, colloquial French, **ne** is often omitted. It must be used in formal contexts and in writing, however.

ne... aucun	*none, not any*	Elle **n'**a **aucun** ami dans le village.
ne... guère	*hardly, scarcely*	Il **ne** neige **guère** en Provence.
ne... jamais	*never*	Je **n'**ai **jamais** appris le breton.
ne... ni ... ni	*neither ... nor*	Ils **n'**aiment **ni** le cidre ni la bière.
ne... nul(le)	*not one, not one single*	Je **n'**ai **nul** besoin de ce livre.
ne... pas	*not*	La Provence **n'**est **pas** un département.
ne... pas encore	*not yet*	Je **n'**ai **pas encore** visité le pays Basque.
ne... personne	*nobody*	Je **ne** connais **personne** en Bourgogne.
ne... plus	*no longer, no more*	On **ne** parle **plus** le dialecte à Lyon.
ne... point	*not* (literary)	Il **ne** sourit **point**.
ne... que	*only, nothing but*	Il **n'**y a **qu'**une langue officielle en France.
ne... rien	*nothing*	Je **ne** comprends **rien** en alsacien.

Note that some negative expressions may also be used as subjects: **aucun**, **ni... ni** (**ni l'un ni l'autre**), **nul(le)**, **personne**, and **rien**. In this case, **ne** must still precede the verb.

> **Personne ne** portait le costume régional quand j'étais en Bretagne.
> *Nobody was wearing the regional costume when I was in Brittany.*

Formation of the negative

1. In simple tenses, the negative is formed by placing **ne** before the verb and the second part of the negative expression after the verb. **Ne** becomes **n'** before words starting with a vowel or a mute **h**.

   Il **ne** pleut **pas** souvent à Nice.
   It doesn't rain often in Nice.

   Marseille **n'**est **pas** une région.
   Marseilles is not a region.

   Elle **n'**habite **plus** à Hyères.
   She no longer lives in Hyères.

2. When a verb is preceded by one or more object pronouns, **y**, or **en**, **ne** is placed in front of them.

Ce santon? Je **ne le lui** ai pas donné!
This santon? I did not give it to him/her!

A Brest? Elle **n'y** habite plus!
In Brest? She no longer lives there!

3. In compound tenses, **ne** is placed before the auxiliary (**avoir** or **être**); the second part of the negation is usually placed after the auxiliary.

Hier il **n'a pas** neigé dans les Alpes.
Yesterday it did not snow in the Alps.

Elle **n'est pas** restée à Cannes pour Noël.
She did not stay in Cannes for Christmas.

Je **n'ai rien** acheté en Auvergne.
I did not buy (have not bought) anything in Auvergne.

Personne is an exception; in an object position, it is placed after the past participle in the negative.

Je **n'ai** vu **personne**.
I did not see (have not seen) anyone.

4. When a conjugated verb is followed by an infinitive, the negative usually applies to the first verb.

Il **ne** sait **pas** danser la bourrée auvergnate.
He cannot dance the "bourrée auvergnate".

5. When the negative applies to the infinitive, **ne** and the second part of the negation are placed directly before the infinitive.

Le gouvernement révolutionnaire a décidé de **ne pas conserver** les anciennes provinces.
The Revolutionary Government decided not to keep the old provinces.

6. After negative expressions, indefinite (**un**, **une**, **des**) and partitive (**du**, **de la**, **de l'**, **des**) articles become **de** (**d'**). There is no change with the definite article, however.

Il y a toujours de la pluie dans l'Ouest mais, dans le Sud, il n'y a pas **de** pluie en été.
There is always rain in the West, but in the South, there is no rain in the summer.

On trouve des montagnes en Auvergne, mais on ne trouve pas **de** montagnes dans la région parisienne.
Mountains are found in Auvergne, but no mountains are found in the Parisian area.

En général, on n'aime pas **l'**huile d'olive dans le Nord.
People do not usually like olive oil in the North.

Exceptions to this rule:

■ After **ne… que**: all articles are retained (because the negation is not complete).

Mes parents **ne** connaissent **qu'une** personne en Auvergne.
My parents know only one person in Auvergne.

■ After **ni… ni**: indefinite and partitive articles are dropped, but definite articles are retained.

Dans le Sud, on utilise souvent de l'ail et de l'huile d'olive dans la cuisine; mais dans le Nord, beaucoup de gens n'utilisent ni ail, ni huile d'olive.
In the South, people often use garlic and olive oil in cooking; but in the North many people use neither garlic nor olive oil.

Ils n'aiment ni **l'**ail, ni **l'**huile d'olive.
They like neither garlic nor olive oil.

■ After **ce n'est pas** or **ce ne sont pas**, articles are retained.

Ce ne sont pas des spécialités parisiennes.
They are not Parisian specialities.

7. After **personne** and **rien**, an adjective must be preceded by **de**.

> On ne vend rien **de** spécial dans cette librairie régionale.
> *They do not sell anything special in this regional bookstore.*

> Je ne vois personne **d**'intéressé par le folklore.
> *I do not see anyone interested in folklore.*

Activité 1. Bretagne et Côte d'Azur. Vous discutez avec une Française originaire de Bretagne mais qui habite sur la Côte d'Azur depuis plusieurs années. Elle vous parle des différences entre ces deux régions. Complétez ses phrases avec l'équivalent français des expressions négatives entre parenthèses et faites les changements nécessaires.

EXEMPLE: La Côte d'Azur est célèbre pour ses festivals, mais la Bretagne… (*not*).
          … mais la Bretagne n'est pas célèbre pour ses festivals.

1. En Bretagne, on entend encore la langue régionale, mais sur la Côte d'Azur… (*no longer*).
2. Dans les petits villages bretons, les dames âgées portent parfois une coiffe le dimanche, mais sur la Côte d'Azur… (*never*).
3. Sur la Côte d'Azur, on aime l'ail et l'huile d'olive, mais en Bretagne… (*neither … nor*).
4. Sur la Côte d'Azur, il y a quelque chose à faire en hiver, mais en Bretagne… (*nothing*).
5. Il pleut souvent en Bretagne, mais sur la Côte d'Azur… (*scarcely*).
6. La vie est chère sur la Côte d'Azur, mais en Bretagne… (*not*).

Activité 2. Vous vous trompez! (*You are mistaken!*) Les phrases suivantes sur la France et ses régions sont le contraire de la réalité. Rétablissez la vérité en les mettant à la forme négative ou affirmative, selon le cas, et en faisant les changements nécessaires. Donnez ensuite l'information correcte si vous la connaissez.

EXEMPLE 1:   L'Ile-de-France est l'ancien nom de la France.
            Pas du tout! L'Ile-de-France n'est pas l'ancien nom de la France; c'est la Gaule!

EXEMPLE 2:   Paris n'est pas la capitale de la France.
            Mais si! Paris est la capitale de la France.

1. La France a la forme d'un octogone.
2. Le souvenir des anciennes provinces n'est plus présent dans les mémoires.
3. La personnalité régionale ne se manifeste ni dans l'usage d'un dialecte, ni dans des habitudes particulières.
4. Le costume folklorique? On le porte généralement dans les grandes villes.
5. La bourrée auvergnate n'est pas une danse folklorique.
6. La France a un climat tropical.
7. La choucroute a toujours été une spécialité provençale.
8. Des santons? On en trouve beaucoup en Alsace.
9. En Bourgogne, on boit généralement du cidre.
10. On a conservé l'usage des dialectes dans toutes les régions.

Activité 3. Regrets. Vous comparez votre pays à la France, et vous pensez à certains aspects de la France qui n'existent pas dans votre pays. Complétez les phrases suivantes sur votre pays.

1. On ne… jamais…
2. Il n'y a pas de…
3. Personne ne…

4. On ne… plus…
5. On ne… guère…
6. Il n'y a ni… ni…

L'interrogation

French has several ways of asking questions, depending

- on the type of question: yes/no questions or information questions
- on the context and, therefore, on the language register: familiar, standard, or formal

Formation of yes/no questions

1. **Intonation.** The easiest way of turning a statement into a question is by just raising the intonation at the end.

    Elle va à Cannes. → Elle va à Cannes?

2. **Est-ce que.** Another way of asking a question is by adding **est-ce que** (**est-ce qu'** before a vowel or mute **h**) at the beginning of a statement, and by raising the intonation.

    Il pleut souvent en Bretagne. → **Est-ce qu'**il pleut souvent en Bretagne?

3. **Inversion.** A third way of asking a question is by inverting the subject pronoun and the verb, linking them with a hyphen. When the verb form ends with a vowel, an additional -**t**- must be inserted between the verb and the inverted subject pronoun.

    Ils vont à la plage à Saint-Tropez. → **Vont-ils** à la plage à Saint-Tropez?

    On trouve l'artisanat dans les villages. → **Trouve-t-on** l'artisanat dans les villages?

    Inversion is generally not used when the subject is **je**; in this case, **est-ce que** is preferred. Only a few verbs such as **avoir**, **être**, or **pouvoir** may use inversion with **je**.

    Ai-je raison?
    Am I right?

    Suis-je fou?
    Am I crazy?

    Puis-je vous aider?
    May I help you? (In this construction, **puis** replaces **peux**.)

    When the subject is a noun, the original statement is retained; the pronoun corresponding to the subject is inserted after the verb, with a hyphen and the additional -**t**- for the third person singular when the verb ends with a vowel.

    Les Basques conservent leurs coutumes. → **Les Basques conservent-ils** leurs coutumes?

    Chaque région possède des plats typiques. → **Chaque région possède-t-elle** des plats typiques?

    In compound tenses, the subject pronoun and the auxiliary verb (**avoir** or **être**) are inverted.

    Ils ont assisté à une corrida à Arles. → **Ont-ils assisté** à une corrida à Arles?

    Les jeux anciens ont conservé des adeptes. → **Les jeux anciens ont-ils conservé** des adeptes?

4. **N'est-ce pas.** The phrase **n'est-ce pas**, with a rising intonation, is used to confirm a fact.

> La Guyane fait partie du territoire français, n'est-ce pas?
> *French Guyana is part of the French territory, isn't it?*

> Ils habitent à Toulouse, n'est-ce pas?
> *They live in Toulouse, don't they?*

NOTE: When a sentence is negative, the formation of yes/no questions remains the same, even with inversion.

Ils ne sont pas alsaciens. →
$$\begin{cases} \text{Ils ne sont pas alsaciens?} \\ \text{Est-ce qu'ils ne sont pas alsaciens?} \\ \text{Ne sont-ils pas alsaciens?} \end{cases}$$

LANGUAGE REGISTER

The choice of which particular structure to use when asking a yes/no question depends on the context.

1. Intonation only: this structure is normally reserved for informal conversations; it is not used in writing.

2. **Est-ce que** is the most common structure for asking questions and can be used in any context.

3. Inversion is commonly used in written French. In spoken French, however, it is reserved for formal contexts, including the set phrase **Comment allez-vous?** (*How are you?*)

4. **N'est-ce pas?** tends to be found in formal standard French. In colloquial spoken French, **non?** is usually used instead.

> Il est parti, **non?**   =   Il est parti, **n'est-ce pas?**
> *He left, didn't he?*   *He left, did he not?*

Activité 4. Interview. Un Français rend visite à votre classe et vous lui posez des questions. Formulez vos questions en employant d'abord **est-ce que**, puis l'inversion, selon le modèle.

EXEMPLE: On mange des crêpes en Bretagne.
            Est-ce qu'on mange vraiment des crêpes en Bretagne?
            Mange-t-on vraiment des crêpes en Bretagne?

1. Les femmes portent parfois une coiffe en Bretagne.
2. La choucroute se mange surtout en Alsace.
3. Il faut mettre de l'ail dans la salade niçoise.
4. La Provence offre beaucoup de vestiges romains.
5. On parle alsacien à Strasbourg.
6. La crèche reste une tradition de Noël.
7. Le jeu de fléchettes a conservé des adeptes dans le Nord.
8. Les jeunes ne parlent plus le dialecte.
9. On organise des corridas dans le Sud.
10. Certains Auvergnats dansent encore la bourrée.

Activité 5. Excursion en Normandie. L'agence Panorama à Paris organise une excursion en Normandie. Les touristes arrivent en avance et posent des questions à l'employée pour vérifier certains détails. Vous êtes assis(e) à côté de l'employée et vous entendez les réponses qu'elle donne. Imaginez les questions des touristes en choisissant la structure (intonation, **est-ce que**, inversion) adaptée au contexte (F: familier, St: standard, S: soigné). Suivez le modèle.

EXEMPLE: Oui, c'est bien le car (*bus*, *coach*) pour la Normandie.
                F: C'est bien le car pour la Normandie?
                St: Est-ce que c'est bien le car pour la Normandie?
                S: Est-ce bien le car pour la Normandie?

1. Oui, l'excursion en Normandie dure une journée. (F)
2. Oui, l'excursion coûte 1 200 F par personne. (St)
3. Oui, le car part à 7 h 00. (S)
4. Non, les réservations ne sont pas obligatoires. (F)
5. Oui, le prix comprend le déjeuner et le dîner. (St)
6. Je regrette, mais le car ne passe pas par Versailles. (F)
7. Oui, on visite d'abord Honfleur. (S)
8. Non, on ne déjeune pas à Honfleur, mais à Deauville. (F)
9. Oui, vous allez voir la tapisserie de Bayeux. (St)
10. Oui, il y a une visite guidée au Mont Saint-Michel. (S)
11. Je suis désolée; vous ne dînez pas à Caen, mais au Mont Saint-Michel. (St)
12. C'est exact! Le retour à Paris est à 23 h 00. (F)

Interrogative adverbs and expressions

Combien?	*How much?*
Combien de (+ noun)?	*How much/many* (+ noun)?
Comment?	*How?*
Depuis combien de temps?	*For how long?*
Depuis quand?	*Since when?*
Où?	*Where?*
Pourquoi?	*Why?*
Quand?	*When?*

1. With these adverbs and phrases, **est-ce que** or inversion is normally used.

    Où sont-ils allés?   OR: **Où est-ce qu'**ils sont allés?
    Where did they go?

    Combien de régions y a-t-il en France?   OR: **Combien** de régions **est-ce qu'**il y a en France?
    How many regions are there in France?

    Pourquoi vos parents habitent-ils à Rouen?   OR: **Pourquoi est-ce que** vos parents habitent à Rouen?
    Why do your parents live in Rouen?

However, after **où**, **combien**, **comment**, and **quand**, it is possible to place a noun subject after the verb.

    Où habitent vos parents?
    Where do your parents live?

    Combien coûte ce santon?
    How much is this santon?

2. Remember to use the present or imperfect after any question starting with **depuis.** (See **Chapitre 5** for more details about **depuis.**)

> **Depuis** combien de temps la France **est**-elle divisée en départements?
> *How long has France been divided into departments?*

> **Depuis** quand **habitez**-vous à Hyères?
> *Since when have you been living in Hyères?*

3. In familiar spoken French, questions are often formed by adding the interrogative adverb to the end of the statement and by using rising intonation.

> Tu t'appelles **comment?**
> *What's your name?*

This form should never be used in writing; in writing, use **Comment est-ce que tu t'appelles?** or **Comment t'appelles-tu?**

 Activité 6. Grasse, capitale des parfums! Choisissez un(e) camarade. Vous êtes journaliste et vous préparez un article sur Grasse, la capitale des parfums. Vous y visitez une parfumerie et vous posez des questions au guide à partir des éléments proposés ci-dessous. Le guide (votre camarade) répond à vos questions en imaginant autant de détails possibles.

1. pourquoi / Grasse / être / célèbre?

2. depuis quand / cette parfumerie / fonctionner?

3. combien / personnes / travailler / ici?

4. quand / il / y / avoir / le plus de visiteurs?

5. d'où / les visiteurs / venir?

6. comment / votre service commercial / choisir / le nom des parfums?

7. où / la boutique de la parfumerie / se trouver?

8. combien / la plus petite bouteille de parfum / coûter?

Activité 7. Questions personnelles. Posez six questions à votre camarade sur sa vie personnelle, sa famille ou ses distractions, en commençant par les mots ci-dessous. Ensuite, changez de rôle.

1. Quand… ?

2. Depuis quand… ?

3. Combien (de)… ?

4. Où… ?

5. Comment… ?

6. Pourquoi… ?

Interrogative pronouns

	SUBJET	DIRECT OBJECT	OBJECT OF THE PREPOSITION
PERSON	**Qui?**	**Qui?**	Prep. + **qui?**
	Qui est-ce qui?	**Qui est-ce que?**	Prep. + **qui est-ce que?**
	Who?	*Whom?*	Prep. + *whom?*
THING	**Qu'est-ce qui?**	**Que?**	Prep. + **quoi?**
		Qu'est-ce que?	Prep. + **quoi est-ce que?**
	What	*What?*	Prep. + *what?*

Interrogative pronouns (**qui, que,** or **quoi**) may be used alone or in conjunction with **est-ce qui** or **est-ce que**.

1. With the short form of the pronoun (**qui, que,** or **quoi**), inversion is required, except when **qui** is the subject.

   Qui connaissez-vous à Colmar?
   Whom do you know in Colmar?

   Que peut-on visiter en Auvergne?
   What can one visit in Auvergne?

   A qui pensez-vous?
   Whom are you thinking about / About whom are you thinking?

   A quoi pensez-vous?
   What are you thinking about?

   BUT: **Qui** parle breton ici?
   Who speaks the Breton language here?

2. After the long form (with **est-ce qui** or **est-ce que**), no inversion is required. Note that when the subject is a thing, there is no short form.

   Qui est-ce qui parle breton ici?
   Who speaks Breton here? (person, subject)

   Qui est-ce que vous connaissez à Colmar?
   Whom do you know in Colmar? (person, direct object)

   Qu'est-ce qui fait la beauté de la Provence?
   What makes the beauty of Provence? (thing, subject)

   Qu'est-ce qu'on peut visiter en Auvergne?
   What can one visit in Auvergne? (thing, direct object)

   Avec qui est-ce que vous voyagez?
   With whom are you traveling? (person, object of the preposition)

   Avec quoi est-ce que tu vas écrire cette carte postale?
   With what are you going to write this postcard? (thing, object of the preposition)

3. When asking for a definition about a noun, either of two constructions can be used.

> Qu'est-ce qu'un département?
> *What is a department?* (standard French)

> Qu'est-ce que c'est qu'un département?
> *What is a department?* (colloquial French)

Activité 8. Une sortie entre copains. Vous demandez à votre camarade ce qu'il/elle va faire ce soir. Posez-lui les questions correspondant aux groupes de mots entre crochets, en employant **est-ce que** ou l'inversion.

EXEMPLE: Ce soir, [je sors avec des copains].
Qu'est-ce que tu fais ce soir?
OU: Que fais-tu ce soir?

1. J'aime bien [les sorties du samedi soir].

2. [Ma sœur] vient avec moi.

3. Nous retrouvons [nos copains] à 8 h.

4. [Le cinéma] est sur les Champs-Elysées.

5. On joue maintenant [le dernier film avec Depardieu].

6. [Ce film] vient de sortir.

7. Je connais [le frère du réalisateur (*film director*)].

8. [Philippe] veut aller au cinéma.

Activité 9. A la librairie. Vous allez dans une librairie pour acheter un livre sur la France et le libraire vous pose des questions pour pouvoir vous conseiller un titre. Complétez ses questions avec les pronoms interrogatifs qui conviennent (**qui, que, quoi**) et **est-ce que** ou **est-ce qui** quand c'est nécessaire.

1. _____ vous préférez, un livre de géographie ou un livre sur les régions françaises? (*what*)

2. _____ vous intéresse surtout, un essai historique ou plutôt des illustrations? (*what*)

3. «La France dans votre poche»? Tiens, _____? Un livre pour touristes? (*what is it?*)

4. _____ a écrit ce livre? (*who*)

5. Nous ne l'avons pas en magasin mais je peux vous le commander (*order*). _____ je dois l'adresser? (*to whom*)

6. Vous n'avez rien pour écrire? _____ voulez-vous écrire votre chèque, un stylo ou un feutre (*felt marker*)? (*with what*)

7. _____ vous a conseillé de venir dans cette librairie? (*who*)

Activité 10. Le jeu des questions. Choisissez un(e) camarade. Vous lui posez des questions auxquelles il/elle doit répondre en employant les éléments proposés ci-dessous. Posez cinq questions, puis changez de rôle.

EXEMPLE: On décore les crèches avec des…
—Avec quoi décore-t-on (est-ce qu'on décore) les crèches?
—On décore les crèches avec des santons.

santons	traditions	hexagone	dialecte
pluies fines	centrales nucléaires	gastronomie	huile d'olive
beurre	folklore	cancer	

1. Les… produisent 75% de l'électricité en France.
2. La France ressemble à un…
3. La consommation du tabac favorise le…
4. Le climat océanique se caractérise par des…
5. Le… revient à l'honneur avec les fêtes locales.
6. On parle encore le…
7. La… est une composante essentielle de la diversité régionale.
8. L'Ouest privilégie le…
9. Le Sud recourt à l'…
10. Les habitudes alimentaires sont imprégnées de…

The interrogative adjective *quel*

	SINGULAR	PLURAL
MASCULINE	quel	quels
FEMININE	quelle	quelles

Quel (*which, what*) agrees with the noun it modifies. It can be used as follows.

1. **Quel** can directly precede the noun it modifies.

>   De **quelle couleur** est le mimosa?
>   *What color is mimosa?*

>   **Quel fleuve** traverse Paris?
>   *Which river flows through Paris?*

>   **Quelle heure** est-il maintenant à Bordeaux?
>   *What time is it now in Bordeaux?*

BUT: **A quelle heure?** refers to the time at which an event is supposed to occur.

>   **A quelle heure** de la journée boit-on généralement du cidre en Normandie?
>   *What time of the day do people usually drink apple cider in Normandy?*

2. **Quel** can also precede **être**; in this case it agrees with the noun subject that follows **être**.

> **Quel est** le plus long fleuve français?
> *Which is the longest river in France?*

> **Quelle est** la capitale de la France?
> *What is the capital city of France?*

Activité 11. Les objets perdus (*the lost and found office*). Choisissez un(e) camarade. Pendant votre séjour à Paris, vous perdez votre portefeuille (*wallet*) et vous allez faire une déclaration au poste de police. L'agent (votre camarade) vous pose des questions avec **quel** à partir des éléments suivants. Répondez-lui.

EXEMPLE: votre nom
             —Quel est votre nom?
             —Je m'appelle…

1. votre date de naissance

2. votre nationalité

3. votre adresse permanente

4. l'hôtel où vous résidez

5. le numéro de téléphone de votre hôtel

6. votre profession

7. la couleur de votre portefeuille

8. les documents que votre portefeuille contenait

9. la somme d'argent qu'il contenait

10. l'endroit où vous avez utilisé votre portefeuille pour la dernière fois

11. les circonstances dans lesquelles vous avez remarqué sa disparition

The interrogative pronoun *lequel*

		À	DE
MASCULINE	lequel	auquel	duquel
	lesquels	auxquels	desquels
FEMININ	laquelle	à laquelle	de laquelle
	lesquelles	auxquelles	desquelles

1. As a pronoun, **lequel** (*which, which one*) is used to establish a distinction among two or more items in the same category. It agrees in gender and number with the noun to which it refers.

> De ces fleuves, **lequel** est navigable, la Seine, le Rhône ou la Garonne?
> *Of these rivers, which one is navigable, the Seine, the Rhone, or the Garonne?*

> Brest et Metz sont deux villes. **Laquelle** se trouve en Bretagne?
> *Brest and Metz are two cities. Which one is located in Brittany?*

2. When **lequel** is preceded by the prepositions **à** or **de**, the preposition contracts with **le** in **lequel** or **les** in **lesquel(le)s**.

à + lequel → **auquel** à + lesquel(le)s → **auxquel(le)s**

de + lequel → **duquel** de + lesquel(le)s → **desquel(le)s**

Il y a deux festivals en Provence cet été; **auquel** voulez-vous aller?
There are two festivals in Provence this summer; which one do you want to go to?

Voici plusieurs cartes de France; **desquelles** avez-vous besoin? (avoir besoin de)
Here are several maps of France; which ones do you need?

 Activité 12. Voyage en France. Vous voyagez en France avec un(e) camarade et vous échangez vos impressions. Formez des phrases à partir des éléments ci-dessous. Votre camarade vous demandera ensuite des précisions en employant la forme correcte de **lequel**. N'oubliez pas de répondre à ses questions.

EXEMPLE: je / vouloir / visiter plusieurs régions françaises
—Je veux visiter plusieurs régions françaises.
—Ah oui? Lesquelles veux-tu visiter? ou: Lesquelles est-ce que tu veux visiter?
—Je veux visiter l'Auvergne et le pays Basque.

1. nous / devoir / d'abord lire quelques livres sur la France

2. je / s'intéresser à / les danses folkloriques

3. je / aller / demander des renseignements à l'office du tourisme

4. je / aimer / les spécialités culinaires régionales

5. nous / devoir / absolument visiter un petit village provençal

6. mon professeur de français / avoir / des diapositives sur plusieurs villes françaises

7. je / aller / acheter des souvenirs

8. on / avoir besoin de / un billet spécial pour visiter ce château

Activité 13. Le vieux pêcheur. Un jeune étudiant en vacances se promène sur le port de Hyères et engage la conversation avec un vieux pêcheur. Complétez leur dialogue avec la forme correcte de **quel** ou **lequel**.

Bonjour! Vous êtes pêcheur?

—Eh oui! Comme vous le voyez!

—(1) _____ de ces bateaux est à vous?

—C'est le bleu, là-bas! Pourquoi, (2) _____ est votre métier?

—Moi, je suis étudiant. (3) _____ sorte de filet (*net*) est-ce que vous employez pour la pêche?

—Toutes sortes. Ça dépend des poissons que je veux attraper.

—(4) _____ avez-vous besoin pour pêcher les sardines?

—J'emploie ce filet-là qui est assez solide!

—(5) _____ de ces poissons sont des sardines?

—Les petits poissons là-bas. De (6) _____ région êtes-vous?

—Je suis de Paris. Pourquoi?

—Je vois bien que vous n'êtes pas d'ici! (7) _____ poissons est-ce que vous trouvez à Paris?

—De la sole et surtout des filets. Oh, (8)_____ heure est-il? Je dois partir. Au revoir, Monsieur! Bonne pêche!

—Au revoir!

Activité 14. Au resto-U. Vous rencontrez un(e) étudiant(e) au resto-U (restaurant universitaire). Traduisez les questions que vous lui posez pour faire connaissance en utilisant deux formes quand c'est possible.

1. What is your name?
2. Where do you live?
3. How long have you been studying here?
4. What is your major (**la spécialisation**)?
5. Do you have many friends here?
6. How do you come to class every day?
7. What are you doing this afternoon?
8. With whom are you going to the library?
9. Who is your favorite writer?

Faisons le point

La négation

A. Les Français et le folklore. Vous discutez avec un(e) Français(e) qui affirme que ses compatriotes connaissent généralement bien la France et ses coutumes. Vous savez que les sondages (*polls*) semblent indiquer le contraire, et vous lui posez des questions auxquelles il/elle ne peut répondre que négativement. Ecrivez ses réponses avec des phrases complètes.

EXEMPLE: —Est-ce que vous connaissez plus de cinq régions françaises?
Malheureusement, je ne connais que quatre régions françaises: la Normandie, l'Alsace, la Provence et la Vendée.

1. Assistez-vous régulièrement à des festivals folkloriques?

   _____

   _____

2. Est-ce que vous savez danser la bourrée auvergnate?

   _____

   _____

3. Possédez-vous des santons de Provence?

   _____

   _____

4. Est-ce qu'il y a quelqu'un dans votre famille qui parle un dialecte régional?

   _____

   _____

5. Pouvez-vous situer Metz, Dax et Pau sur une carte de France?

   _____

   _____

6. Etes-vous capable de citer quatre plats régionaux?

   _____

   _____

7. Avez-vous quelque chose contre les accents régionaux?

   _____

   _____

8. Est-ce que vous savez préparer la fondue au fromage et la bouillabaisse?

   _____

L'Interrogation

B. Merci de votre visite! A l'aéroport d'Orly, l'Agence France Tourisme fait un sondage parmi les touristes étrangers qui quittent la France. Voici le questionnaire que les enquêteurs doivent remplir. A l'aide des rubriques ci-dessous, imaginez que vous posez des questions à un touriste. Écrivez une question pour chaque rubrique, en employant la forme interrogative appropriée.

EXEMPLE: Nationalité
            —Quelle est votre nationalité?

Sondage France Tourisme
Touristes étrangers quittant la France

1. Nationalité:

2. Raison de leur voyage: ___ tourisme
   ___ affaires ___ études ___ autre

3. Temps passé en France:

4. Nombre de personnes qui les
   accompagnaient:

5. Région(s) visitée(s):

6. Ce qu'ils ont visité: ___ musées
   ___ monuments ___ autre(s)

7. Ce qu'ils ont aimé et ce qu'ils
   n'ont pas aimé:

8. Logement: ___ hôtel ___ pension ___
   camping ___ amis/famille ___ autre

9. Moyen(s) de transport utilisé(s) en
   France: ___ train ___ voiture ___ autre

10. Espèrent revenir en France: ___ oui
    ___ non ___ ne savent pas

11. Heure de départ de leur avion:

12. Nom et Adresse (facultatif°):

°optional

2. _____
_____

3. _____
_____

4. _____
_____

5. _____
_____

6. _____
_____

7. _____
_____

8. _____
_____

9. _____
_____

10. _____
_____

11. _____
_____

12. _____
_____

C. Strasbourg. Vous passez quelques jours à Strasbourg chez un(e) ami(e), et la pluie a abîmé (*damaged*) votre Guide Michelin. Vous posez des questions à votre ami(e) sur les mots qui sont brouillés (*blurred*). Ecrivez vos questions sur les mots entre crochets.

EXEMPLE: Strasbourg se trouve [à la frontière allemande].
Où se trouve Strasbourg?

1. Strasbourg s'appelait autrefois [Argentoratum].

_____

2. Au cours de l'histoire, la ville a servi de passage à toutes les invasions d'outre-Rhin [parce que c'était une cité prospère et un carrefour (*crossroads*) entre les peuples].

_____

3. [Gutenberg], l'inventeur de l'imprimerie (*printing press*), passe quelques années à Strasbourg au XVe siècle.

_____

4. Goethe fréquente l'université de Strasbourg [au XVIIIe siècle].

_____

5. L'hymne national français, «la Marseillaise», est composé à Strasbourg [par Rouget de Lisle] en 1792.

_____

6. Le célèbre chef cuisinier Jean-Pierre Clause y invente [le pâté de foie gras (*goose liver pâté*)] au XVIIIe siècle.

_____

7. Après la guerre franco-prussienne de 1870, Strasbourg est une ville allemande mais elle redevient française en 1918; elle est de nouveau occupée par les Allemands [pendant quatre ans, de 1940 à 1944].

_____

8. Strasbourg est aujourd'hui bien française mais elle a conservé [sa vocation de carrefour européen].

_____

9. Avec plus de [250 000 habitants], Strasbourg est aujourd'hui une grande ville européenne et un centre industriel.

_____

10. Sa magnifique cathédrale gothique et ses vieux quartiers attirent chaque année [de nombreux touristes].

_____

BLOC-NOTES
Organiser ses idées

Thème: Un programme d'études

As stated in the writing section in **Chapitre 1**, learning to write in a foreign language can be overwhelming at first. **Ne vous inquiétez pas!** You are beginning to develop strategies and techniques that will help you to compose longer passages of prose in French. For this asssignment, think about how you begin a composition when writing in your native language. For example, most writers recommend that planning ahead what you are going to say before starting to write results in more clear and interesting work.

Therefore, in order to begin this assignment, you will need a plan as well as ideas and words to express this plan. At this point, you may not possess all the vocabulary you need in order to write. As in any language, there are many ways of expressing ideas. Brainstorming for vocabulary you do know and alternate ways of expressing ideas will result in a more comprehensible and interesting composition. To aid you in the following planning activity, you will need a partner and your textbook.

 A. Avant d'écrire. In this chapter, you have been learning about different regions of France and other francophone countries. In order to begin writing, you will need some ideas and words related to this topic. Read the following composition assignment. Now working with your partner, review the vocabulary lists in the chapter. It may help to repeat some words and expressions out loud. Brainstorm together and jot down a list of useful words and expressions. Try to include ideas that are interesting and relevant to you personally. This will result in a more dynamic and understandable composition.

_____

_____

_____

_____

_____

_____

_____

_____

_____

B. Ecrivons! You are thinking about participating in a language program in France and are unsure about which one to select. To get an idea of what it might be like to study in Provence, for example, write an informal letter of about 150 words to your new French pen pal. This letter will have two parts. First, introduce youself. Next, tell why you are writing and show your curiosity about this person and where he/she lives by asking him/her a series of five questions. (You may find it helpful to refer to the question formation section of this chapter.) Conclude by suggesting plans for mutual visits and what you would like to see and do. (For this part, you might use the expression "**Je voudrais** + infinitive".)

Tips for informal letters:

Greetings: Cher _____ (masc.)/ Chère _____ (fem.)

Closing: Bien amicalement, (your name)   OR
    Amitiés, (your name)

_____

_____

_____

_____

_____

_____

_____

_____

_____

_____

_____

_____

_____

_____

_____

_____

_____

 **Journal**

In this chapter, you have learned how to express yourself negatively in French. Suppose you have fallen behind in your studies and that you are in a bad mood today. Tell your French professor about it by describing the situation in French using at least five (5) different negative expressions.

Je suis de mauvaise humeur parce que

Déterminer des éléments et compter

La surface des cercles est proportionnelle
à la taille de l'unité urbaine

©INSEE

200 km

Structures

■ Les articles définis, indéfinis, partitifs

■ Les nombres

Faisons le point

Bloc-notes

Faire un portrait

Les articles

The article is placed before the noun and indicates its gender and number. There are three kinds of articles in French: definite, indefinite, and partitive.

The definite article

Forms

	ARTICLE	WITH **à**	WITH **de**
MASCULINE	le	au	du
	l'	à l'	de l'
FEMININE	la	à la	de la
	l'	à l'	de l'
PLURAL	les	aux	des

NOTE: **L'** is used before a noun that begins with a vowel or a mute **h**: **l'école, l'hôtel**. A few French words contain an aspirated **h**. In this case, **l'** is never used and there is no liaison in the plural: **le haricot, la harpe, le héros, le hors-d'œuvre**.

Compare: **l'homme ≠ le héros**
les hommes ≠ les héros (no liaison)

Usage

The definite article, English *the*, is used in various cases.

a. Before nouns referring to particular persons, things, or ideas

Le maire de chaque commune a engagé des recenseurs.
The mayor of each city has hired census takers.

La population française se caractérise par un pourcentage élevé de personnes âgées.
The French population is characterized by a high percentage of elderly people.

b. Before nouns used in a general sense, or abstract nouns

Le chômage est une véritable calamité.
Unemployment is a real calamity.

La natalité est en baisse.
The birth rate is decreasing.

NOTE: The definite article is normally used after verbs like **adorer, aimer, détester,** and **préférer**. English uses no article here.

Les recenseurs aiment **l'exactitude** dans les réponses.
Census takers like preciseness in the answers.

c. With dates, whether or not the day is mentioned

> C'est aujourd'hui **le 1er mai 1995**.
> *Today is May 1st, 1995.*

d. With days of the week. The article is used with days to refer to a habitual action or event that always takes place on the same day of the week.

> Les Français ne travaillent pas **le dimanche**.
> *The French do not work on Sundays.*

When referring to a specific day, however, no article is used.

> Le recensement va commencer **lundi**.
> *The census is going to start on Monday.*

> On a annoncé les résultats du recensement **mardi dernier**.
> *They announced the results of the census last Tuesday.*

e. With divisions of the day. With parts of the day such as **le matin**, **l'après-midi** (m.), **le soir**, and **la nuit**, the definite article is again used only to denote a habit.

> **Le matin**, le Français moyen se lève vers 6 h 00; **le soir**, il regarde les informations à la télé.
> *In the morning, the average French person gets up around 6 o'clock; in the evening, he/she watches the news on TV.*

To designate a specific morning or afternoon, modifiers such as **hier**, **ce, cet, cette**, or **demain** are used, with no article.

> **Hier matin**, le recenseur a téléphoné pour dire qu'il viendrait **ce soir**.
> *Yesterday morning the census taker called to say that he would come this evening.*

f. To indicate possession with parts of the body and clothing (instead of the possessive adjective, as in English)

> Il s'est cassé **le bras**.
> *He broke his arm.*

> Elle se brosse **les dents**.
> *She brushes her teeth.*

> Ce vieil homme sort toujours **le chapeau sur la tête**.
> *This old man always goes out with his hat on his head.*

g. With proper names preceded by their profession or by an adjective

> **Le professeur Montagnier** a isolé le virus VIH.
> *Professor Montagnier isolated the HIV virus.*

> **Le petit Mohamed** parle plusieurs langues.
> *Little Mohamed speaks several languages.*

h. With measurements. With units of weight and measure: **le kilo, le mètre**

> Ces pommes coûtent 15 F **le kilo**.
> *These apples are/cost 15 francs a kilo.*

> Ce tissu coûte 45 F **le mètre**.
> *This fabric costs/is 45 francs per meter.*

for speed: **à l'heure**

> En France, la limite de vitesse sur l'autoroute est de 130 km **à l'heure.**
> *In France, the speed limit on highways is 130 km per hour.*

for salary: **de l'heure**

> Il gagne 100 F de **l'heure.**
> *He earns/makes 100 francs an hour.*

i. With languages, except with **parler**, unless **parler** is modified by an adverb

> Le français est une belle langue.
> *French is a beautiful language.*

> Il ne parle pas **espagnol**, mais il parle très bien **l'italien.**
> *He does not speak Spanish, but he speaks Italian very well.*

j. With academic disciplines

> J'étudie **la chimie**, **l'informatique**, **les mathématiques** et **la psychologie**.
> *I am studying chemistry, computer science, math, and psychology.*

k. With countries (see **Chapitre 1**)

> Vive **la France**!
> *Long live France!*

 Activité 1. Chez le médecin. Votre camarade joue le rôle du médecin qui vous a demandé où vous avez mal. Vous lui montrez la partie du corps en la nommant, puis il/elle réagit selon le modèle.

EXEMPLE: la tête
> —La tête!
> —Ah! Vous avez mal à la tête!

1. la main
2. le genou
3. l'oreille
4. les yeux
5. les pieds

6. l'épaule
7. le ventre
8. les jambes
9. l'orteil (*big toe*)
10. la cheville (*ankle*)

Activité 2. Préparatifs de voyage. Vous allez partir en voyage organisé et votre camarade vous aide à faire la liste des choses dont vous avez besoin. Suivez le modèle.

EXEMPLE: la carte routière
> —La carte routière?
> —Bon, alors tu as besoin de la carte routière!

1. l'adresse de l'agence de voyages
2. le billet de train
3. la réservation d'hôtel
4. les aspirines

5. le carnet d'adresses
6. les renseignements sur le voyage
7. la liste des excursions
8. le parapluie

Activité 3. Les résultats du recensement. Une journaliste prépare un rapport sur les résultats du dernier recensement. Complétez les phrases de son article avec l'article défini, **à** et **de**, si nécessaire, en faisant attention aux contractions avec **à** et **de**.

1. _____ dernier recensement a commencé _____ 1er mars 1990 mais _____ résultats ont été connus _____ mardi dernier.

2. On sait que _____ France compte plus de 57 millions d'habitants.

3. Avec _____ contraception et _____ grand nombre de femmes qui travaillent, on remarque une baisse _____ natalité.

4. _____ amélioration _____ conditions d'hygiène a entraîné une augmentation _____ taille _____ Français.

5. Cependant, _____ mêmes différences régionales subsistent: on est toujours plus grand dans _____ Nord et plus petit dans _____ Ouest; on est moyen dans _____ reste _____ pays.

6. _____ Français moyen gagne 40 F _____ heure et ne travaille pas _____ dimanche; _____ matin, il boit toujours du café; _____ soir, il se couche à 22 h 15.

7. _____ Français aiment _____ voiture et roulent en moyenne à 42 km _____ heure en ville et à 112 km sur _____ autoroute.

8. Ils se lavent _____ mains huit fois par jour.

9. Ils ne parlent pas très bien _____ allemand mais ils parlent _____ anglais.

10. Enfin, _____ Français aiment de plus en plus _____ sport et beaucoup étudient _____ musique.

The indefinite article

Forms

	MASCULINE	FEMININE
SINGULAR	un	une
PLURAL	des	

Usage

The singular indefinite article corresponds to English *a, an*. The indefinite plural may sometimes be translated by *some* or *any*, although there is no plural form of the indefinite article in English.

The indefinite article is sometimes used to refer to a profession, religion or political affiliation. Two constructions are possible:

a. Noun or subject pronoun + **être** ➜ noun with no article

> Il/Elle est **journaliste**.
> *He/She is a journalist.*

> Pierre/Brigitte est **recenseur**.
> *Pierre/Brigitte is a census taker.*

b. **C'est** ➜ indefinite article + noun

> C'est **un(e) journaliste**.
> *He/She is a journalist.*

NOTE: When the noun is modified by an adjective, both constructions use the indefinite article, although the structure with **c'est** is more common in this case.

> Il est un journaliste célèbre. = C'est un journaliste célèbre.
> *He is a famous journalist.*

Activité 4. Le portrait robot. Vous venez d'assister à un hold-up dans une banque. Vous avez vu l'un des voleurs (*thieves*) et on vous demande d'aider un artiste à faire le portrait robot de cet homme. Aidez-le en formant des phrases selon le modèle.

EXEMPLE: grande / bouche
Dessinez une grande bouche!

1. yeux / bleus
2. lunettes
3. petit / nez
4. moustache (f.)

5. oreilles / énormes
6. gros / cou
7. épaules / carrées
8. cicatrice (f.; *scar*) / sur / la joue gauche

Activité 5. Le jeu des mille francs (à la radio). Vous participez au jeu des mille francs et on vous demande d'identifier plusieurs personnes dont on vous donne le nom. Formulez vos réponses à l'aide des éléments suivants; utilisez **il/elle est…** ou **c'est un(e)…** .

1. Lionel Jospin? socialiste
2. Napoléon 1er? empereur des Français
3. Patricia Kaas? chanteuse connue
4. Edith Cresson? ancien (*former*) ministre
5. Aimé Césaire? poète martiniquais
6. Simone de Beauvoir? écrivain
7. Pierre Boulez? compositeur contemporain
8. Luc Montagnier? chercheur

The partitive article

Forms

	MASCULINE	FEMININE
SINGULAR	du, de l'	de la, de l'
PLURAL	des	

Usage

The singular form of the partitive article is used with abstract nouns and mass nouns—that is, nouns designating things that are generally not counted, but are measured. In English, there is often no article; but the word *some* or *any* could generally be inserted.

> Une crise économique entraîne toujours du chômage et de la pauvreté.
> *An economic crisis usually brings about (some) unemployment and (some) poverty.*

REMINDER: After verbs like **adorer**, **aimer**, **détester**, and **préférer**, the definite article is used with mass nouns.

> Les Français préfèrent généralement **le vin rouge**, mais ils achètent aussi **du vin blanc**.
> *The French usually prefer red wine, but they also buy (some) white wine.*

Activité 6. Ingrédients à acheter. Votre voisin veut faire une fondue au fromage et, avant d'aller au supermarché, il prépare la liste des provisions (*groceries*). Dites-lui quels ingrédients il doit acheter en commençant chaque fois par il faut acheter… .

1. gruyère (m.)
2. ail (m.)
3. vin (m.) d'Alsace
4. poivre (m.)
5. farine (f.)
6. kirsch (m.)
7. bicarbonate (m.) de soude
8. tranches de pain

Activité 7. Astérix et Obélix. Complétez le portrait des deux héros en employant des articles définis ou partitifs, selon le cas.

Astérix

1. Astérix a ____ courage mais ____ patience n'est pas son fort.

2. Il aime ____ calme et a ____ respect pour ____ justice.

3. Il a ____ force quand il boit ____ potion magique.

Obélix

4. ____ nourriture est ____ préoccupation principale d'Obélix.

5. On trouve chez lui ____ indiscipline et ____ impatience, mais ____ travail ne lui fait pas peur.

6. Quand il y a ____ danger, ____ peur ne l'affecte pas.

Omission of the article

In the negative

Indefinite and partitive articles are replaced by **de** after a negative construction, except after **être**.

> Comparés aux Français, les Anglo-Saxons ne font guère **de** gestes.
> *When compared with the French, Anglo-Saxons make hardly any gestures.*

> Beaucoup d'Américains de mangent pas **d'**escargots.
> *Many Americans do not eat snails.*

> BUT: Ce ne sont pas **des** Italiens, ce sont des Espagnols.
> *They are not Italians, they are Spaniards.*

> Ce n'est pas **du** café, c'est du thé.
> *It is not coffee, it is tea.*

The definite article is not affected by a negative construction.

> Les Français n'apprécient pas **les** pieds sur la table.
> *The French do not appreciate feet on the table.*

With plural adjectives

When a plural adjective precedes a noun, **de** is preferred to **des**, especially in writing.

> La baisse de la natalité pose **de graves problèmes** en France.
> *The decrease in birth rate poses serious problems in France.*

An exception to this rule is set phrases in which the adjective has lost its original meaning:

des jeunes filles	*young women*
des petits pois	*green peas*
des jeunes gens	*young men*

With expressions of quantity

a. Adverbs of quantity are usually followed by **de** and the noun.

assez	*enough*	Il y a **assez de** chiens et de chats.
autant	*as many, as much*	Il y a **autant d'**immigrés qu'en Allemagne.
beaucoup	*many, much, lots of*	Il y a **beaucoup de** Portugais.
moins	*less, few*	Il y a **moins d'**Asiatiques.
peu	*few, little*	Il y a **peu d'**enfants; nous avons **peu de** temps.
plus	*more*	Il y a **plus de** personnes âgées.
tant	*so many, so much*	Il y a **tant de** conflits sociaux!
trop	*too many, too much*	Il y a **trop de** chômage.

b. Nouns denoting quantity are also usually followed by **de** and the noun.

une boîte de petits pois	*a can of peas*
une bouteille de whisky	*a bottle of whisky*
une douzaine d'œufs	*a dozen eggs*
un kilo d'oranges	*a kilo of oranges*
un litre de vin	*a liter of wine*
une tasse de café	*a cup of coffee*
une tranche de pain	*a slice of bread*
un verre d'eau	*a glass of water*

Note the following exceptions:

■ **La plupart de** is followed by the definite article.

La plupart du temps, les Français n'ont que deux enfants. (**du = de + le**)
Most of the time the French have only two children.

■ **Bien du** (**de la, de l'**) and **bien des** mean *many*.

Aujourd'hui, **bien des couples** n'ont qu'un enfant. (**des = de + les**)
Today, many couples have only one child.

With idiomatic expressions

Some idiomatic expressions are constructed with **de** and the noun, without any article, when referring to a generality.

avoir besoin de	*to need*
avoir envie de	*to feel like, want*
manquer de	*to lack*
se passer de	*to do without*
se servir de	*to use*

Les chômeurs **ont besoin de** travail.
Unemployed people need work.

Ils voudraient avoir des loisirs, mais ils **manquent d'**argent.
They would like to have leisure activities, but they lack money.

When a specific item is intended, however, the indefinite or definite article is used.

Pour annoncer les résultats du recensement, on **a besoin de la** télévision.
In order to announce the results of the census, one needs television.

Pour faire des prévisions, on **se sert des** résultats du recensement. (**des = de + les**)
In order to make projections, one uses the results of the census.

After *avec* and *sans*

After the prepositions **avec** (with abstract nouns only) and **sans**, there is no article.

> Astérix attaque toujours ses ennemis **avec courage**.
> *Astérix always attacks his enemies with courage.*

> Aujourd'hui, beaucoup de couples sont **sans enfants**.
> *Today, many couples are childless.*

Activité 8. Le panier de la ménagère. L'I.N.S.E.E. annonce que le pouvoir d'achat (*purchasing power*) des Français a baissé, en prenant comme base le prix des produits courants. Faites la liste de ces produits; reliez des éléments de la colonne de gauche à des éléments de la colonne de droite.

EXEMPLE: une tasse / le thé
une tasse de thé

1. une boîte
2. une bouteille
3. une douzaine
4. un kilo
5. un litre
6. 300 g
7. un paquet
8. un sac

a. le lait
b. le fromage
c. le sucre
d. les œufs
e. l'eau minérale
f. les pommes de terre
g. le sel
h. les pommes

Activité 9. Bof! Après la publication des résultats du recensement, on montre à la télévision la réaction des gens dans la rue pour savoir ce qu'ils en pensent. Formulez leurs commentaires à l'aide des éléments proposés.

1. il / y / avoir / trop / immigrés
2. gens / ne… pas / avoir / assez / enfants
3. on / avoir besoin / discipline
4. il / y / avoir / beaucoup / retraités
5. la plupart / gens / être / pessimistes
6. gouvernement / manquer / autorité
7. il / y / avoir / tant / chômage
8. peu / Français / avoir / yeux gris

Additional notes

1. Before a noun starting with a vowel or a mute **h**, liaison with **les**, **un**, **des**, and **aux** is mandatory.

> Les arrondissements de Paris sont numérotés de un à vingt.
> *The districts in Paris are numbered from one to twenty.*

> Un ouvrier est généralement un peu plus grand qu'un agriculteur.
> *A worker is usually a little taller than an agriculturist.*

> La majorité des Français ont des enfants.
> *The majority of French people have children.*

> Beaucoup de Français pensent que les gestes sont propres aux Italiens.
> *Many French people think that gestures are characteristic of Italians.*

2. In a series, all articles are usually repeated before each noun, including the contractions with **à** and **de**.

> Les aspects liés à la démographie d'un pays comprennent au moins **la** natalité, **la** mortalité, **les** minorités ethniques et **le** chômage.
> *The aspects related to the demography of a country include at least the birth rate, death rate, ethnic minorities, and unemployment.*

> Parmi les immigrés qui résident en France, on trouve surtout **des** Portugais, **des** Algériens et **des** Marocains.
> *Among the immigrants who reside in France, mostly Portuguese, Algerians, and Moroccans are found.*

> Pour immigrer dans un pays étranger, il faut souvent **du** courage, **de la** patience et **de la** détermination.
> *To immigrate to a foreign country, one often needs courage, patience, and determination.*

Les nombres

Cardinal numbers

1	un	17	dix-sept	73	soixante-treize		
2	deux	18	dix-huit	80	quatre-vingts		
3	trois	19	dix-neuf	81	quatre-vingt-un		
4	quatre	20	vingt	82	quatre-vingt-deux		
5	cinq	21	vingt et un	90	quatre-vingt-dix		
6	six	22	vingt-deux	91	quatre-vingt-onze		
7	sept	23	vingt-trois	92	quatre-vingt-douze		
8	huit	30	trente	93	quatre-vingt-treize		
9	neuf	31	trente et un	100	cent		
10	dix	32	trente-deux	101	cent un		
11	onze	40	quarante	200	deux cents		
12	douze	50	cinquante	230	deux cent trente		
13	treize	60	soixante	1.000	mille		
14	quatorze	70	soixante-dix	10.000	dix mille		
15	quinze	71	soixante et onze	1.000.000	un million		
16	seize	72	soixante-douze	1.000.000.000	un milliard		

1. The numbers 21, 31, 41, 51, 61, and 71 take **et** without hyphens.

31	**trente et un**		61	**soixante et un**
41	**quarante et un**		71	**soixante et onze**
51	**cinquante et un**			

However, 81, 91, and 101 do not take **et**.

81	**quatre-vingt-un**
91	**quatre-vingt-onze**
101	**cent un**

2. Multiples of **vingt** and **cent** require an **s**, except when they are immediately followed by another number.

80	**quatre-vingts**	BUT:	87	**quatre-vingt-sept**
500	**cinq cents**	BUT:	529	**cinq cent vingt-neuf**

3. Note the formation of the numbers 70-79 and 90-99. From 60 to 79, the French consider that they are counting from 60 + 1 to 60 + 19; likewise, they count 80-99 as 80 + 1 to 80 + 19. The 80s themselves are counted as 4 x 20.

69	**soixante-neuf**	(60 + 9)
75	**soixante-quinze**	(60 + 15)
87	**quatre-vingt-sept**	(80 [4x20] + 7)
92 ·	**quatre-vingt-douze**	(80 [4x20] + 12)

4. **Mille** is invariable, but **million** and **milliard** agree in number.

3.000	**trois mille**
3.000.000	**trois millions**
3.000.000.000	**trois milliards**

5. When **million** and **milliard** are followed by a noun, **de** is used.

un million de francs	*one million francs*
six milliards d' habitants	*six billion inhabitants*

6. In French and English the decimal point and comma are reversed.

3,50 in French, but 3.50 in English
56.000.000 or 56 000 000 in French, but 56,000,000 in English

Activité 10. Allô? Les renseignements? Vous êtes opérateur/opératrice chez France Télécom (*French telephone company*) et vous donnez les numéros de téléphone qu'on vous demande. Votre camarade jouera le rôle des demandeurs. En France, les numéros de téléphone ont huit chiffres (*digits*); prononcez-les selon le modèle.

EXEMPLE: la pharmacie de la gare? 42.38.67.01
—Je voudrais le numéro de la pharmacie de la gare, s'il vous plaît!
—C'est le quarante-deux, trente-huit, soixante-sept, zéro un.

1. la mairie de Cannes? 93.39.28.54
2. l'hôpital Pasteur? 68.95.71.20
3. le magasin La Redoute? 59.00.22.66
4. Mme Gisèle Pascal à Toulon? 94.13.58.14
5. l'I.N.S.E.E. à Paris? 45.18.82.11
6. «Les Editeurs réunis»? 35.51.15.09

Ordinal numbers

1er/1ère	premier/première	12^e	douzième
2^e	deuxième	17^e	dix-septième
3^e	troisième	20^e	vingtième
4^e	quatrième	21^e	vingt et unième
5^e	cinquième	71^e	soixante et onzième
6^e	sixième	100^e	centième
9^e	neuvième	101^e	cent unième
10^e	dixième	1000^e	millième

Ordinal numbers are generally formed by adding the suffix **-ième** to the cardinal number.

1. When the number ends in **-e**, the **e** is dropped.

   quatre → quatrième   quinze → quinzième   trente → trentième

2. Some ordinal numbers have special forms.

   premier/première   cinquième   neuvième

Although **deuxième** is much more common, **second(e)** may also be used.

   La Deuxième Guerre mondiale   OR   La Seconde Guerre mondiale.

Activité 11. Quelle agglomération (*metropolitan area*) **choisir?** Vous travaillez à la Chambre de Commerce et d'Industrie de Paris. Une grande société (*company*) étrangère veut installer une succursale (*branch office*) en France, et son/sa représentant(e) vous consulte sur le choix de l'agglomération. Il/Elle vous propose des localités. Vous lui répondez en vous servant de la liste suivante. Pour vous aider, le nombre d'habitants de chaque agglomération est indiqué entre parenthèses.

LES QUINZE PLUS GRANDES AGGLOMÉRATIONS (NOMBRE D'HABITANTS)			
1. Paris	9 318 800	9. Toulon	437 600
2. Lyon	1 262 200	10. Grenoble	404 700
3. Marseille	1 230 900	11. Strasbourg	388 500
4. Lille	959 200	12. Rouen	380 200
5. Bordeaux	696 400	13. Valenciennes	338 400
6. Toulouse	650 300	14. Cannes-Grasse-Antibes	335 600
7. Nice	516 700	15. Nancy	329 400
8. Nantes	496 100		(Source: I.N.S.E.E.)

EXEMPLE: Lyon? (1 262 200 hab.)
            —Quelle est l'importance de Lyon?
            —Avec un million deux cent soixante-deux mille deux cents habitants, Lyon est
              la deuxième agglomération de France.

1. Paris? (9 318 800 hab.)   5. Grenoble? (404 700 hab.)   8. Bordeaux? (696 400 hab.)
2. Toulon? (437 600 hab.)   6. Lille? (959 200 hab.)   9. Toulouse? (650 300 hab.)
3. Marseille? (1 230 900 hab.)   7. Strasbourg? (388 500 hab.)   10. Nice? (516 700 hab.)
4. Rouen? (380 200 hab.)

Collective numbers

Collective numbers are used to express an approximate quantity. They are usually formed by adding the suffix **-aine** to the cardinal number.

10	**une dizaine**	*About /approximately ten*
12	**une douzaine**	*A dozen*
15	**une quinzaine**	*About/approximately fifteen*
20	**une vingtaine**	*About/approximately twenty*
30	**une trentaine**	*About/approximately thirty*
50	**une cinquantaine**	*About/approximately fifty*
100	**une centaine**	*About/approximately one hundred*
1.000	**un millier**	*About/approximately one thousand*

1. When the cardinal number ends in **-e**, the **e** is dropped: **douze** → **une douzaine**
2. With **dix**, the **x** becomes **z** in the collective number: **dizaine.**
3. There is one exception in formation: **un millier.**
4. All collective numbers are feminine except **un millier.**
5. All collective numbers take **de** before the noun that follows.

   une douzaine d'œufs — *a dozen eggs*
   une centaine de communes — *about one hundred cities*

Fractions

The second part of a fraction is usually the ordinal number.

⅕ **un cinquième** — ³⁄₁₀ **trois dixièmes**

Some fractions have irregular forms.

½	**un(e) demi(e), la moitié**	¼	**un quart**
⅓	**un tiers**	¾	**trois quarts**
⅔	**deux tiers**		

Activité 12. Le journal télévisé. Un journaliste qui présente les informations à la télévision vient de recevoir les premiers résultats du recensement sous forme abrégée (*abridged*). Formulez les phrases qu'il va employer pour s'adresser aux téléspectateurs à partir des éléments suivants.

EXEMPLE: ⅙ / les Français / habiter / la région parisienne
Un sixième des Français habitent la région parisienne.

1. ½ / les Français / avoir / les yeux foncés
2. ⅓ / nos compatriotes / avoir / les yeux bleus
3. 1/12 / la population / être / étrangère
4. ⅖ / les hommes / pratiquer / un sport
5. ¾ / les femmes / être / satisfaites de leur silhouette

Special uses of numbers

Dates

1. Days of the week and months are not capitalized in French.

> lundi, mardi, mercredi, jeudi, vendredi, samedi, dimanche
> janvier, février, mars, avril, mai, juin, juillet, août, septembre, octobre, novembre, décembre

2. The date is expressed as follows:

Quel jour sommes-nous aujourd'hui?	*What day is it today?*
Aujourd'hui, nous sommes mercredi.	*Today is Wednesday.*
Quelle est la date aujourd'hui?	*What is the date today?*
Aujourd'hui, nous sommes le 1er janvier 1995.	*Today is January 1, 1995.*
C'est le 30 mars 1996.	*It is March 30th, 1996.*

- The number of the day is cardinal except for the first day of the month.

  C'est aujourd'hui le 31 mars; demain, c'est le 1er avril.

- The date is always preceded by the definite article **le**.

- The year may be pronounced in two different ways.

  1995   mil(le) neuf cent quatre-vingt-quinze,   OR: dix-neuf cent quatre-vingt-quinze

  NOTE: for a year under 2000, 1000 may be spelled **mil** or **mille**. In other cases, it is spelled **mille**.

- In abridged form, the day and month in French are the reverse of English.

  1-6-93: le 1er juin 1993   10-4-94: le 10 avril 1994
  3-9-95: le 3 septembre 1995

Activité 13. Bonne fête, Laurent! En vous servant du calendrier ci-contre et à la page suivante, indiquez la fête (*holiday*) du saint qui est célébrée ce jour-là.

EXEMPLE: 15-5
          Le 15 mai, c'est
          la fête de Denise.

1. 1-3
2. 7-4
3. 12-6
4. 6-12
5. 1-9

JANVIER 7h46 à 16h03	FÉVRIER 7h23 à 16h46	MARS 6h35 à 17h32	AVRIL 5h30 à 18h20	MAI 4h32 à 19h04	JUIN 3h54 à 19h44
1 S JOUR de l'AN	1 M Sᵉ Ella	1 M S. Aubin	1 V S. Hugues	1 D FÊTE du TRAVAIL	1 M S. Justin
2 D Épiphanie	2 M Présentation	2 M S. Charles le B.	2 S Sᵉ Sandrine	2 L S. Boris	2 J Sᵉ Blandine
3 L Sᵉ Geneviève	3 J S. Blaise	3 J S. Guénolé	3 D PAQUES	3 M SS. Phil., Jacq.	3 V S. Kévin
4 M S. Odilon	4 V Sᵉ Véronique	4 V S. Casimir	4 L S. Isidore	4 M S. Sylvain	4 S Sᵉ Clotilde
5 M Sᵉ Édouard	5 S Sᵉ Agathe	5 S S. Olive	5 M Sᵉ Irène	5 J Sᵉ Judith	5 D Fête Dieu
6 J S. Mélaine	6 D S. Gaston	6 D Sᵉ Colette	6 M S. Marcellin	6 V Sᵉ Prudence	6 L S. Norbert
7 V S. Raymond	7 L Sᵉ Eugénie	7 L Sᵉ Félicité	7 J S. J.-B. de la S.	7 S Sᵉ Gisèle	7 M S. Gilbert
8 S S. Lucien	8 M Sᵉ Jacqueline	8 M S. Jean de D.	8 V Sᵉ Julie	8 D VICT 1945/F.J.-d'Arc	8 M S. Médard
9 D Sᵉ Alix	9 M Sᵉ Apolline	9 M Sᵉ Françoise	9 S S. Gautier	9 L S. Pacôme	9 J Sᵉ Diane
10 L S. Guillaume	10 J S. Arnaud	10 J S. Vivien	10 D S. Fulbert	10 M Sᵉ Solange	10 V S. Landry
11 M S. Paulin	11 V N.-D. Lourdes	11 V Sᵉ Rosine	11 L S. Stanislas	11 M Sᵉ Estelle	11 S S. Barnabé
12 M Sᵉ Tatiana	12 S S. Félix	12 S Sᵉ Justine	12 M S. Jules	12 J ASCENSION	12 D S. Guy
13 J Sᵉ Yvette	13 D Sᵉ Béatrice	13 D S. Rodrigue	13 M Sᵉ Ida	13 V Sᵉ Rolande	13 L S. Antoine de P.
14 V Sᵉ Nina	14 L S. Valentin	14 L Sᵉ Mathilde	14 J S. Maxime	14 S S. Matthias	14 M Sᵉ Elisée
15 S S. Remi	15 M Mardi-Gras	15 M Sᵉ Louise	15 V S. Paterne	15 D Sᵉ Denise	15 M Sᵉ Germaine
16 D S. Marcel	16 M Cendres	16 M Sᵉ Bénédicte	16 S S. Benoît-J.	16 L S. Honoré	16 J S. J.F. Régis
17 L Sᵉ Roseline	17 J S. Alexis	17 J S. Patrice	17 D S. Anicet	17 M S. Pascal	17 V S. Hervé
18 M Sᵉ Prisca	18 V Sᵉ Bernadette	18 V S. Cyrille	18 L S. Parfait	18 M S. Eric	18 S S. Léonce
19 M S. Marius	19 S S. Gabin	19 S S. Joseph	19 M Sᵉ Emma	19 J S. Yves	19 D S. Romuald
20 J S. Sébastien	20 D Carême	20 D PRINTEMPS	20 M Sᵉ Odette	20 V S. Bernardin	20 L S. Silvère
21 V Sᵉ Agnès	21 L S. P. Damien	21 L Sᵉ Clémence	21 J S. Anselme	21 S S. Constantin	21 M ÉTÉ
22 S S. Vincent	22 M Sᵉ Isabelle	22 M Sᵉ Léa	22 V S. Alexandre	22 D PENTECÔTE	22 M S. Alban
23 D S. Barnard	23 M S. Lazare	23 M S. Victorien	23 S S. Georges	23 L S. Didier	23 J Sᵉ Audrey
24 L S. Fr. de Sales	24 J S. Modeste	24 J Sᵉ Cath. de Su.	24 D S. Fidèle	24 M S. Donatien	24 V S. Jean-Bapt.
25 M Conv. S. Paul	25 V S. Roméo	25 V Annonciation	25 L S. Marc	25 M Sᵉ Sophie	25 S S. Prosper
26 M Sᵉ Paule	26 S S. Nestor	26 S Sᵉ Larissa	26 M Sᵉ Alida	26 J S. Bérenger	26 D S. Anthelme
27 J Sᵉ Angèle	27 D Sᵉ Honorine	27 D Rameaux	27 M Sᵉ Zita	27 V S. Augustin	27 L S. Fernand
28 V S. Th. d'Aquin	28 L S. Romain	28 L S. Gontran	28 J Sᵉ Valérie	28 S S. Germain	28 M Sᵉ Irénée
29 S S. Gildas		29 M Sᵉ Gwladys	29 V Sᵉ Cath. de Si.	29 D Fête des Mères	29 M SS. Pierre, Paul
30 D Sᵉ Martine		30 M S. Amédée	30 S S. Robert	30 L S. Ferdinand	30 J S. Martial
31 L Sᵉ Marcelle		31 J S. Benjamin		31 M Visitation	

Epacte 17 / Lettre dominicale B
Cycle solaire 15 / Nbre d'or 19
Indiction romaine 2

CASLON - Paris (1) 45 42 13 20

6. 11-7
7. 7-11
8. 8-1
9. 14-2
10. 19-10

ANTIQUE					24						
JUILLET ☾ 3h53 à 19h56		**AOUT** ☾ 4h25 à 19h28		**SEPTEMBRE** ☾ 5h08 à 18h32		**OCTOBRE** ☾ 5h51 à 17h29		**NOVEMBRE** ☾ 6h38 à 16h29		**DÉCEMBRE** ☾ 7h24 à 15h55	
1 V	S. Thierry	1 L	S. Alphonse	1 J	S. Gilles	1 S	S⁰Th. de l'E.J.	1 M	**TOUSSAINT**	1 J	S⁰Florence
2 S	S. Martinien	2 M	S. Julien-Ey.	2 V	S⁰Ingrid	2 D	S. Léger	2 M	**Défunts**	2 V	S⁰Viviane ●
3 D	S. Thomas	3 M	S⁰Lydie	3 S	S. Grégoire	3 L	S. Gérard	3 J	S. Hubert ●	3 S	S. Xavier
4 L	S. Florent	4 J	S. J.M. Vianney	4 D	S⁰Rosalie	4 M	S. Fr. d'Assise	4 V	S. Charles	4 D	S⁰Barbara
5 M	S. Antoine	5 V	S. Abel	5 L	S⁰Raïssa ●	5 M	S⁰Fleur ●	5 S	S⁰Sylvie	5 L	S. Gérald
6 M	S⁰Mariette	6 S	*Transfiguration* ☽	6 M	S. Bertrand	6 J	S. Bruno	6 D	S⁰Bertille	6 M	S. Nicolas
7 J	S. Raoul	7 D	S. Gaétan ●	7 M	S⁰Reine	7 V	S. Serge	7 L	S⁰Carine	7 M	S. Ambroise
8 V	S. Thibaut ●	8 L	S. Dominique	8 J	*Nativité N.D.*	8 S	S⁰Pélagie	8 M	S. Geoffroy	8 J	*Imm. Concept.*
9 S	S⁰Amandine	9 M	S. Amour	9 V	S. Alain	9 D	S. Denis	9 M	S. Théodore	9 V	S. P. Fourier ☽
10 D	S. Ulrich	10 M	S. Laurent	10 S	S⁰Inès	10 L	S. Ghislain ☽	10 J	S. Léon ☽	10 S	S⁰Romaric
11 L	S. Benoît	11 J	S⁰Claire	11 D	S. Adelphe	11 M	S. Firmin ☽	11 V	**ARMISTICE 1918**	11 D	S. Daniel
12 M	S. Olivier	12 V	S⁰Clarisse	12 L	S. Apollinaire ☽	12 M	S. Wilfried	12 S	S. Christian	12 L	S⁰Jeanne F.C.
13 M	SS. Henri, Joël	13 S	S. Hippolyte	13 M	S. Aimé	13 J	S. Géraud	13 D	S. Brice	13 M	S⁰Lucie
14 J	**FÊTE NATIONALE**	14 D	S. Evrard ☽	14 M	*La S⁰ Croix*	14 V	S. Juste	14 L	S. Sidoine	14 M	S⁰Odile
15 V	S. Donald	15 L	**ASSOMPTION**	15 J	S. Roland	15 S	S⁰Th. d'Avila	15 M	S. Albert	15 J	S⁰Ninon
16 S	*N.D.Mt-Carmel* ☽	16 M	S. Armel	16 V	S⁰Edith	16 D	S⁰Edwige	16 M	S⁰Marguerite	16 V	S⁰Alice
17 D	S⁰Charlotte	17 M	S. Hyacinthe	17 S	S. Renaud	17 L	S. Baudouin	17 J	S⁰Elisabeth	17 S	S. Gaël
18 L	S. Frédéric	18 J	S⁰Hélène	18 D	S⁰Nadège	18 M	S. Luc	18 V	S⁰Aude ☽	18 D	S. Gatien ☽
19 M	S. Arsène	19 V	S. Jean Eudes	19 L	S⁰Emilie ☽	19 M	S. René ☽	19 S	S. Tanguy	19 L	S. Urbain
20 M	S⁰Marina	20 S	S. Bernard	20 M	S. Davy	20 J	S⁰Adeline	20 D	S. Edmond	20 M	S. Abraham
21 J	S. Victor	21 D	S. Christophe ☽	21 M	S. Matthieu	21 V	S⁰Céline	21 L	*Prés. Marie*	21 M	S. Pierre C.
22 V	S⁰Marie-Mad. ☽	22 L	S. Fabrice	22 J	S. Maurice	22 S	S⁰Elodie	22 M	S⁰Cécile	22 J	**HIVER**
23 S	S⁰Brigitte	23 M	S⁰Rose de L.	23 V	**AUTOMNE**	23 D	S. Jean de C.	23 M	S. Clément	23 V	S. Armand
24 D	S⁰Christine	24 M	S. Barthélemy	24 S	S⁰Thècle	24 L	S. Florentin	24 J	S⁰Flora	24 S	S⁰Adèle
25 L	S. Jacques	25 J	S. Louis	25 D	S. Hermann	25 M	S. Crépin	25 V	S⁰Catherine L.	25 D	**NOËL** ☽
26 M	SS. Anne, Joa.	26 V	S⁰Natacha	26 L	SS. Côme, Dam.	26 M	S. Dimitri	26 S	S⁰Delphine ☾	26 L	S. Etienne
27 M	S⁰Nathalie	27 S	S⁰Monique	27 M	S. Vinc. de Paul	27 J	S⁰Emeline ☾	27 D	**Avent**	27 M	S. Jean
28 J	S. Samson	28 D	S. Augustin	28 M	S. Venceslas ☾	28 V	SS. Sim., Jude	28 L	S. Jacq. de la M.	28 M	*SS. Innocents*
29 V	S⁰Marthe	29 L	S⁰Sabine ☾	29 J	S. Michel	29 S	S. Narcisse	29 M	S. Saturnin	29 J	S. David
30 S	S⁰Juliette ☾	30 M	S. Fiacre	30 V	S. Jérôme	30 D	S⁰Bienvenue	30 M	S. André	30 V	S. Roger
31 D	S. Ignace de L.	31 M	S. Aristide			31 L	S. Quentin	CASLON – Paris (1) 45 42 13 20		31 S	S. Sylvestre

Time

Quelle heure est-il?

Il est une heure.

Il est une heure et quart.

Il est une heure moins le quart.

Il est une heure et demie.

Il est une heure dix.

Il est une heure moins dix.

Il est midi.

Il est minuit.

1. For the half hour, **demie** takes an **e** except with **midi** and **minuit**.

   Il est deux heures et demie. Il est midi/minuit et demi.

2. The designations p.m. and a.m. are usually translated as follows:

- a.m. is always **du matin**.

- p.m. is **de l'après-midi** between noon and about 6:00, but **du soir** between 6:00 p.m. and midnight.

    A 10 h du matin je prends du café, mais à 10 h du soir je préfère le thé.

3. In official contexts such as transportation schedules, hours of operation, and business appointments, time is expressed according to the 24-hour system.

    8 h 15 (huit heures quinze) = 8:15 a.m.
    20 h 15 (vingt heures quinze) = 8:15 p.m.

4. In questions about what time an event or action takes place, the preposition **à** is used.

    A quelle heure les Français dînent-ils?
    Ils dînent généralement à 8 heures du soir.

Activité 14. L'horaire (*schedule*). Vous travaillez au comptoir d'Air France à l'aéroport Kennedy de New York, et les touristes français qui doivent prendre des correspondances ne comprennent pas les horaires. Traduisez les heures suivantes en langage de tous les jours, puis en heure officielle.

EXEMPLE: 8:30 p.m. → huit heures et demie du soir ou: vingt heures trente

1. 9:15 a.m.
2. 7:25 p.m.
3. 12:30 p.m.
4. 11:35 a.m.
5. 1 a.m.
6. 12 noon
7. 6:45 a.m.
8. 2:30 p.m.

 Activité 15. A quelle heure? Choisissez un(e) camarade de classe et posez-vous des questions à tour de rôle pour savoir à quelle heure vous faites ce qui est indiqué.

EXEMPLE: tu / regarder / les informations
                —A quelle heure est-ce que tu regardes les informations?
                —Je regarde les informations vers huit heures du soir.

1. ta première classe / commencer / aujourd'hui
2. ton dernier cours de la semaine / se terminer
3. tu / se lever / le matin
4. tu / prendre / le petit déjeuner
5. tu / quitter / la maison
6. tes parents / rentrer / à la maison
7. ta famille / prendre / le dîner
8. tu / se coucher / le soir

Weights and measurements

1. Height and weight

   Combien mesure le Français moyen? Il mesure 1,72 m.
   How tall is the average Frenchman? He is 1.72 meters (5' 9").

   Prononcez: un mètre soixante-douze.

   Combien pèse-t-il? Il pèse 75 kg.
   How much does he weigh? He weighs 75 kilograms (166 lb).

   Prononcez: soixante-quinze kilos.

2. Measurements of objects, space

   Cette pièce mesure 6 m de long sur 4 m de large sur 3 m de haut (hauteur).
   This room is 6 meters long by 4 meters wide by 3 meters high.

   Cette valise a 50 cm de profondeur.
   This suitcase is 50 centimeters deep.

Activité 16. Etes-vous perspicace? M. et Mme Johnson et leurs trois enfants, qui sont en France pour y passer une année, ont besoin d'une carte de séjour. N'ayant pas de calculatrice, chacun fait un calcul approximatif. Qui a raison: M. Johnson, Mme Johnson ou l'employé(e) de la mairie (*city hall*)? Expliquez vos résultats à un(e) camarade. Rappel: 1 pied = 31 cm; 1 pouce = 2,57 cm; 1 livre = 0,450 kg.

EXEMPLE: Pour Melissa Johnson, c'est Mme Johnson qui a raison;
             Melissa mesure 1,28 m et pèse 22 kg.

TAILLE ET POIDS SUR PASSEPORT	M. JOHNSON DIT:	MME JOHNSON DIT:	L'EMPLOYÉ(E) DIT:
Melissa Johnson 3'6" 48 lb	1,10 m 60 kg	1,28 m 22 kg	1,50 m 40 kg
Cindy Johnson 5'0" 100 lb	1,30 m 32 kg	1,50 m 45 kg	1,72 m 61 kg
Peter Johnson 5'10" 150 lb	1,75 m 67 kg	1,60 m 55 kg	1,90 m 80 kg
Mme Johnson 5'4" 125 lb	1,78 m 75 kg	1,50 m 40 kg	1,65 m 56 kg
M. Johnson 6'2" 180 lb	1,60 m 97 kg	1,85 m 81 kg	1,75 m 70 kg

Faisons le point

Les articles

A. La population française. Complétez les deux textes suivants avec les articles convenables, si nécessaire. Attention aux contractions avec **à** et **de**!

1. Evolution de la population française

   Au XVIIIe siècle, _____ France était sans doute l'un de _____ pays les plus peuplés de _____ monde. A partir de _____ XIXe siècle, _____ population n'a pas augmenté avec _____ même rapidité. _____ deux Guerres mondiales ont entraîné _____ baisse de _____ augmentation à cause de _____ forte mortalité et de _____ faible natalité dues à _____ années de guerre. Après _____ Deuxième Guerre mondiale, _____ population a de nouveau augmenté grâce à _____ phénomène de _____ «baby boom» et à _____ arrivée de nombreux immigrés. Mais depuis quelques années, _____ croissance (*increase*) de _____ population diminue. Cela est dû à plusieurs facteurs: _____ développement de _____ contraceptifs, _____ fait que _____ femmes travaillent, _____ diminution de _____ mariages et le changement de _____ attitudes. Avec _____ crise économique, on a besoin de plus de _____ argent pour vivre et _____ jeunes couples désirent moins de _____ enfants.

2. Densité de la population et urbanisation

   Avec _____ développement de _____ industries, _____ population a quitté _____ campagnes pour trouver _____ travail dans _____ villes. A cause de _____ exode rural, plus de 75% de _____ Français vivent aujourd'hui en ville. Comparée à d'autres pays, _____ France est _____ pays peu peuplé. _____ densité de _____ population est de 105 habitants au km^2, alors que _____ Allemagne en a 200 et _____ Pays-Bas 300. Mais _____ densité varie de _____ région à _____ autre. Dans _____ zones industrielles de _____ régions Nord et Rhône-Alpes et de _____ région parisienne, elle est de 80 habitants au km^2. Dans _____ montagnes et dans _____ régions peu développées, _____ densité est souvent de moins de 20 habitants au km^2. Dans _____ reste de _____ territoire, elle varie entre 20 et 80 habitants.

Les nombres

B. Vos dépenses. Vous travaillez comme assistant(e) d'anglais dans un lycée français. Vous venez de recevoir votre salaire mensuel (*monthly*) et vous en profitez pour payer ce que vous devez (*owe*). Ecrivez chaque somme en toutes lettres et, dans la colonne de droite, imaginez comment l'argent va être dépensé en choisissant les possibilités suggérées.

le loyer	le téléphone	les ordures ménagères (f.)
le gaz	l'eau	La Redoute (*name of a mail order catalogue*)

BGF   BANQUE GENERALE DE FRANCE   B.P.F. *179,35*

Payez contre ce chèque *Cent soixante dix-neuf francs et*

trente-cinq centimes

A *Super Prix*

A Cannes   le *12 janvier 1996*

Payable
Agence Cannes Carnot
198, boulevard Carnot
06400 CANNES
Tél: 93.00.93.93
Compensable: Cannes

Numéro de compte:
0006 7828376

Mme Marie-France MARTIN
17, rue de l'Estérel
06400 CANNES

N° de chèque   Code guichet
9487204   0682   0006 7828376

SOMME		DÉPENSE
365,10 F	trois cent soixante-cinq francs et dix centimes	électricité
192,25 F		
68,00 F		
706,15 F		
481,40 F		
2 850,00 F		
800,00 F		

C. La gestion du temps (*time management*). Vous venez de vous apercevoir que vous avez des problèmes dans la gestion de votre temps. Pour remédier à la situation, vous écrivez le détail de votre journée en indiquant l'heure à laquelle débute chaque activité. A la fin, écrivez vos conclusions en calculant combien de temps vous avez perdu pendant cette journée. Ecrivez aussi les résolutions que vous allez prendre pour améliorer la situation à l'avenir. Prenez une autre feuille de papier pour ce compte rendu.

BLOC-NOTES
Faire un portrait

Thème: Aspects physiques et caractère

Writing doesn't always mean composing a paragraph or paper on a given topic. Other forms of expression such as songs, poems, and verses can be interesting ways to communicate. In the following activity, you will explore one of these means by giving your personal profile in the form of a poem.

Reflect for a moment on how you view yourself. How would you describe yourself physically? What are some characteristics of your personality? What things do you like to do? What sort of career plans do you have? At this stage in your language learning, you possess the means with which to describe yourself in terms of physical characteristics, personality, and plans for your life. Using the poem in the text as inspiration, you will give a portrait of yourself in the form of a poem. The pre-writing activity will help you get started; for the task, you will need your textbook and a partner.

A. Avant d'écrire. Look again at the poem in **Chapitre 3**. With a partner, read the poem together aloud and talk about your impressions together. Choose two or three expressions that interest you and explain why. Start to think about creating a poem yourself in French. Using the work "**Tu es un homme, moi aussi**" and chapter vocabulary as inspiration, what types of things might you include in your own poem based upon the topic given in the next section?

_____

_____

_____

B. Ecrivons! In French, write a poem of at least 10 lines about yourself using the vocabulary for physical description, attitudes, personality, etc. which you have seen in this chapter. You may write it in paragraph form or as a traditional poem with lines and stanzas. Use your imagination!

_____

_____

_____

_____

_____

_____

_____

_____

 **Journal**

Choose a person who is meaningful in your life, perhaps a good friend or a member of your family. Describe him or her in French and tell why you chose this person. This activity could take the form of a dialogue, a paragraph, or perhaps another poem. Be creative!

Identifier et situer dans le temps et dans l'espace

Structures

■ Le nom

■ Les prépositions

Faisons le point

Bloc-notes

Faire une description

Le nom

Gender of nouns

Unlike English nouns, French nouns have gender, either masculine or feminine, whether they refer to people, animals, ideas, or things. Gender can sometimes be determined by the ending of a noun, as follows.

MASCULINE

-able	**le câble, le sable** (*sand*) (except: **la table**)
-age	**le garage, le message** (except: **une cage, une image, une page**)
-ail, -al	**le travail, le journal**
-aire	**le dictionnaire, le questionnaire** (except: **la grammaire**)
-asme, -isme	**le sarcasme, le journalisme**
-eau	**le bureau, le tableau** (except: **l'eau, la peau**)
-et	**un objet, un secret**
-euil	**le fauteuil**
-ier	**le cahier, le papier**
-nt	**l'appartement, l'argent,** (except: **la dent**)
-oir	**le soir**
-c, -g, -r	**le banc, le sang, le car**

Nouns ending in **-a, -i, -o,** and **-u** are also usually masculine: **le cinéma, le canari, le piano, le genou.**

FEMININE

-ade	**la promenade**
-aille	**la paille** (*straw*)
-aine	**la douzaine**
-ance, -ence	**l'ambiance, la chance, la connaissance, l'indulgence, la patience**
-double consonant + e	**la presse, la cigarette, la carotte**
-ée	**une idée** (except: **le lycée**)
-ie	**la biologie, la philosophie** (except: **le génie, le parapluie**)
-ion	**la nation, la question** (except: **un avion, un camion**)
-ique	**la panique, la politique**
-son	**la chanson, la raison** (except: **le poison, le poisson**)
-té, -tié	**la beauté, l'amitié** (except: **un été, un côté, un pâté**)
-tude, -ture	**une attitude, une certitude, la figure, la nature**

Since there are many exceptions, however, it is safer to memorize the gender of each noun as you learn the noun itself.

1. The feminine version of a noun that designates a person is normally formed by adding **-e** to the masculine.

l'aîné (*older/oldest child*)	**l'aînée**
un ami	**une amie**
un cousin	**une cousine**
un Français	**une Française**

Note that when a final consonant is silent in the masculine version of a noun, it becomes voiced in the feminine: **cousin, cousine**.

2. As in English, many nouns that designate people and animals often have a different form in the masculine and the feminine.

le frère	**la sœur**
le garçon (*boy*)/**le fils** (*son*)[1]	**la fille** (*girl/daughter*)
le mari (*husband*)/**l'homme** (*man*)	**la femme** (*wife/woman*)
un monsieur	**une dame**
le neveu	**la nièce**
l'oncle	**la tante**
le père	**la mère**
le petit-fils	**la petite-fille**
le prince	**la princesse**
le roi	**la reine**
le cerf (*deer*)	**la biche**
le cheval	**la jument**
le coq (*rooster*)	**la poule**
le mouton (*sheep*)	**la brebis**
le taureau (*bull*)/**le bœuf** (*ox*)	**la vache**

3. When masculine nouns end in **-e**, only the article changes in the feminine.

un(e) artiste	**un(e) pianiste**
un(e) célibataire	**un(e) violoniste**
un(e) journaliste	**un(e) secrétaire**
un(e) guitariste	

4. Certain nouns only have one gender, whether they refer to a male or a female.

   - Some are only masculine; however, if there is confusion, the word **femme** may be added for clarity.

un architecte	**un mannequin** (*model*)
un auteur	**un médecin**
un chirurgien	**un peintre**
un écrivain	**un professeur**
un ingénieur	

   BUT: **une femme médecin, une femme écrivain,** etc.

---

[1]Note that **garçon** and **fils** have only one feminine equivalent (**fille**), just as **homme** and **mari** have only **femme**.

■ Some are only feminine, such as **une personne** or **une victime**.

Ce jeune homme solitaire est une autre victime du divorce.
This lonely young man is another victim of divorce.

Je vais vous présenter à M. Martin; c'est une personne très sympathique.
I am going to introduce you to Mr. Martin; he is very nice person.

5. Other nouns have different feminine endings that may be predicted from the masculine forms as follows.

MASCULINE	FEMININE	EXAMPLES
-eau/-el	-elle	un jumeau, une jumelle (*twin*)
-en	-enne	un Parisien, une Parisienne
-er	-ère	un ouvrier, une ouvrière
-et	-ette	le cadet, la cadette (*younger/youngest child*)
-eur	-euse	un coiffeur, une coiffeuse
-f	-ve	un veuf, une veuve
-on	-onne	un baron, une baronne
-teur	-trice	un acteur, une actrice (except: **chanteur/chanteuse, menteur/menteuse**)
-x	-se	un époux, une épouse

6. A few nouns have two genders, each with a different meaning.

le critique	*critic*	**la critique**	*criticism*
le livre	*book*	**la livre**	*pound*
le mode	*method, mode*	**la mode**	*fashion*
le poste	*job, position*	**la poste**	*post office*
le tour	*turn, trick*	**la tour**	*tower*

 Activité 1. Conseils à votre sœur. Votre sœur a 17 ans et se prépare à faire des études supérieures. Malheureusement, elle est indécise, car elle ne sait pas encore ce qu'elle veut faire dans la vie. Proposez-lui des carrières possibles (au masculin). Elle (votre partenaire) exprime chaque fois sa réaction en employant la forme féminine des noms. Suivez le modèle.

EXEMPLE: technicien / chanteur
—Et la profession de technicien?
—Je ne veux pas être technicienne mais je peux être chanteuse![2]

1. avocat / musicien
2. directeur d'école / ingénieur
3. infirmier / médecin
4. coiffeur / mannequin

5. journaliste / acteur
6. secrétaire / comptable
7. peintre / romancier
8. pharmacien / traducteur

---

[2]Note that the article *a* is not used in French in this structure: *I don't want to be a technician, but I can be a singer.*

Activité 2. Où est Madame Duval? L'inspecteur Legrand enquête (*investigates*) sur la disparition d'une dame âgée, Mme Duval. Il demande à son assistant de lui dicter au téléphone la liste des objets qu'on a trouvés chez elle. Nommez ces objets selon l'exemple.

EXEMPLE: cigarette
                    Il y a une cigarette.

1. journal
2. miroir
3. livre
4. bracelet
5. parapluie
6. collier
7. table
8. manteau
9. image
10. dent
11. tableau
12. agenda

Activité 3. Des renseignements utiles. Complétez avec **le** ou **la** les phrases suivantes extraites d'un guide sur la France.

1. On peut envoyer ses lettres à _____ poste.

2. En cas d'accident, il faut alerter _____ poste de police le plus proche.

3. Pour les mesures de poids, on préfère le kilo à _____ livre.

4. _____ Tour Eiffel existe depuis plus de cent ans.

5. _____ Tour de France est une course cycliste célèbre.

6. Paris est considérée comme la capitale de _____ mode.

7. Pour faire vos achats, vous pouvez choisir _____ mode de paiement que vous désirez: argent liquide (*cash*), chèque ou carte bancaire.

8. «_____ critique est facile, mais l'art est difficile» (proverbe français).

Plural of nouns

1. The plural of nouns is usually formed by adding -**s** to the singular.

   un ami, des amis   une collègue, des collègues
   un retraité, des retraités   une sœur, des sœurs

2. Nouns ending in -**s**, -**x**, or -**z** do not change in the plural.

   le/les bras   le/les fils
   le/les prix   l'époux / les époux
   le/les nez   le/les gaz

3. For a few nouns, the final consonant is pronounced in the singular, but it becomes silent in the plural.

   un bœuf   des bœufs
   un œuf   des œufs
   un os *(bone)*   des os

4. Other nouns have different plural forms that may be predicted from their singular endings as follows.

SINGULAR	PLURAL	EXAMPLES
-al	-aux	**le journal, les journaux** (EXCEPT: **les bals, les carnivals, les festivals**)
-ail	-aux	**le travail, les travaux** (EXCEPT: **les chandails** [*sweaters*], **les détails**)
-au, -eau	-aux, -eaux	**le fléau** (*scourge, plague*), **les fléaux**
-eu	-eux	**le jeu, les jeux** (EXCEPT: **les pneus** [*tires*])
-ou	-oux	ONLY FOR: **le bijou** (*jewel*), **les bijoux**; **le caillou** (*stone*), **les cailloux**; **le chou** (*cabbage*), **les choux**; **le genou** (*knee*), **les genoux**; **le hibou** (*owl*), **les hiboux**; **le joujou** (*toy*), **les joujoux**; **le pou** (*louse*), **les poux**

5. A few nouns have irregular plurals.

un ciel	**des cieux**
un jeune homme	**des jeunes gens**
madame	**mesdames**
mademoiselle	**mesdemoiselles**
monsieur	**messieurs**
un œil	**des yeux**
une personne	**des gens**

NOTE: With adjectives and numbers, **personne** is required (**trois personnes, chaque personne**), while in other cases **gens** is used (**des gens, beaucoup de gens**).

6. Some nouns are always used in the plural.

les fiançailles (f.) (*engagement, preceding a wedding*)
les mathématiques (f.)
les vacances (f.) (*vacation*) ≠ **la vacance** (*vacancy*)

7. For compound nouns, which are formed by two or more words, the plural will vary according to its components. Usually, only nouns and adjectives can take the plural ending, unless they refer to something that is unique; other words such as verbs, adverbs, prepositions, and pronouns are invariable.

un après-midi	**des après-midi**
un arc-en-ciel	**des arcs-en-ciel** (*rainbows*)
une belle-sœur	**des belles-sœurs**
un couvre-lit	**des couvre-lits** (*bedspreads*)
un demi-frère	**des demi-frères**
une demi-sœur	**des demi-sœurs**
une grand-mère	**des grands-mères or grand-mères**
un grand-père	**des grands-pères**
un gratte-ciel	**des gratte-ciel**
un hors-d'œuvre	**des hors-d'œuvre**
un porte-plume	**des porte-plumes** (*pen-holders*)
un timbre-poste	**des timbres-poste** (*postage stamps*)

8. Proper names referring to the members of a family do not take **-s** in the plural.

   Les Martin habitent maintenant dans une autre ville.
   The Martins now live in another city.

Activité 4. Quel désordre! Céline et Nathalie sont très désordonnées (*untidy*). Leur mère leur dit de ranger leurs affaires (*things*). Imaginez ce qu'elle leur dit en mettant les noms au pluriel.

EXEMPLE: livre
           Rangez vos livres!

1. journal
2. chandail
3. stylo
4. bijou
5. chaussure
6. timbre-poste

7. jeu
8. porte-plume
9. sou
10. animal en peluche (*stuffed animal*)
11. manteau
12. couvre-lit

Activité 5. Mais qu'est-ce que c'est? Vous visitez un musée d'art moderne avec un(e) ami(e) et vous essayez de comprendre une peinture abstraite. Interprétez certains détails du tableau en mettant les noms suivants au singulier.

EXEMPLE: des fenêtres
           Ça, je crois bien que c'est une fenêtre!

1. des nez
2. des bras
3. des genoux
4. des œufs
5. des gens
6. des châteaux

7. des os
8. des pianos
9. des fleurs
10. des yeux
11. des chats
12. des chevaux

Activité 6. Préparatifs de mariage. Choisissez un(e) camarade pour cette activité. Vous allez bientôt vous marier et vous préparez la liste des choses à faire avant la cérémonie. Votre meilleur(e) ami(e) propose de vous aider. A tour de rôle (*in turns*), utilisez les éléments ci-dessous et formulez des phrases pour dire ce que vous allez faire. N'oubliez pas de mettre les noms au pluriel quand c'est nécessaire!

EXEMPLE: la carte d'invitation (écrire)
           Moi, je vais écrire les cartes d'invitation.

1. mon ami (prévenir)
2. le faire-part (*announcement*) (envoyer)
3. une réservation au restaurant (faire)
4. l'amuse-gueule (m., *hors-d'œuvre*)
   et la boisson (choisir)
5. un musicien (engager)

6. une table pour le cadeau (préparer)
7. un bijou (acheter)
8. le prix (calculer)
9. une photo (faire)
10. la fleur (commander)

Les prépositions

Prepositions establish connections between various elements of a sentence.

Forms

1. Here are some common prepositions.

à	*at, to, in, on*
après	*after*
avant	*before* (time) ≠ **devant** (*before* [place])
avec	*with*
chez	*at/to ___'s place/house*
contre	*against*
dans	*in, inside, into*
de	*of, from*
depuis	*since, from*
derrière	*behind*
en	*in, to*
entre	*between, among* ≠ **parmi** (*among*)
envers	*toward* (someone) ≠ **vers** (*toward* [direction])
malgré	*in spite of*
par	*by, through*
pendant	*during, for* (duration)
pour	*for*
sans	*without*
sauf	*except*
sous	*under*
sur	*on, upon*

Note that **à** and **de** contract with the definite articles **le** and **les**, but not with **l'** and **la**.

> Au XXe siècle, les tâches ménagères ne sont plus réservées aux femmes.
> *In the 20th century, household chores are no longer reserved for women.*

> Le texte parle des problèmes du couple et de la famille.
> *The text deals with the problems of the couple and of the family.*

2. In addition to the preceding one-word prepositions, there are prepositional locutions that consist of two or more words.

à cause de	*because of*
à côté de	*next to, beside*
afin de	*in order to* (+ inf.)
à l'exception de	*except*
à l'extérieur de	*outside of*
à l'intérieur de	*inside of*
au-dessous de	*below*
au-dessus de	*above*
au lieu de	*instead of*
au milieu de	*in the middle of*
autour de	*around*
d'après	*according to*
en bas de	*at the bottom of*
en face de	*in front of, facing*
en haut de	*at the top of*
grâce à	*thanks to*
hors de	*outside of, out of*
jusqu'à	*until, up to*
jusque dans	*up into*
loin de	*far from*
près de	*near*

Beaucoup de femmes travaillent aujourd'hui à l'extérieur de la maison.
Many women today work outside the home.

En France, les jeunes couples n'habitent pas très loin de leurs parents.
In France, young couples do not live very far from their parents.

Activité 7. Mon appartement. Monique vient de se marier et elle parle de sa nouvelle résidence à sa meilleure amie. Formulez ses phrases à l'aide des éléments suivants.

EXEMPLE: nous / habiter / au-dessus / une boulangerie
Nous habitons au-dessus d'une boulangerie.

1. nous / ne pas être / loin / mes parents

2. nous / avoir / cet appartement / grâce / les voisins / mes parents

3. l'appartement / se trouver / à l'extérieur / la ville

4. il / être / près / une banlieue résidentielle

5. notre immeuble / être situé / en face / le restaurant Royal

6. il / y / avoir / des garages / au-dessous / l'immeuble

7. mon mari et moi / dîner / la maison / à l'exception / le dimanche

8. nous / passer / le dimanche / chez / mes beaux-parents

Activité 8. La nouvelle femme de ménage (*cleaning lady*). Vous engagez une nouvelle femme de ménage et, le premier jour, elle vous demande où se trouvent les utensiles de ménage. Avec un(e) camarade, jouez cette scène en suivant le modèle.

EXEMPLE: aspirateur? —(*behind*) escalier (*stairs*)
—Où est l'aspirateur?
—Il est derrière l'escalier!

1. éponge? —(*under*) évier (*sink*)
2. fer à repasser? —(*on*) étagère (*shelf*)
3. poubelle? —(*next to*) machine à laver
4. produits de nettoyage? —(*in front of*) toilettes
5. balai? —(*against*) porte
6. seau? —(*in*) garage
7. gants en latex? —(*between*) produits de nettoyage / et / éponge
8. sacs de poubelle? —(*above*) placard (*cabinet*)

Usage

Prepositions before infinitives

1. Some conjugated French verbs are directly followed by an infinitive, without the use of a preposition. Examples of such verbs are:

aimer	*to like*
aller	*to go*
compter	*to intend*
croire	*to believe*
désirer	*to desire, to wish*
devoir	*to have to, ought to*
espérer	*to hope*
faire	*to do, to make*
falloir	*to be necessary*
oser	*to dare*
penser	*to think of, to plan*
pouvoir	*to be able to, can*
préférer	*to prefer*
savoir	*to know (how)*
souhaiter	*to wish*
vouloir	*to want*

Aujourd'hui, les femmes **veulent travailler**.
Today, women want to work.

2. Some conjugated verbs are followed by the preposition **à** + infinitive.

apprendre à	*to learn*
commencer à	*to begin*
continuer à	*to continue*
s'habituer à	*to get used to*
hésiter à	*to hesitate*
se mettre à	*to start*
renoncer à	*to give up*
réussir à	*to succeed in*
servir à	*to be of use to, to be useful for*
tenir à	*to care about; to be anxious to*

Quand ils sont mariés, les Français **continuent à voir** leurs parents régulièrement.
When they are married, the French continue to see their parents on a regular basis.

3. Some conjugated verbs are followed by **de** + infinitive.

accepter de	*to accept*
(s') arrêter de	*to stop*
conseiller de	*to advise*
se contenter de	*to be satisfied with*
empêcher de	*to prevent from*
essayer de	*to try*
oublier de	*to forget*
promettre de	*to promise*
refuser de	*to refuse*
regretter de	*to regret*
rêver de	*to dream of*
se souvenir de	*to remember*
tenter de	*to attempt*

Quelquefois, les femmes **arrêtent de travailler** à l'extérieur de la maison quand elles ont un enfant.
Sometimes women stop working outside the home when they have a child.

4. Certain verbs may be followed by either one of two prepositions + infinitive, with a change in meaning depending on which preposition is used.

commencer à	*to begin, to start*	≠	**commencer par**	*to start with*
décider de	*to decide*	≠	**se décider à**	*to make up one's mind*
finir de	*to finish*	≠	**finir par**	*to end up*
se servir de	*to use*	≠	**servir à**	*to be useful to/for*
tenir de	*to take after*	≠	**tenir à**	*to value; to insist on*

Il **a fini par** rester célibataire.
He ended up staying single.

Il **a fini de** travailler.
He finished working.

5. The prepositions **avant** and **après**, when used before an infinitive, have a special construction.

- **avant de** + (present) infinitive

    Avant de se marier, beaucoup de jeunes Français font l'expérience de l'union libre.
    Before getting married, many young French people try living together.

- **après** + past infinitive

    The past infinitive is formed with the infinitive of **avoir** or **être**, followed by the past participle of the verb.

    Après avoir décidé de se marier, le jeune couple a fixé la date du mariage.
    After deciding to get married, the young couple set the date of the wedding.
    (Literally: *After having decided*)

Activité 9. Projets d'avenir. Sylvie et Robert sont fiancés et parlent de leurs projets d'avenir. Formulez leurs phrases selon le modèle.

EXEMPLE: désirer / continuer mes études
           Je désire continuer mes études.

SYLVIE

1. ne pas pouvoir / rester à la maison
2. refuser / tout faire à la maison
3. rêver / devenir architecte
4. vouloir / avoir des enfants
5. aimer / faire du ski

ROBERT

1. tenir / sortir avec mes amis
2. promettre / partager les tâches ménagères
3. arrêter / fumer demain
4. hésiter / avoir des enfants
5. accepter / faire du ski avec toi

Activité 10. Avoir un enfant? Vous aimeriez avoir un enfant, mais vous hésitez. Employez les éléments suivants pour poser des questions à votre cousin(e) qui a deux jeunes enfants.

1. tu / aimer / lire des histoires à tes enfants?
2. tu / réussir / concilier la vie familiale et la profession?
3. tu / s'habituer / entendre du bruit dans la maison?
4. tu / pouvoir / se reposer le week-end?
5. tu / essayer / sortir avec des amis?
6. tu / commencer / apprécier le rôle de parent?
7. tu / regretter / avoir des enfants?
8. tu / me / conseiller / avoir un enfant?

Activité 11. Les disputes entre parents et enfants. Le fils / La fille demande la permission de faire les activités suivantes. Chaque fois, le père/la mère dit à l'enfant ce qu'il/elle doit faire d'abord (*first*). L'enfant récapitule ensuite selon l'exemple suivant. Avec un(e) camarade, jouez cette scène.

EXEMPLE: aller au cinéma / faire la vaisselle
      ENFANT: Est-ce que je peux aller au cinéma?
      PARENT: Oui, mais avant d'aller au cinéma, tu dois faire la vaisselle!
      ENFANT: Bon! Mais après avoir fait la vaisselle, je vais au cinéma, d'accord?

1. sortir avec mes copains / ranger ta chambre

2. regarder la télé / faire tes devoirs

3. acheter une moto / avoir de meilleures notes en classe

4. partir en vacances cet été / réussir à ton examen

5. [Imaginez une sortie possible et une tâche ménagère.]

Prepositions before nouns

Note the verbal expressions that have a different construction in French and in English.

1. The following verbs are directly followed by nouns in French, but they require an intervening preposition in English.

attendre	*to wait for*
chercher	*to look for*
demander	*to ask for*
écouter	*to listen to*
payer	*to pay for*
regarder	*to look at*

> Généralement les jeunes mariés **cherchent un appartement** dans leur ville d'origine.
> *Usually newlyweds look for an apartment in their home town.*

2. The following verbs and expressions use a preposition before a noun in French, but not in English.

avoir besoin de	*to need*
demander à	*to ask (someone)*
dire à	*to tell (someone)*
renoncer à	*to renounce, relinquish, give up*
répondre à	*to answer (someone or something)*
téléphoner à	*to call (someone)*

> Je vais **téléphoner à** mes parents pour les inviter à dîner.
> *I am going to call my parents to invite them for dinner.*

3. Certain verbs are often followed by two nouns. The first noun (the direct object) denotes something that is given, shown, communicated, etc.; it directly follows the verb. The second noun (the indirect object) usually denotes a person and is introduced by **à**.

acheter	*to buy*
apprendre	*to teach*
conseiller	*to advise*
demander	*to ask*
dire	*to say, tell*
donner	*to give*
écrire	*to write*
emprunter	*to borrow*
enseigner	*to teach*
envoyer	*to send*
expliquer	*to explain*
interdire	*to forbid*
montrer	*to show*
prêter	*to lend*
raconter	*to tell (a story)*
reprocher	*to reproach*

Il a donné **une bague** de fiançailles **à sa fiancée**.
He gave his fiancée an engagement ring; OR: *He gave an engagement ring to his fiancée.*

Elle raconte toujours s**es problèmes** conjugaux **à ses parents**.
She always tells her parents about her marital problems; OR: *She always tells her marital problems to her parents.*

Pendant son voyage de noces, elle a envoyé **des cartes postales à tous ses amis**.
During her honeymoon, she sent all her friends postcards; OR: *During her honeymoon, she sent postcards to all her friends.*

4. **penser à** vs. **penser de**

- **Penser à** means *to think of* in the sense of to think about someone or something.

  Chaque fois qu'on parle de vacances, **je pense à** Tahiti.
  Each time vacation is mentioned, I think of Tahiti.

- **Penser de** is used in questions only to elicit a judgement or an opinion.

  Que **pensez-vous de** la nouvelle voiture de votre mari?
  What do you think of your husband's new car?

Activité 12. Pauvre jeune homme! Voici la triste histoire d'un jeune homme. Complétez les phrases suivantes avec la préposition convenable quand c'est nécessaire.

1. Raymond cherche _____ le bonheur dans la vie.

2. Il voudrait devenir musicien, mais il a besoin _____ argent.

3. Il désire emprunter de l'argent _____ ses parents, mais ils refusent.

4. Il renonce donc _____ Conservatoire.

5. Il écrit ensuite _____ la Chambre de Commerce pour trouver _____ un travail intéressant.

6. Il n'a pas de diplôme mais il attend _____ une réponse positive.

7. Pendant ce temps, il tombe amoureux d'une jeune fille et il ose demander _____ sa main en mariage.

8. C'est la fille d'un magistrat et elle demande _____ Raymond quels sont ses projets d'avenir.

9. Il raconte son histoire _____ la jeune fille qui exlique la situation _____ ses parents.

10. Les parents interdisent _____ la jeune fille de revoir le jeune homme.

11. Elle envoie une lettre d'adieu _____ Raymond.

Prepositions indicating location and direction

1. The preposition **à** indicates a location or direction *in*, *at*, or *to* some place in general.

à l'école	*at/to school*
à l'université	*at/to the university, on/to the campus*
à la maison	*home, at home*

2. **Dans** indicates location more precisely and often means *inside*, whereas **en** is used in a few idiomatic expressions. Note that **en** is not followed by an article.

en ville	*downtown, in/to town*	≠	**dans la ville**	*in the city*
en classe	*in class*	≠	**dans la classe**	*in the classroom*

> **En ville**, les appartements sont chers.
> *In town, apartments are expensive.*

> Les enfants mariés vivent souvent **dans la même ville** que leurs parents.
> *Married children often live in the same city as their parents.*

3. **De** indicates the place of origin.

> La troisième femme de Jean-Claude vient **d'une petite ville**.
> *Jean-Claude's third wife comes from a small town.*

4. **Chez** is used to indicate:

- location at or direction to somebody's house, place, or office

Les femmes divorcées retournent souvent **chez leurs parents**.
Divorced women often return to their parents' house.

Les jeunes restent longtemps **chez leurs parents**.
Young people stay at their parents' house for a long time.

Je suis invité(e) à un mariage et je dois aller **chez le coiffeur**.
I am invited to a wedding and I have to go to the hairdresser's.

- membership within a group or relationship within an author's works

Chez les personnes âgées, la solitude est courante à cause du veuvage.
Among elderly people, loneliness is common because of widowhood.

Chez Pierre Daninos, on trouve souvent le thème de la culture française.
In Pierre Daninos' works, the theme of French culture is often found.

5. Modes of transportation use various prepositions.

À	EN	PAR
à bicyclette[3]	en autobus	par le train (ALSO: **en train**)
à cheval	en avion (*by plane*)[4]	
à pied	en bateau	
à vélo[3]	en métro	
	en moto(cyclette)[5]	
	en taxi	
	en voiture	

On peut traverser la France **par le train**.
One can cross France by train.

For additional information on prepositions used for location, review the use of prepositions with geographical names in **Chapitre 1**.

Activité 13. La curiosité est un vilain défaut! Posez des questions à un(e) camarade pour savoir où / chez qui il/elle fait les actions suivantes. Changez ensuite de rôle.

1. faire ses études

2. faire ses devoirs

3. aller le week-end prochain

4. passer généralement Noël et d'autres fêtes

5. passer ses prochaines vacances

---

[3]Although correct usage requires **à**, **en** is frequently used with **bicyclette** and **vélo**, especially in spoken French.
[4]**Par avion** means *by air mail*.
[5]**Moto** should use **à**, but **en** is more common today.

Activité 14. Les moyens de transport. Voici les résultats d'un sondage sur les moyens de transport utilisés par les employés d'une grande firme française. Formulez des phrases correspondant à ces données.

EXEMPLE: 10% des employés vont au travail par le train.

POUR ALLER AU TRAVAIL		POUR PARTIR EN VACANCES	
pied	15%	voiture	60%
vélo/moto	15%	train	20%
autobus/métro	25%	avion	15%
voiture	45%	bateau	5%

Prepositions indicating time and duration

1. **A** is used to indicate the specific time at which an event is taking place.

    Le mariage aura lieu à la mairie **à 11 heures**.
    The wedding will take place at the city hall at 11 o'clock.

2. **Dans** indicates the time period after which an action will take place; it implies a time from now.

    Dans une heure, il y aura une émission sur la nouvelle famille à la télévision.
    In an hour (from now), there will be a program on the new family on television.

    Dans dix jours, nous allons rendre visite à mes beaux-parents.
    In ten days (from now), we are going to visit my in-laws.

3. **En** is used to indicate:

    ■ a month, season, or year when an action takes place

    Ils vont se marier **en juin / en été / en 1996**.
    They are going to get married in June / in the summer / in 1996.

    NOTE: **Printemps** uses **au** instead of **en**: **au printemps**.

    ■ the time necessary to complete an action in the sense of *within*

    L'I.N.S.E.E. a réalisé ce sondage **en six mois**.
    The I.N.S.E.E. completed this poll in (within) six months.

4. **Pour** is used to indicate the duration of an action that has not yet taken place.

    Je vais chez mon oncle **pour dix jours**.
    I am going to my uncle's for ten days.

Activité 15. Bavardage (*chit-chat*). Choisissez un(e) camarade et, à tour de rôle, formulez des phrases selon les indications suivantes; expliquez aussi pourquoi. Dites:

1. En combien de minutes
   a. vous faites votre lit
   b. vous venez au lycée / à l'université

2. Dans combien de temps
   a. vous allez terminer vos études
   b. vous espérez vous marier

3. Pour combien de temps vous aimeriez
   a. aller en France
   b. faire une croisière (*cruise*)

4. A quelle heure
   a. vous prenez généralement votre dîner
   b. vous vous levez le matin

5. En quelle saison vous préférez
   a. faire du sport
   b. partir en vacances

Special uses of prepositions

1. **A** denotes function, nature, or flavor.

un fer à repasser	*an iron*
un gâteau à la crème	*a cream cake*
une glace au chocolat	*chocolate ice cream*
une tasse à café	*a coffee cup*
un immeuble à dix étages	*an eleven story building*[6]

2. **De** denotes contents or composition.

un pull de laine	*a woolen sweater*
un exercice de grammaire	*a grammar exercise*
une tasse de café	*a cup of coffee*
une bouteille de vin	*a bottle of wine*
une soupe de légumes	*vegetable soup*

   NOTE: **un verre à vin** ≠ **un verre de vin**.

3. **En** denotes substance.

un mur en ciment	*a concrete wall*
un bracelet en or	*a gold bracelet*
un poème en prose	*a poem in prose*

   NOTE: The meanings of **de** and **en** sometimes overlap, and custom determines which will be used.

---

[6]REMINDER: In French, the ground floor (**le rez-de-chaussée**) is not counted as a story (**un étage**).

Activité 16. Une journée à Nice. Mireille vient de passer une journéc à Nice et elle vous raconte ce qu'elle a fait. Complétez ses phrases avec **à**, **de** ou **en**.

1. J'ai fait des courses et j'ai acheté une robe _____ coton et un bracelet _____ argent.

2. J'ai rendu visite à une amie qui habite dans un immeuble _____ huit étages; on y entre par une grande porte _____ bois.

3. Au déjeuner, nous avons pris une soupe _____ poissons, une salade _____ tomates, un verre _____ vin rosé, une glace _____ la vanille, et une tasse _____ café.

Etre + adjective + *à* or *de* + infinitive

1. After **être**, most adjectives require **de** + infinitive.

   Elle **est heureuse de vivre** dans le même quartier que ses parents.
   She is happy to live in the same district as her parents.

2. When the subject refers to something that has been previously mentioned, French uscs the structure **c'est** + adjective + **à** + infinitive.

   Il ne s'entend pas avec ses propres parents; **c'est difficile à croire**.
   He doesn't get along with his own parents; it is hard to believe.

3. When the subject is impersonal and introduces a fact, French uses the structure **il est** + adjective + **de** + infinitive.

   Il **est** parfois **difficile d'avoir** de bons rapports avec ses beaux-parents.
   It is sometimes difficult to have a good relationship with one's in-laws.

Activité 17. Ah, ma belle-mère! Un jeune couple habite dans le même immeuble que les parents du mari, et la jeune femme ne s'entend pas avec sa belle-mère. Complétez les phrases suivantes pour exprimer les plaintes (*complaints*) de la jeune femme.

1. Elle veut que je fasse de la grande cuisine! _____ facile _____ faire quand on ne travaille pas à l'extérieur!

2. _____ est impossible _____ se reposer le week-end: nous passons tous les dimanches avec mes beaux-parents!

3. Je suis bien triste _____ constater l'influence que ma belle-mère exerce sur son fils.

4. _____ est inadmissible _____ lui demander son avis avant de prendre les décisions qui nous concernent.

5. J'ai l'impression de ne pas être chez moi; _____ est difficile _____ croire mais _____ vrai.

6. Enfin, les vacances approchent! Je suis heureuse _____ partir seule avec mon mari et mes enfants!

Faisons le point

Le nom

A. Une scène de ménage. Jean-Paul et Caroline sont mariés depuis quelques années et ont deux enfants de un an et trois ans. Ils travaillent tous les deux et ne semblent pas partager les tâches domestiques de façon équitable. Un beau jour, Caroline, exaspérée, fait une scène à Jean-Paul. Complétez le dialogue suivant avec le pluriel des noms entre parenthèses.

CAROLINE: Je suis fatiguée de faire tous les _____ (travail) de la maison!

JEAN-CLAUDE: Tu exagères! Je t'aide tous les _____ (jour) un peu.

CAROLINE: Ah, oui? Dis-moi un peu ce que tu as fais hier, alors!

JEAN-CLAUDE: Hier, c'était exceptionnel! Mon copain avait deux _____ (pneu) crevés et il fallait bien que je l'aide! Ensuite, mes _____ (grand-parent) voulaient que je leur apporte les _____ (journal) de la semaine et que je vienne chercher des _____ (chou) de leur jardin!

CAROLINE: Eh bien, je vais te faire la liste de ce que j'ai fait hier et nous pourrons comparer! Le matin, j'ai donné un bain aux _____ (enfant) et j'ai lavé leurs _____ (chandail) à la main. Sylvie est tombée et s'est fait mal aux _____ (genou); j'ai dû lui mettre deux _____ (pansement, *bandage*). J'ai dû changer plusieurs _____ (fois) les _____ (couche, *diaper*) du bébé. J'ai préparé les _____ (repas), ce qui signifie laver les _____ (légume) et faire la cuisine, faire la vaisselle et la ranger pendant que toi, tu faisais tes _____ (mot croisé) devant la télé!

JEAN-CLAUDE: Oui, mais tu oublies que chaque fois qu'il faut faire des _____ (réparation) dans la maison, c'est moi qui m'occupe de tout! Je passe des _____ (heure) à travailler avec mes _____ (outil, *tool*) mais personne ne le remarque jamais! C'est encore moi qui sors les _____ (poubelle) et qui m'occupe des _____ (jeu) des _____ (gosse)! Tu vois, tu n'es pas seule à travailler!

CAROLINE: Bon, il est inutile de se disputer, tu n'admettras jamais que les _____ (femme) travaillent toujours plus que les _____ (homme)!

Prépositions avec infinitifs

B. Votre idée du couple. Complétez les phrases suivantes en fonction de votre opinion personnelle sur la notion de couple. Employez chaque fois un infinitif (et une préposition si c'est nécessaire).

1. Maintenant que j'ai un(e) copain/copine, je peux _____

   _____

2. Je l'aime vraiment et je m'habitue _____

   _____

3. Nos parents tiennent _____

4. J'aime sortir avec d'autres amis, mais ma relation avec mon copain / ma copine m'empêche

   _____

5. Quand je pense à l'avenir, j'hésite _____

   _____

6. J'oublie parfois _____

7. Quand nous parlons d'enfants, je commence _____

   _____

C. Une conférence. Vous préparez une conférence sur l'évolution de la famille en France. Traduisez en français les idées générales de votre discours (*speech*).

1. Today many young people hesitate to have children. _____

   _____

2. Many women work outside the home and do not want to give up their profession in order to raise

   children. _____

   _____

3. Many young adults try to live near their parents. _____

   _____

4. In spite of these changes, the family continues to be important. _____

   _____

5. Many young people refuse to marry someone before living with the person first. _____

   _____

6. Their parents and grandparents are learning to accept this situation. _____

   _____

BLOC-NOTES
Faire une description

Thème: La famille

Revising, rewriting, editing, reviewing, rescanning, these are all words important to experienced writers. Some writers tend to assume that revising necessarily occurs at the end of the writing process. In reality, rewriting can occur throughout this process. In fact, continuously revising and rereading while engaged in the composing activity are the most important ways to produce good writing.

Why does a writer need to revise? Often, a first draft is just that, a draft. Revising and editing the draft results in a more finished work containing a clear message and more polished prose. To become a more proficient writer in either your native language or the foreign language, it is essential to think of revising as a continuous, recursive activity in which you are constantly rethinking your ideas and ways of expressing them. Therefore, this writing assignment will help you to become more comfortable with revising and rewriting the same piece of prose.

A. Avant d'écrire. In this chapter, you have learned about families and how they are evolving in today's world. In movies and television shows, families and different aspects of family life are often portrayed in detail. Imagine that you have been asked to write a magazine article on some aspect of family life as shown on the screen. You will write your article in two stages corresponding to the two parts of this chapter's composition assignment.

First, choose a film or episode from television that concerns families or family life that you have seen recently. Write a short description (5 to 6 sentences) in French of the family depicted. Keep in mind that many potential readers of your article will not have seen the film or show that you have chosen to write about.

_____

_____

_____

_____

_____

_____

_____

_____

_____

B. Ecrivons! In this part of the assignment, you will rewrite and expand upon your previous paragraph for your article. Decide whether or not watching the film or T.V. show is good for children. Still in French, write a paragraph of four to five sentences in which you state your viewpoint and back it up with examples from the film or show. Be sure to incorporate this new aspect of the article with your existing paragraph to make a coherent whole. This means that you will need to reread and revise both paragraphs to make sure your message and ideas are clear to your readers.

_____

_____

_____

_____

_____

_____

_____

_____

_____

_____

_____

_____

_____

_____

_____

_____

_____

_____

_____

_____

_____

_____

✏ Journal

La famille idéale. In your opinion, how do you envision your own family in the future? What are your preferences in matters such as roles, attitudes, etc.? Using at least five verb + infinitive constructions found in the text, write your own description in French of the family you plan to have.

J'espère + infinitif = "I hope to ..."   Je compte + infinitif = "I intend to ..."

Faire un récit au passé

CHAPITRE 5

Structures

- Le passé composé
- L'imparfait
- Le plus-que-parfait
- Autres expressions avec le passé

Faisons le point

Bloc-notes

Exprimer une opinion

Le passé composé

Formation

The **passé composé** is formed by conjugating the auxiliary (helping verb) **avoir** or **être** in the present tense and adding the past participle of the verb.

parler → PAST PARTICIPLE: *parlé*	
j'ai parlé	nous avons parlé
tu as parlé	vous avez parlé
il/elle/on a parlé	ils/elles ont parlé

Formation of the past participle of regular verbs

1. **-er** verbs add **-é** to the stem (after the **-er** ending is dropped)

    parler = **parl** + **er** → **parlé**

2. **-ir** verbs add **-i** to the stem (after the **-ir** ending is dropped)

    finir = **fin** + **ir** → **fini**

3. **-re** verbs add **-u** to the stem (after the **-re** ending is dropped)

    vendre = **vend** + **re** → **vendu**

    Le travail des femmes **a modifié** la mentalité des gens.
    Women's work has changed people's mentalities.

    En réaction au féminisme, beaucoup d'hommes **ont choisi** la solitude.
    In reaction to feminism, many men have chosen loneliness.

    Les femme**s ont attendu** longtemps avant de pouvoir voter.
    Women waited a long time before being able to vote.

Formation of the past participle of irregular verbs

The past participles of irregular verbs must be memorized. For a more complete list, see the Appendix.

1. Past participles ending in **-ait**:

    faire   **fait**

2. Past participles ending in **-é**:

    être   été
    naître   né

3. Past participles ending in **-ert**:

offrir	**offert**
ouvrir	**ouvert**
souffrir	**souffert**

4. Past participles ending in **-i**:

dormir	**dormi**
rire	**ri**
sentir	**senti**
suivre	**suivi**

5. Past participles ending in **-is**:

asseoir	**assis**
mettre	**mis**
prendre (apprendre, comprendre)	**pris (appris, compris)**

6. Past participles ending in **-it**:

conduire	**conduit**
dire	**dit**
écrire (décrire)	**écrit (décrit)**
produire	**produit**

7. Past participles ending in **-t**:

craindre	**craint**
mourir	**mort**

8. Past participles ending in **-u**:

avoir	**eu**
boire	**bu**
connaître	**connu**
courir	**couru**
croire	**cru**
devoir	**dû**
falloir	**fallu**
plaire	**plu**
pleuvoir	**plu**
pouvoir	**pu**
savoir	**su**
tenir	**tenu**
venir	**venu**
vivre	**vécu**
voir	**vu** (≠ recevoir: **reçu**; apercevoir: **aperçu**)
vouloir	**voulu**

Choice of auxiliary: *avoir* or *être*?

Most verbs use **avoir** as an auxiliary, except the following.

1. Pronominal or reflexive verbs (see **Chapitre 7**)

   se marier → il s'est marié
   se fiancer → je me suis fiancé(e)

2. Sixteen verbs that express a motion or a change of state

aller	*to go*	**partir**	*to leave*
arriver	*to arrive*	**passer**	*to go by*
décéder	*to pass away*	**rentrer**	*to come back*
descendre	*to go down*	**rester**	*to stay*
entrer	*to go in*	**retourner**	*to return, go back*
monter	*to go up*	**sortir**	*to go out, come out*
mourir	*to die*	**tomber**	*to fall*
naître	*to be born*	**venir**	*to come*

   NOTE: Derivatives of the above verbs also use **être**:

   partir → repartir
   venir → convenir, devenir, parvenir, revenir

   Of those verbs, six of them use **avoir** when they have a direct object.

descendre	**passer**	**retourner**
monter	**rentrer**	**sortir**

   > Elle est sortie avec des amis.
   > *She went out with friends.*

   > Elle a sorti la voiture du garage.
   > *She took the car out of the garage.*

3. Agreement of the past participle

   - With **avoir**, the past participle agrees with the direct object when the direct object precedes the verb.

     DIR. OBJ.

     Il a rencontré **sa femme** à une soirée.
     He met his wife at a party.

     DIR. OBJ.

     Il **l**'a rencontrée à une soirée.
     He met her at a party.

   Note that there is no agreement with **en** and **y** or with indirect object pronouns.

   > Des problèmes? Les femmes **en** ont **eu** beaucoup au cours de l'histoire.
   > *Problems? Women have had many (of them) in the course of history.*

■ With **être**, the past participle agrees with the subject.

		PARTIR	
je	**suis parti(e)**	nous	**sommes parti(e)s**
tu	**es parti(e)**	vous	**êtes parti(e)(s)**
il/on	**est parti**	ils	**sont partis**
elle	**est partie**	elles	**sont parties**

■ With pronomial or reflexive verbs, the past participle follows the rule for **avoir**. (For more information on pronominal verbs, see **Chapitre 7**.)

When the reflexive pronoun is the only object (i.e., the direct object), the past participle agrees with the reflexive pronoun, as it precedes the verb.

		SE DÉPÊCHER	
je	**me suis dépêché(e)**	nous	**nous sommes dépêché(e)s**
tu	**t'es dépêché(e)**	vous	**vous êtes dépêché(e)(s)**
il/on	**s'est dépêché**	ils	**se sont dépêchés**
elle	**s'est dépêchée**	elles	**se sont dépêchées**

When the verb is followed by a direct object, the reflexive pronoun is no longer the direct object; rather, it is the indirect object. As usual, the past participle agrees with the direct object, but only if it is placed before the verb.

DIR. OBJ.

Elle **s'est lavée**.
She washed herself.

IND. OBJ.   DIR. OBJ.

Elle **s'est lavé les mains**.
She washed her hands.

Elle **se les est lavées**.
She washed them (the hands). [**les** = direct object]

With some reflexive verbs, the reflexive pronoun is always an indirect object; therefore, the past participle is invariable. This is mainly the case with verbs that, when they are not reflexive, are followed by **à** + object.

demander à → se demander (*to wonder*)
dire à → se dire
écrire à → s'écrire
parler à → se parler
rendre compte à → se rendre compte (*to realize*)
téléphoner à → se téléphoner

Au XXe siècle, les femmes se sont enfin rendu compte de leur état de dépendance vis-à-vis des hommes.
In the 20th century, women finally became aware of their state of dependence with regard to men.

4. Additional points

- Negative. Negation uses the following pattern: **ne** + **avoir** or **être** + **pas** + past participle.

    Les femmes ont lutté pour leur émancipation.
    → Les femmes n'ont pas lutté pour leur émancipation.

- Interrogative

    Les femmes ont lutté pour leur émancipation?
    Est-ce que les femmes ont lutté pour leur émancipation?
    Les femmes ont-elles lutté pour leur émancipation?

- Interrogative-negative

    Les Françaises n'ont pas voté avant 1945.
    → Les Françaises n'ont-elles pas voté avant 1945?

Activité 1. La journée de la famille Dumont. Dites ce que les membres de la famille ont fait hier en formant des phrases au passé composé.

1. les parents / se réveiller / six heures

2. ils / se lever / tout de suite

3. Mme Dumont / préparer / le petit déjeuner

4. M. Dumont / habiller / les enfants

5. ils / manger / tous ensemble

6. Mme Dumont / prendre / une douche

7. M. Dumont / se raser

8. les enfants / se brosser / les dents

9. M. Dumont / les / accompagner / à l'école

10. Mme Dumont / aller / directement au travail

11. elle / faire / des courses / après son travail

12. les enfants / rentrer / à la maison / tout seuls

13. la famille / se mettre à table / à 19 h 30

14. les enfants / se coucher / à 21 h

Activité 2. L'inspecteur mène l'enquête. Pierre, âgé de 15 ans, a disparu et l'inspecteur qui enquête pose des questions aux personnes suivantes. Complétez leur témoignage (*testimony*) en conjuguant les verbes au passé composé.

1. Juliette Pisier, la mère: Hier soir, quand je _____ (rentrer) du travail, je _____ (trouver) la porte de la maison ouverte. Je _____ (appeler) mon fils et personne ne me _____ (répondre). Je _____ (attendre) longtemps. Vers 22 h, je _____ (s'inquiéter) et je _____ (téléphoner) à la police.

2. Jean-Paul Faisant, professeur d'histoire: Hier après-midi, Pierre _____ (ne rien faire) en classe. Je le _____ (interroger) plusieurs fois mais il _____ (ne pas vouloir) répondre. Au milieu du cours, il _____ (se lever) et _____ (partir) sans dire un mot.

3. Sylvie Martin, la copine de Pierre: Hier soir, Pierre _____ (venir) chez moi et me _____ (inviter) à aller au cinéma. Nous _____ (voir) un film policier et _____ (aller) dans une crêperie. Il me _____ (écouter) mais il _____ (ne pas parler) de toute la soirée. Finalement, je _____ (rentrer) chez moi, plutôt inquiète.

Activité 3. Une soirée à la maison. Vous préparez une soirée chez vous et vous vérifiez avec votre copain/copine si tout est prêt. Pour chaque chose de la liste, posez une question; il/elle vous répond selon le modèle.

EXEMPLE: faire le ménage
—Est-ce que tu as fait le ménage?
—Le ménage, je l'ai fait!

1. laver la vaisselle

2. arroser les plantes

3. ranger tes affaires

4. préparer les boissons

5. sortir la salade du réfrigérateur

6. acheter les gâteaux

7. commander la pizza

8. décorer la table

Activité 4. Perte de mémoire (*memory loss*). Vous allez à l'hôpital pour voir votre frère/sœur qui a eu une opération au cerveau (*brain surgery*) et qui a perdu la mémoire temporairement. Il/Elle essaie d'évoquer des souvenirs communs; corrigez-le/la selon le modèle en imaginant l'information correcte.

EXEMPLE: Papa / se casser / la jambe / en 1982
—Papa ne s'est-il pas cassé la jambe en 1982?
—Non! Il ne s'est pas cassé la jambe en 1982 mais en 1985.

1. nous / passer / nos vacances / Québec / l'été dernier

2. l'oncle Henri / nous / offrir / une encyclopédie / pour Noël

3. Grand-père / mourir / en automne

4. tu / se marier / l'année dernière

5. ton ami(e) / avoir / un accident de voiture / en janvier

6. Maman / me / rendre visite / hier

Use of the *passé composé*

The **passé composé** is used to express an action that was completed in the past. It can refer to:

1. a single action that was completed in the past, whether or not the beginning and the end of the action are specified. The duration may have been short or long.

> J'ai lu un livre sur le féminisme.
> *I read a book on feminism.*

> Elle a vécu trois ans avec lui.
> *She lived with him for three years.*

2. an action that was repeated in the past but is no longer taking place. It may have occurred either a specific number of times or over a specific time period.

> Les femmes ont manifesté plusieurs fois pour obtenir des avantages sociaux.
> *Women demonstrated several times to obtain social benefits.*

3. a succession of actions or a series of events that were completed in the past.

> Les femmes ont pu aller à l'école, elles ont obtenu la contraception, elles ont travaillé et sont entrées dans la politique.
> *Women were able to go to school; they obtained contraception; they worked and went into politics.*

Note that the **passé composé** can be translated by three different tenses in English.

> Les journalistes ont téléphoné à Edith Cresson.

> *The journalists* { *called Edith Cresson.*
> *have called Edith Cresson.*
> *did call Edith Cresson.* }

The **passé composé** may be accompanied by expressions such as **hier, un jour, lundi, l'année dernière, tout d'un coup**, etc. (See Section C.)

Activité 5. L'émancipation des femmes. Vous faites des recherches sur l'émancipation des femmes en France et vous trouvez le résumé suivant dans un livre de référence. Rétablissez ce résumé en faisant des phrases au passé composé.

1. le féminisme / commencer / pendant la Révolution française
2. les filles / recevoir / l'enseignement gratuit en 1882
3. on / créer / un bac féminin en 1919
4. en 1965 / la femme / pouvoir / travailler sans la permission de son mari
5. en 1970 / les parents / partager / l'autorité parentale
6. en 1967 / on / reconnaître / la contraception comme légale
7. le MLF[1] / naître / en 1970
8. en 1975 / l'IVG[2] / devenir / légale
9. le travail / permettre / aux femmes de sortir de chez elles
10. en 1980 / les femmes / avoir droit / à un long congé de maternité
11. en 1983 / le gouvernement / imposer / l'égalité de salaire entre hommes et femmes
12. il / falloir / attendre 1991 pour avoir une femme Premier ministre

[1]**MFL:** Mouvement de libération des femmes
[2]**IVG:** Interruption volontaire de grossesse (*abortion*)

Activité 6. Olympe de Gouges. Voici un résumé en anglais sur la vie d'Olympe de Gouges, une des premières féministes françaises. Traduisez-le en français.

1. Olympe de Gouges was born in Montauban in 1748.

2. She then married an officer.

3. She lived in Paris and started to write plays.

4. She fought (**se battre**) against slavery (**esclavage**) and especially for the liberation of women.

5. She published the *Déclaration des droits de la femme et de la citoyenne* in 1791.

6. Unfortunately revolutionaries beheaded (**guillotiner**) her in 1793.

L'imparfait

Formation

1. The imperfect tense is formed by adding the endings **-ais, -ais, -ait, -ions, -iez, -aient** to the stem of the **nous** form of the present indicative.

PARLER → PRESENT: *nous parlons*			
je	parlais	nous	parlions
tu	parlais	vous	parliez
il/elle/on	parlait	ils/elles	parlaient

FINIR→ PRESENT: *nous finissons*			
je	finissais	nous	finissions
tu	finissais	vous	finissiez
il/elle/on	finissait	ils/elles	finissaient

VENDRE → PRESENT: *nous vendons*			
je	vendais	nous	vendions
tu	vendais	vous	vendiez
il/elle/on	vendait	ils/elles	vendaient

2. EXCEPTION: only **être** has an irregular stem in the imperfect tense.

ÊTRE → STEM: ÉT-			
j'	étais	nous	étions
tu	étais	vous	étiez
il/elle/on	était	ils/elles	étaient

3. Some verbs ending in **-er** in the infinitive have a regular stem and regular endings, but they undergo a slight spelling change in order to maintain the original pronunciation of the verb.

   ■ Verbs ending in **-cer** in the infinitive use **ç** in the **je, tu, il(s), elle(s),** and **on** forms of the imperfect to keep the original [s] sound.

COMMENCER → STEM: COMMENC-			
je	commençais	nous	commencions
tu	commençais	vous	commenciez
il/elle/on	commençait	ils/elles	commençaient

   ALSO: **annoncer, menacer, placer**

   ■ Verbs ending in **-ger** in the infinitive add an **e** to their stem in the **je, tu il(s), elle(s),** and **on** forms of the imperfect to keep the original [ʒ] sound.

MANGER → STEM: MANG-			
je	mangeais	nous	mangions
tu	mangeais	vous	mangiez
il/elle/on	mangeait	ils/elles	mangeaient

   ALSO: **déranger, nager, ranger**

4. When the imperfect stem of a verb ends in **-i**, the **nous** and **vous** forms have two **i**'s.

ÉTUDIER → STEM: ÉTUDI-			
j'	étudiais	nous	étudiions
tu	étudiais	vous	étudiiez
il/elle/on	étudiait	ils/elles	étudiaient

   ALSO: **oublier, rire, sourire**

Use of the imperfect

The imperfect tense is used for past actions or states that were not completed. It expresses

1. a continuous action in the past—something that was going on or happening over a period of time. In this usage, the imperfect usually corresponds to English *was/were* + verb + *-ing*.

   Hier soir vers neuf heures, je regardais la télé avec ma femme.
   Yesterday evening around nine o'clock I was watching TV with my wife.

2. a customary or habitual past action, or an event that took place repeatedly in the past, with no specific time limits. In this case, the imperfect can be translated by three different tenses in English.

The imperfect is often accompanied by expressions such as **chaque année**, **autrefois**, **d'habitude**, **souvent**, etc.

Le samedi, Christian sortait avec des amis.

On Saturdays, Christian $\left\{ \begin{array}{l} \textit{used to go out} \\ \textit{would go out} \\ \textit{went out} \end{array} \right\}$ with friends.

3. a state of mind or background condition for which there is no specific beginning or ending. Such background conditions often include physical descriptions, emotional states, or the weather or time.

Je viens de manger tout un paquet de biscuits; j'avais faim!
I have just eaten a whole package of cookies; I was hungry!

Arlette Laguiller espérait être élue présidente.
Arlette Laguiller was hoping (hoped)to be elected president.

Elle dépendait de son mari.
She was dependent upon her husband.

Il neigeait quand il a quitté la maison.
It was snowing when he left the house.

Activité 7. Les temps ont bien changé! Une grand-mère parle à sa petite fille de la vie des femmes à son époque. Formulez ses phrases à l'imparfait.

EXEMPLE: les femmes / se marier/ très jeunes
            De mon temps, les femmes se mariaient très jeunes!

1. elles / habiter / chez leurs parents
2. nous / ne pas étudier / comme aujourd'hui
3. les femmes / ne pas vivre / seules
4. les parents / devoir / être très sévères
5. les fiancés / ne jamais sortir / seuls
6. un mariage / durer / parfois deux jours
7. on / se marier / pour la vie
8. on / avoir / des enfants tout de suite
9. je / ne pas travailler
10. je / ne pas s'ennuyer / à la maison
11. mon mari et moi / s'entendre / bien
12. mes enfants / être / toute ma vie

Activité 8. Traditions. Pour chacune des circonstances ci-dessous, dites cinq choses que vous faisiez quand vous étiez enfant.

1. vous-même (forme **je**)
   a. votre anniversaire
   b. Noël
   c. Nouvel An

2. vos parents et vous (forme **nous**)
   a. le dimanche
   b. en été
   c. en hiver

The *passé composé* vs. the imperfect

	PASSÉ COMPOSÉ	IMPERFECT
1.	Specific action completed in the past	Habitual action in the past (*used to*)
	EXPRESSIONS: **un jour, une fois, lundi…**	EXPRESSIONS: **chaque année, le lundi, d'habitude, généralement, souvent, toujours, tous les…**
	L'année dernière, je **suis allé(e)** à Paris. *Last year I went to Paris.*	Tous les étés, j'**allais** à Paris. *I used to go to Paris every summer.*
2.	Specific action completed in the past	Ongoing action in the past (*was/were + -ing*)
	Il **a payé** l'addition. *He paid the bill.*	Il **payait** l'addition. *He was paying the bill.*
3.	Sudden change of state or condition	States or backgrounds
	EXPRESSIONS: **tout à coup, soudain, brusquement,…**	EXPRESSIONS: **être, il y a, autrefois, penser, savoir, croire, espérer, pleuvoir, neiger; avoir chaud/froid/faim/soif/peur; faire beau/frais/mauvais/chaud/froid,…**
	Tout à coup, j'**ai eu peur**. *All of a sudden, I got scared.*	J'**avais peur**. *I was afraid/scared.*

As shown in the preceding example, the imperfect and the **passé composé** are frequently used together. This occurs when an ongoing action, or a description or a background state, is accompanied by a sudden action. The imperfect establishes the scene, while the **passé composé** tells what happened.

Je lisais quand le téléphone a sonné.
I was reading when the phone rang.

Il était dans la cuisine quand il a entendu un cri.
He was in the kitchen when he heard a cry.

Elle visitait le musée du Louvre quand elle a rencontré son futur mari.
She was visiting the Louvre when she met her future husband.

Activité 9. Incompréhension. Votre grand-père/grand-mère ne comprend pas votre façon de vivre et vous demande de justifier ce que vous faites. Imaginez ses questions, à l'aide des éléments suivants, et donnez une raison à l'imparfait.

EXEMPLE: téléphoner / à tes parents? (je / avoir besoin d'argent)
—Pourquoi as-tu téléphoné à tes parents?
—J'ai téléphoné à mes parents parce que j'avais besoin d'argent.

1. accepter / un travail / si loin de la maison? (ce travail / me / intéresser)
2. quitter / ton ami(e)? (il/elle / me / ne jamais offrir / de cadeaux)
3. ne pas épouser / Claude? (Claude / être / trop conservateur, conservatrice)
4. acheter / cette stéréo / à crédit? (je / avoir envie / de cette stéréo)
5. rentrer / si tard / hier soir? (je / s'amuser bien / avec mes amis)
6. ne pas voter / aux élections? (les candidats / me / ne pas plaire)

Activité 10. La jalousie. Votre copain/copine est très jaloux(-se) et vous demande ce que vous faisiez dans certaines circonstances. Répondez selon le modèle.

EXEMPLE: je te (téléphoner)? —je (regarder) la télé
—Que faisais-tu quand je t'ai téléphoné?
—Quand tu m'as téléphoné, je regardais la télé.

1. ma mère (sonner) à ta porte? —je (prendre) une douche
2. je (rentrer) de voyage? —je (réviser) pour mes examens
3. mes amis te (rendre visite)? —je (lire) un roman
4. tu (rencontrer) mon frère? —je (faire) des courses
5. je te (voir) au restaurant avec des amis? —nous (célébrer) un anniversaire
6. mon frère te (apercevoir) au cinéma avec un(e) inconnu(e)? —je (passer) la soirée avec mon/ma cousin(e).

Activité 11. Les nouveaux pères. Complétez le texte suivant en conjuguant les verbes entre parenthèses au passé composé ou à l'imparfait. Justifiez votre choix.

Julien (1) _____ (être) mécanicien dans un garage de la banlieue parisienne. Il
(2) _____ (se marier) à l'âge de 25 ans avec Cécile, une infirmière de son âge. Deux ans
plus tard, ils (3) _____ (décider) d'avoir un enfant et ils (4) _____
(avoir) une petite fille. Sa femme (5) _____ (gagner) plus d'argent que lui et Julien
(6) _____ (prendre) un congé parental pour élever son enfant parce qu'il
(7) _____ (vouloir) la voir grandir. Ses collègues de travail et ses amis
(8) _____ (comprendre) sa décision. Tous les soirs, quand sa femme
(9) _____ (rentrer) du travail, le dîner (10) _____ (être) prêt et elle
(11) _____ (pouvoir) se reposer. Tous les mois, ils (12) _____
(recevoir) des allocations familiales qui (13) _____ (aider) la famille à vivre. Quand leur
petite fille (14) _____ (avoir) 3 ans, ses parents la (15) _____ (inscrire) à
l'école maternelle et Julien (16) _____ (retourner) travailler.

Le plus-que-parfait

Formation

The **plus-que-parfait** is formed by conjugating the auxiliary **avoir** or **être** in the imperfect tense and adding the past participle of the verb. The past participle follows the same rules of agreement as in the **passé composé**.

PARLER			
j'	**avais parlé**	nous	**avions parlé**
tu	**avais parlé**	vous	**aviez parlé**
il/elle/on	**avait parlé**	ils/elles	**avaient parlé**

PARTIR			
j'	**étais parti(e)**	nous	**étions parti(e)s**
tu	**étais parti(e)**	vous	**étiez parti(e)(s)**
il/on	**était parti**	ils	**étaient partis**
elle	**était partie**	elles	**étaient parties**

Use of the *plus-que-parfait*

The plus-que-parfait is used in narration to express a past action or event that had already taken place before another past action or event.

> Quand mon arrière-grand-mère est née, l'enseignement **était** déjà **devenu** obligatoire.
> *When my great-grandmother was born, education had already become mandatory.*

> Elle **n'avait pas fini** ses études quand elle a rencontré Pierre.
> *She had not completed her studies when she met Pierre.*

 Activité 12. Quelle rapidité! Votre camarade n'a jamais assez de temps pour faire ce qu'il/elle veut. Il/Elle vous dit ce qu'il/elle a fait hier; montrez-lui que vous êtes plus rapide et mieux organisé(e). Suivez le modèle.

EXEMPLE: à 8 h / se lever
—Hier, je me suis levé(e) à 8 heures.
—A 8 heures, je m'étais levé(e) depuis longtemps!

1. à 9 h / déjeuner
2. à 10 h / prendre un bain
3. à 11 h / s'habiller
4. à midi / faire les courses

5. à 13 h / manger quelque chose
6. à 14 h / faire le ménage
7. à 16 h / lire le journal
8. à 18h / écrire mon courrier

Activité 13. Des excuses. Quelquefois on ne fait pas ce qu'on doit faire ou ce qu'on veut faire. Expliquez pourquoi, en employant le passé composé et le plus-que-parfait.

EXEMPLE: je / ne pas faire mes devoirs (perdre mon livre)
            Je n'ai pas fait mes devoirs parce que j'avais perdu mon livre.

1. Patrice / ne pas faire la vaisselle (oublier d'acheter le produit)

2. les jeunes mariés / ne pas acheter de voiture (dépenser tout leur argent pendant leur lune de miel)

3. nous / ne pas téléphoner à nos grands-parents (perdre leur numéro)

4. ma sœur / ne pas aller voir le film (ne pas aimer le livre)

5. vous / ne pas voyager en été (se casser la jambe en juin)

6. je / ne pas voir mes cousins (déjà partir pour retourner chez eux)

Activité 14. Une histoire. Racontez au passé un film ou un livre que vous avez particulièrement aimé en employant le passé composé, l'imparfait et le plus-que-parfait, si nécessaire. Vous pouvez utiliser le schéma ci-dessous.

J'ai lu/vu...

Il s'agit de...

Le personnage principal s'appelait...

Il/Elle était/avait... (description physique)

D'habitude / Tous les jours... (ses activités habituelles)

Un jour / Tout d'un coup...

Cela est arrivé parce que... (événement précédent avec le plus-que-parfait)

Ensuite...

Autres expressions avec le passé

Pendant and *pendant que*

Pendant can be used with either the imperfect or the *passé composé*, with different meanings.

1. With the *passé composé*, the preposition **pendant** refers to the duration of an action that was completed in the past; its English equivalent is *during*.

   Les membres du MLF ont fait la grève **pendant** trois semaines.
   The MLF members were on strike for (during) three weeks.

2. The conjunction **pendant que** is used to link two simultaneous actions and means *while*. It can be used with practically any tense, according to the context; in the past, the imperfect is usually used.

> **Pendant que** François changeait la roue crevée, Karen lui cousait un bouton.
> *While François was changing the flat tire, Karen was sewing on a button for him.*

NOTE: **Pour** is used to refer to a period of time in the future or to an intention.

> Je pars **pour** trois jours.
> *I am leaving for three days.*

> Il est parti **pour** un mois.
> *He left for a month.*

Depuis

Depuis is used with either the present or the imperfect. It refers to actions or states that started in the past, but have not been or were not completed. Its English equivalent is *for* with a time expression indicating duration, and *since* with a specific date or time.

1. **Depuis** + present. Note that here French emphasizes the result (in the present tense), while English focuses on the process (with the present perfect: *have been* + verb + *-ing*).

> Les Françaises votent **depuis** plusieurs années.
> *French women have been voting for many years.*

> Les Françaises votent **depuis** 1945.
> *French women have been voting since 1945.*

2. **Depuis** + imperfect. The English equivalent of this construction is the past perfect *had been* + verb + *-ing*.

> Olivier travaillait **depuis** cinq ans quand il a rencontré Sophie.
> *Oliver had been working for five years when he met Sophie.*

> Olivier travaillait **depuis** 1990 quand il a rencontré Sophie.
> *Oliver had been working since 1990 when he met Sophie.*

When asking a question, French uses **depuis quand** to request a specific date or time, and **depuis combien de temp**s to request a duration.

> **Depuis quand** était-il marié? —Depuis 1990.
> *Since when had he beeen married? —Since 1990.*

> **Depuis combien de temps** était-il marié? —Depuis cinq ans.
> *How long had he been married? —For five years.*

Cela (ça) fait... que, il y a... que, voilà... que

1. The expressions **cela (ça) fait... que**, **il y a... que**, and **voilà...que** can be substituted for **depuis** to mean *for*.

> **Ça fait** combien de temps **qu**'il est marié? (familiar language register)
> *For how long has he been married?*

> **Il y** a trois ans **qu**'il connaît Brigitte.
> *He has known Brigitte for three years.*

> **Voilà** six mois **que** Bertrand est fiancé.
> *Bertrand has been engaged for six months.*

NOTE: In a negative sentence with **cela (ça) fait... que**, **depuis... que**, **il y a... que**, and **voilà... que**, the **passé composé** may be used to indicate that the action has been interrupted.

> **Il y** a trois ans **qu**'elle n'a pas vu son ex-mari.
> *She has not seen her ex-husband for three years.*

2. The phrase **il y a... que** can also mean *ago* with a specific action and a time expression. In this case it is used with the **passé composé**.

> **Il y** a douze ans **que** Mme Duval **a divorcé**.
> *Mrs. Duval got divorced twelve years ago.*

Aller + infinitive, *venir de* + infinitive

These two constructions are used in the imperfect to express past actions or events.

> Ma sœur **allait renoncer** au mariage quand elle a rencontré un homme charmant.
> *My sister was going to give up marriage when she met a charming man.*

> Sylvie **venait de divorcer** quand elle a décidé de rester célibataire.
> *Sylvie had just gotten a divorce when she decided to remain single.*

Note that the construction **venir de** + infinitive in the imperfect is translated by a past perfect in English: *had just* + verb.[3]

Verbs with changes in meaning

A few verbs have a different meaning in the *passé composé* and the imperfect.

connaître	**je connaissais**	*I knew*	**j'ai connu**	*I met*
devoir	**je devais**	*I was supposed to*	**j'ai dû**	*I had to*
pouvoir	**je pouvais**	*I could*	**j'ai pu**	*I was able to*
savoir	**je savais**	*I knew*	**j'ai su**	*I heard (learned)*
vouloir	**je voulais**	*I wanted*	**j'ai voulu**	*I tried*

---

[3]Contrast **venir de** + infinitive in the present:
Elle **vient de divorcer**.
She has just gotten a divorce.

Activité 15. Plaintes de femmes. Le MLF a un bureau spécial qui aide les femmes qui ont des problèmes. Vous êtes secrétaire de ce bureau et vous classez les cas que vous recevez. Traduisez les phrases suivantes qui résument chaque cas.

1. During my marriage I stayed home with my children for twenty years.

2. While I was spending the weekend at my parents', my husband sold all our furniture.

3. I have been married for ten years, and my husband has decided to annul our marriage.

4. My sister had been working for three years when she got pregnant (**tomber enceinte**); now her boss wants to fire (**renvoyer**) her.

5. We have been separated since 1992, and my husband refuses to have a divorce.

6. I have had the same job for five years, and my boss has not given me a promotion (**promotion**).

7. Two weeks ago, my boss told me that he had to lay me off (**licencier**) for financial reasons, but I have just heard that he had hired (**engager**) another woman to replace me!

Faisons le point

S'exprimer au passé

A. Femmes célèbres du XXᵉ siècle. Composez la biographie des deux femmes suivantes en formant des phrases complètes au passé composé.

1. Simone de Beauvoir

Naissance à Paris en 1908; études brillantes de philosophie; professeur de philosophie; rencontre Jean-Paul Sartre en 1929; écrivain (essais, romans, mémoires); auteur du Deuxième Sexe (1949), texte fondamental du féminisme moderne; décès en 1986.

_____

_____

_____

_____

2. Marguerite Yourcenar

Naissance à Bruxelles en 1903; enfance en France; nombreux voyages en Europe et aux Etats-Unis; publication des Mémoires d'Hadrien (1951); auteur de poèmes, nouvelles, essais, traductions; première femme élue à l'Académie française en 1980; décès en 1987.

_____

_____

_____

_____

B. Cas de divorce. Une avocate (*attorney*) spécialisée dans les cas de divorce commence sa journée et lit rapidement les titres des cas qu'elle doit traiter aujourd'hui. Sa secrétaire lui résume chacun des cas ci-dessous. Formulez ses phrases au passé. Employez le passé composé ou l'imparfait.

EXEMPLE: M. Granget quitte sa femme (elle ne l'aime plus)
             M. Granget a quitté sa femme parce qu'elle ne l'aimait plus.

1. Mme Blanc quitte son mari (il ne veut pas partager les tâches ménagères)

   _____

2. M. Sorel demande le divorce (sa femme ne s'occupe pas de leurs enfants)

   _____

3. Mme Simonet réclame (*demands*) une séparation (son mari a une liaison [*affair*])

   _____

4. M. Martin prend rendez-vous d'urgence (son ex-femme ne lui permet pas de voir ses enfants)

   _____

5. Mme Albertini exige (*demands)* la garde de ses enfants (son époux est violent)

   _____

6. M. Meillet renonce à une réconciliation (sa femme refuse de changer)

   _____

7. Mme Renaud décide de demander le divorce (elle ne peut plus supporter (*stand*) son beau-père)

   _____

8. M. et Mme Sabatier acceptent d'annuler leur mariage (ils ne sont pas compatibles)

   _____

C. Le petit chaperon rouge. Mettez le texte suivant au passé en conjuguant les verbes au passé composé, à l'imparfait ou au plus-que-parfait.

Il (1. être) _____ une fois une petite fille qui (2. s'appeler) _____ «le petit chaperon rouge» parce qu'elle (3. porter) _____ toujours un manteau avec un capuchon (*hood*) rouge. Un jour, sa mère lui (4. demander) _____ d'apporter un panier de fruits et de petits pains à sa grand-mère qui (5. être) _____ malade. La petite fille (6. savoir) _____ où (7. habiter) _____ sa grand-mère parce qu'elle y (8. déjà aller) _____ plusieurs fois. Pendant qu'elle (9. marcher) _____ dans la forêt, un

méchant loup la (10. regarder) _____ . Il (11. avoir) _____ faim et
(12. vouloir) _____ la manger. Il (13. aller) _____ à la maison de la grand-
mère et la (14. manger) _____ . Quand la petite fille (15. arriver) _____ ,
elle (16. trouver) _____ sa grand-mère couchée dans le lit. Elle (17. ne pas la reconnaître)
_____ parce qu'elle (18. avoir) _____ de grandes dents et un grand nez
qu'elle (19. ne jamais voir) _____ auparavant. Elle (20. avoir) _____ peur et
(21. s'apercevoir) _____ que c' (22. être) _____ un loup. Elle (23. se
mettre) _____ alors à crier très fort et un chasseur (*hunter*) qui
(24. passer) _____ par là (25. tuer) _____ le loup. On (26. ouvrir)
_____ le ventre du loup et on y (27. trouver) _____ la grand-mère qui
(28. respirer) _____ encore.

D. «Le message». Voici un poème de Jacques Prévert (1900-1977) qui raconte une histoire sous forme
résumée. Composez un récit plus élaboré au passé en imaginant des détails et en liant les phrases entre
elles. Attention: dans ce poème, plusieurs participes passés s'accordent avec un objet direct qui les
précède (**que**).

Le message

La porte que quelqu'un a ouverte
La porte que quelqu'un a refermée
La chaise où quelqu'un s'est assis
Le chat que quelqu'un a caressé
Le fruit que quelqu'un a mordu
La lettre que quelqu'un a lue

La chaise que quelqu'un a renversée
La porte que quelqu'un a ouverte
La route où quelqu'un court encore
Le bois que quelqu'un traverse
La rivière où quelqu'un se jette
L'hôpital où quelqu'un est mort.

(*Paroles*, Editions GALLIMARD 1946)

_____
_____
_____
_____
_____
_____
_____
_____
_____

Exprimer une opinion

Thème: Les hommes et les femmes

As you know, all writing is not necessarily the same. There are different styles, genres, and forms of expression. You have already written a letter, created a poem, described your origins, and narrated an event. How to explain and comment upon a passage or illustration utilizes skills and strategies somewhat different from the ones you have used in previous chapters. Explication or exposition goes beyond simple description and involves summarizing, discussing, interpreting, and clarifying. Also important to an explanation or exposition is supplying relevant examples from the text and drawing conclusions that illustrate your points.

For this writing assignment, you will analyze the cartoon "Un couple" from the chapter text. Based upon your impressions of the captions and the illustrations, you will explain the main idea and how the author communicates the message.

A. Avant d'écrire. Visual images can often provide a rich source of inspiration when writing in either the native or the foreign language. For this activity, you will need to refer to the cartoon "Un couple" found in the text. With a partner, look only at the illustrations and write down as many words, expressions, and related ideas in French as you can think of. You will use this list to help you with the composition exercise which follows.

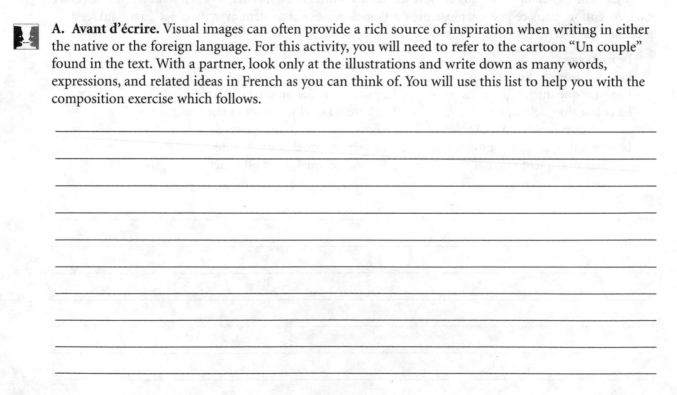

B. Ecrivons! Using the cartoon captions as well as your list of ideas, write a brief critique in French of about 200 words about this couple's situation. Breaking the process down into several steps may help. First, summarize the main idea of the illustration in one or two sentences. Then explain how the author conveys the theme and draw specific examples from the cartoon. Be sure to make clear how the examples support what you are saying. Finally, give your impression of the work.

_____

_____

_____

_____

_____

_____

_____

_____

_____

_____

_____

_____

_____

_____

_____

_____

_____

_____

_____

_____

_____

_____

 **Journal**

What is your opinion of the changing roles of men and women? Do you think that perhaps things are evolving too quickly or not quickly enough? Using the past tenses, write a short paragraph in French of five changes that have taken place regarding men and/or women.

Décrire et comparer

INSTITUT UNIVERSITAIRE DE TECHNOLOGIE
UNIVERSITÉ DU HAVRE

IUT

La filière pour réussir

Université du Havre
**Institut Universitaire
de Technologie**
**Place Robert Schuman
76610 LE HAVRE**
Tél. 35.47.28.47

©IUT du Havre

Structures
- Les adjectifs qualificatifs
- Les adverbes
- Comparatif et superlatif

Faisons le point

Bloc-notes
Corriger et modifier un texte

Les adjectifs qualificatifs

Adjectives agree in gender and number with the nouns they modify.

The feminine form of adjectives

1. Most feminine adjectives are formed by adding **-e** to the masculine.

   un élève appliqué → une élève appliquée
   un crayon vert → une robe verte

2. When a masculine adjective ends in **-e**, the feminine form is identical to it.

   un examen difficile   une rédaction difficile

3. Some adjectives have different feminine forms that follow predictable patterns.

MASCULINE	FEMININE	EXAMPLES
-er	**-ère**	**léger** → une réponse légère
-ier	**-ière**	**premier** → la première année
-el	**-elle**	**naturel** → une facilité naturelle
-eil	**-eille**	**pareil** → une voiture pareille
-en	**-enne**	**moyen** → une élève moyenne
-et[1]	**-ette**	**net** → une explication nette
-on	**-onne**	**bon** → une bonne note
-s	**-sse**	**gros** → une grosse faute
-eur[2]	**-euse**	**travailleur** → une étudiante travailleuse
-teur[3]	**-teuse**	**flatteur** → une remarque flatteuse
-c[4]	**-que**	**public** → une école publique
-f	**-ve**	**actif** → une femme active
-g	**-gue**	**long** → une longue rédaction
-x	**-se**	**amoureux** → une jeune fille amoureuse

---

[1]A few adjectives that end in **-et** in the masculine take the ending **-ète** in the feminine: **complet, complète; concret, concrète; discret, discrète; inquiet, inquiète; secret, secrète.**

[2]A few adjectives ending in **-eur** have a regular feminine form: **antérieur(e), postérieur(e); majeur(e), mineur(e); inférieur(e); supérieur(e); meilleur(e).**

[3]Adjectives ending in **-teur** are usually derived from a present participle. However, adjectives ending in **-teur** that are not derived from a present participle change **-teur** to **-trice: conservateur, conservatrice.**

[4]The feminine form of **grec** is **grecque.**

4. Some feminine forms are irregular.

beau	**belle**	**malin**	**maligne**
blanc	**blanche**	**mou**	**molle**
doux	**douce**	**nouveau**	**nouvelle**
favori	**favorite**	**roux**	**rousse**
faux	**fausse**	**sec**	**sèche**
frais	**fraîche**	**sot**	**sotte**
franc	**franche**	**vieux**	**vieille**
gentil	**gentille**		

5. Five of these irregular adjectives have two forms in the masculine singular: one is used before nouns starting with a consonant, another before nouns beginning with a vowel or silent **h.**

beau	**bel**
fou	**fol**
mou	**mol**
nouveau	**nouvel**
vieux	**vieil**

un nouveau professeur, BUT: un nouvel étudiant

Note that the second masculine form has the same pronunciation as the feminine form; **vieil** and **vieille** sound alike.

6. Adjectives of nationality are not capitalized, but nouns of nationality are.

Jean-Marc est **français**, et Paul? C'est un **Français** aussi!
Jean-Marc is French—and Paul? He is a Frenchman too!

The plural of adjectives

1. Most adjectives form their plural by adding **-s** to the singular.

une matière difficile → des matières difficiles

2. The plural of feminine adjectives is always regular. Some masculine adjectives, however, have different plural forms that follow predictable patterns.

SINGULAR	PLURAL	EXAMPLES
-al[5]	**-aux**	**loyal** → des amis loyaux
-eau	**-eaux**	**beau** → ces beaux livres
-s	**-s**	**gros** → ces gros dictionnaires
-x	**-x**	**heureux** → des gens heureux

---

[5]A few adjectives ending in **-al** have a regular plural: **banal, banals; fatal, fatals; final, finals;** and **naval, navals.**

Additional notes on agreement

1. Adjectives of color agree with the nouns they modify, except in the following cases where they are invariable.

   ▪. When the color adjective is based on a noun: **marron** (*chestnut*), **olive**, **orange**.

   des yeux **marron**   des crayons **orange**

   ▪ When the adjective is modified by **clair** (*light*), **foncé** (*dark*), **pâle**, or by another noun.

   des chaussettes **vertes**, BUT: des chaussettes **vert** foncé
   des pulls **bleus,** BUT: des pulls **bleu** ciel

2. When an adjective modifies more than one noun, it agrees as follows.

   ▪ If both nouns have the same gender, the adjective will have that gender.

   des étudiants et des professeurs **étrangers**
   des étudiantes et des institutrices **étrangères**

   ▪ If both nouns have a different gender, the adjective will be in the masculine plural form.

   des hommes et des femmes **intelligents**

3. Adjectives do not agree when used directly after **c'est**.

   C'est **intéressant,** ta dissertation!

Activité 1. Les contraires s'attirent (*opposites attract*). Cyril et sa copine Patricia sont totalement opposés et, pourtant, ils s'aiment! Décrivez Patricia en fonction de Cyril en faisant les accords nécessaires.

EXEMPLE: grand / petit
             Il est grand mais elle est petite.

1. brun / blond
2. coléreux / calme
3. impatient / patient
4. travailleur / paresseux

5. sûr de lui / complexé
6. arrogant / poli
7. agressif / craintif
8. moderne / conservateur

Activité 2. Blanche-Neige (*Snow White*). Vous faites partie du Club de français de votre lycée/université et vous allez jouer la pièce de Blanche-Neige en français. Vous avez besoin d'acteur/actrices pour jouer les rôles suivants. Décrivez les personnages avec les adjectifs proposés (ou les vôtres); faites l'accord nécessaire.

EXEMPLE: Blanche-Neige doit être petite, belle, mince…

	Blanche-Neige	**la reine**	**le prince**	**les 7 nains**
grand/petit beau/laid gros/mince blond/brun jeune/vieux gentil/méchant doux/agressif intelligent/bête [votre choix]	petite belle mince			

 Activité 3. Tout est relatif. Vous passez l'année à l'université de Poitiers et vous préparez un rapport sur la vie des étudiants en France. Interviewez deux étudiants: l'un voit la vie en rose et l'autre voit tout en noir. Jouez cette scène avec deux autres étudiant(e)s.

EXEMPLE: les cours? (intéressant/ennuyeux)
            Etudiant(e) 1: —Comment sont vos cours?
            Etudiant(e) 2: —Mes cours sont intéressants.
            Etudiant(e) 3: —Moi, je ne suis pas du même avis! Mes cours sont ennuyeux.

1. les repas? (bon/mauvais)

2. les devoirs? (facile/long)

3. les professeurs? (cordial/indifférent)

4. la sélection? (juste/cruel)

5. vos camarades? (individualiste/égoïste)

6. les résidences? (confortable/vieux)

7. les salles de classe? (beau/petit)

8. les notes? (indulgent/sévère)

Placement of adjectives

1. Adjectives usually follow the nouns they modify.
       une élève brillante
       un cours intéressant
       un crayon noir

2. The following adjectives, referring to age, beauty, goodness, and size, usually precede the nouns they modify.

autre	gros	long	petit
beau	haut	mauvais	vilain
bon	jeune	meilleur	vieux
gentil	joli	nouveau	vrai
grand			

   une petite erreur
   un gentil professeur
   une bonne note

3. Indefinite adjectives of quantity also precede the noun. (See **Chapitre 10**.)

   chaque année
   plusieurs cahiers
   quelques semaines

4. When a noun is modified by more than one adjective, each adjective is placed in its normal position, before or after the noun.

   un petit collège public
   a small public junior high school

5. When two adjectives follow or precede the noun, they may be linked by **et**.

   ■ The adjectives are usually placed next to each other when they are closely related.

   une université canadienne célèbre
   a famous Canadian university

   ■ They are joined by **et** when they represent two distinct qualitites.

   un programme difficile et stimulant
   a difficult and stimulating curriculum

Activité 4. Disparition. Une jeune étudiante, Marie Duval, a disparu. L'inspecteur Maugret mène l'enquête et visite sa chambre. Rédigez les notes qu'il prend à partir des éléments ci-dessous. Attention à l'accord et à la position des adjectifs!

EXEMPLE: un manteau (gris)
           Dans sa chambre il y a un manteau gris.

1. Dans son armoire:
   des chaussures (marron)
   une veste (noir)
   un pull (bleu marine)
   une jupe (court)

2. Sur son bureau:
   des stylos (bleu)
   plusieurs carnets (petit)
   une gomme (vieux)
   des cahiers (déchiré)

3. Sur ses étagères:
   des livres (scolaire)
   deux dictionnaires (grand)
   une anthologie (littéraire)
   une poupée (joli)

Activité 5. A mon avis… . Deux étudiant(e)s parlent des avantages et des inconvénients de leur université. Avec un(e) camarade, reformulez ce qu'ils/elles disent en employant «c'est/ce sont» ou «il y a».

EXEMPLE 1: le campus/joli
—Notre campus est joli!
—Oui, c'est un joli campus!

EXEMPLE 2: les professeurs/jeune
Nos professeurs sont jeunes!
—Oui, ce sont de jeunes professeurs!

1. les résidences/vieux
2. les repas/cher
3. l'emploi du temps/chargé (*full*)
4. l'administration/efficace
5. les programmes/varié
6. les bâtiments/grand
7. les vacances/long
8. les salles de bains/petit

Activité 6. Votre portrait. Prenez une feuille de papier et faites votre portrait en cinq phrases avec au moins deux adjectifs par phrase. Donnez la feuille à votre professeur qui choisit cinq portraits. Des étudiants les lisent à haute voix (*aloud*) et le reste de la classe essaie de deviner de qui il s'agit.

6. Some adjectives may be placed before or after the noun. However, their meaning changes according to their position. As a rule, when these adjectives follow the noun, they express their original meaning. When they precede the noun, they often have a figurative meaning.

ADJECTIVE	BEFORE THE NOUN (figurative/subjective meaning)	AFTER THE NOUN (literal/objective meaning)
ancien(ne)	mon ancien professeur *my former teacher*	un lycée ancien *an old high school*
bon(ne)	une bonne note *a good grade*	un homme bon *a good man (charitable)*
brave	une brave femme *a good woman*	un soldat brave *a brave soldier (courageous)*
certain(e)	une certaine réussite *a certain degree of success*	une réussite certaine *a sure success*
cher (chère)	mon cher ami *my dear friend*	une voiture chère *an expensive car*
dernier (-ière)	le dernier jour de l'année *the last day of the year (in a series)*	samedi dernier *last Saturday (just passed)*
grand(e)	un grand homme *a great man (important)*	un homme grand *a tall man*
même	le même professeur *the same teacher*	le jour même *the very day*
pauvre	pauvre enfant *poor child*	un homme pauvre *a poor man (not rich)*
prochain(e)	les prochaines vacances *the next vacation (in a series)*	l'année prochaine *next year (the one coming)*
propre	ma propre fille *my own daughter*	une maison propre *a clean house*
seul(e)	un seul jour *only one day, a single day*	une personne seule *a lonely person (alone)*
simple	un simple examen *a mere exam*	un examen simple *an easy exam*

7. For emphasis, an adjective may be placed in front of the noun when it would normally follow it.

Un **extraordinaire** succès!
An extraordinary success!

Une **magnifique** soirée!
A marvelous evening!

Activité 7. L'école autrefois. Votre grand-mère vous parle de sa vie d'écolière. Traduisez l'adjectif entre parenthèses, puis ajoutez-le avant ou après le nom, selon le cas.

1. L'école où je suis allée était un couvent (*former*).

2. Je me souviens qu'il y avait une ambiance (*good*).

3. C'était une école de village (*mere*).

4. C'était pendant la dépression et il y avait beaucoup d'enfants (*poor*).

5. La directrice était une dame (*tall*) imposante.

6. C'était une femme (*alone*) qui avait consacré sa vie à l'enseignement.

7. Il y avait une discipline (*certain*).

8. C'est l'école (*very*) où ta mère est allée ensuite.

Les adverbes

Formation

1. Many adverbs are formed by adding the suffix **-ment** to the masculine form of an adjective ending with a vowel, or to the feminine form of the adjective.

   aisé → aisément   certain(e) → certainement
   facile → facilement   sérieux (-se) → sérieusement

   Note that some adjectives ending in **-e** in the masculine change the **-e** to **-é** to form the adverb.

   énorme → énormément   profond → profondément
   précis → précisément

2. When adjectives end in **-ant** or **-ent**, the corresponding adverbs end in **-amment** and **-emment**.

   constant → constamment   évident → évidemment
   courant → couramment   patient → patiemment

   Note the following exceptions: **lent → lentement, présent → présentement.**

3. Some adverbs have an irregular stem.

   bref, brève → brièvement
   gentil, gentille → gentiment

4. A few adverbs that are based on adjectives do not end in **-ment**.

   bon → bien   meilleur → mieux
   mauvais → mal   petit → peu

   Note that the adverb **vite** (*quickly, fast*) has no corresponding adjective; it is a synonym of **rapidement** formed from the adjective **rapide**.

5. Some adjectives are used as adverbs; as adverbs, they are invariable.

bas	Il parle **bas**. *He speaks softly (in a low voice).*
bon	Cette fleur sent **bon**. *This flower smells good.*
cher	Ces bijoux coûtent **cher**. *These jewels cost a lot.*
dur	Elle travaille **dur**. *She works hard.*
fort	Il parle **fort**. *He speaks loudly.*
mauvais	Ça sent **mauvais**. *It smells bad.*

Position of adverbs

1. Adverbs that modify an adjective or another adverb directly precede it.

> Cet étudiant est toujours en retard.
> *This student is always late.*

> Mon frère a conduit trop vite.
> *My brother drove too fast.*

2. In simple tenses, an adverb usually follows the verb it modifies.

> Cet élève travaille consciencieusement.
> *This student works conscientiously.*

3. In compound tenses, short adverbs and adverbs of manner are usually placed between the auxiliary verb (**avoir** or **être**) and the past participle.

> Il a bien travaillé.
> *He worked well.*

> Il a vite fait ses devoirs
> *He did his homework quickly.*

4. Long adverbs may appear either before or after the past participle.

> Elle a parlé longuement de ses études.
> Elle a longuement parlé de ses études.
> *She spoke at length about her studies.*

5. Adverbs of place or time usually follow the past participle. They may also be placed at the beginning or end of the sentence. Examples of such adverbs are: **hier, demain, maintenant, autrefois, ici, là-bas**.

> Mon prof de maths a enseigné autrefois à la Sorbonne.
> Mon prof de maths a enseigné à la Sorbonne autrefois.
> Autrefois, mon prof de maths a enseigné à la Sorbonne.
> *My math professor used to teach at the Sorbonne.*

Activité 8. Manières de faire. Dites à un(e) camarade trois actions que vous faites pour chaque adverbe indiqué.

1. vite
2. bien
3. difficilement
4. souvent

5. facilement
6. mal
7. rarement
8. impatiemment

Activité 9. Souvenirs. Brigitte regarde la photo de sa classe de terminale au lycée, et elle se souvient de quelques détails concernant ses camarades et son lycée. Complétez ses phrases avec l'adverbe correspondant à l'adjectif entre parenthèses.

1. Jean-Luc parlait _____ en classe. (fort)
2. Micheline dansait _____. (bon)
3. Marie-Claire courait _____. (rapide)
4. Bernard était bilingue: il parlait _____ le français et l'anglais. (courant)
5. Hélène répondait _____ aux questions des profs. (franc)
6. Sylvain répétait _____ les leçons d'histoire. (bête)
7. Le prof de maths expliquait _____ les problèmes. (patient)
8. Le prof de géographie nous grondait toujours _____. (gentil)
9. Julien réussissait toujours _____ aux examens. (brillant)
10. Magali faisait _____ ses devoirs. (sérieux)
11. Simone acceptait _____ les critiques des profs. (mauvais)
12. Avant le bac, nous avons travaillé _____. (dur)

Activité 10. Des questions, encore des questions! Choisissez un(e) camarade et posez-lui des questions. Il/Elle doit imaginer les réponses. Puis changez de rôle.

EXEMPLE: quand/tu/écrire/beaucoup?
—Quand est-ce que tu écris beaucoup?
—J'écris beaucoup à Noël.

1. où/tu/s'amuser/bien?
2. quand/tu/parler/bas?
3. où/tu/aller/toujours/en été?

4. quelle fleur/sentir/bon?
5. à qui/tu/parler/sincèrement?
6. quand/tu/marcher/vite?

Tout

Tout can be an adjective, an adverb, or a pronoun.

1. As an adjective, **tout** means *all* or *every*, and it agrees in gender and number with the noun it modifies.

   > Les étudiants organisent des soirées tous les samedis.
   > *Students organize parties every Saturday.*

   NOTE: **Tous les jours** (*every day*) ≠ **toute la journée** (*all day long*)

2. As an adverb, **tout** means *very, quite, completely*. It is invariable except when it is placed before a feminine adjective beginning with a consonant or silent **h**.

   > Ils sont **tout** contents.
   > Elles sont **toutes** contentes.
   > *They are completely happy.*

3. As a pronoun, **tout** means *everything*; **tous** and **toutes** mean *all*.

   > **Tout** est prêt pour la rentrée.
   > *Everything is ready for the first day of classes.*

   > Les élèves de cette classe? **Tous** arrivent à l'heure.
   > *The students of this class? All arrive on time.*

   > Les étudiantes du cours de français? Elles sont **toutes** sérieuses!
   > *The students in the French class? All of them are all serious!*

   NOTE: the final **s** of **tous** is pronounced when it is a pronoun. It remains silent when it is an adjective.

Activité 11. Mademoiselle «Je sais tout» (*Miss Know-it-all*). Isabelle se croit supérieure à ses camarades de classe et essaie toujours de les épater (*impress*). Voici ce qu'elle raconte à une nouvelle étudiante. Complétez ses phrases par **tout, tous** ou **toute(s)**.

(1) Je fais de l'aérobic _____ les jours et samedi, j'ai fait de la bicyclette _____ la journée. (2) Mes copains voyagent _____ en été. (3) D'ailleurs, _____ mes amies sont bilingues. (4) Je vois _____ les nouveaux films dès qu'ils sortent et je connais _____ les boîtes de la ville. (5) Avec mes copines, nous nous réunissons _____ dans un club le samedi soir; nous y passons _____ notre temps.

Comparatif et superlatif

Comparative

In comparative constructions there are three degrees of comparison.

SUPERIORITY:	**plus que/de** (*more than*)
EQUALITY:	**aussi que; autant que/de** (*as much/many as*)
INFERIORITY:	**moins que/de** (*less than*)

Comparisons are formed as follows:

Adjectives and adverbs

$$\left.\begin{array}{l} \textbf{plus} \\ \textbf{aussi} \\ \textbf{moins} \end{array}\right\} + \text{adj. or adv.} + \textbf{que...}$$

Il est **plus** grand **que** son frère.
He is taller than his brother.

Ils parlent **aussi** bien **que** vous.
They speak as well as you.

Verbs

$$\text{verb} + \left\{\begin{array}{l} \textbf{plus} \\ \textbf{autant} \\ \textbf{moins} \end{array}\right\} + \textbf{que...}$$

Elle étudie plus que son frère.
She studies more than her brother.

Nouns

$$\left.\begin{array}{l} \textbf{plus de} \\ \textbf{autant de} \\ \textbf{moins de} \end{array}\right\} + \text{noun} + \textbf{que...}$$

Nous suivons **moins de** cours **que** nos amis.
We take fewer courses than our friends.

1. After **que**, the disjunctive pronouns (**moi, toi, lui, elle, nous, vous, eux, elles**) are used.

    Il parle **plus** lentement **que moi.**
    He speaks more slowly than I (do).

2. Some adjectives and adverbs have irregular comparative forms.

ADJECTIVE: **bon(ne)** (*good*) → **meilleur(e)** (*better*)
ADVERB: **bien** (*well*) → **mieux** (*better*)
ADJECTIVE: **mauvais(e)** (*bad*) → **plus mauvais(e)** or **pire** (*worse*)

J'ai eu une **meilleure** note à mon dernier examen.
I had a better grade on my last exam.

Il travaille **mieux** que sa sœur.
He works better than his sister.

Les résultats aux examens sont plus **mauvais/pires** à l'université qu'au lycée.
Exam results are worse in college than in high school.

NOTES

- **Pire** is usually stronger than **plus mauvais**.

- The irregular forms of **bon** and **bien** are used only to express superiority (in place of **plus**). To express equality (with **aussi**) or inferiority (with **moins**), the regular forms are used.

bon SUPERIORITY: J'ai eu une **meilleure** note cette année.
I had a better grade this year.

EQUALITY: Mes notes sont **aussi bonnes** que l'année dernière.
My grades are as good as last year.

bien SUPERIORITY: Il travaille **mieux que** sa sœur.
He works better than his sister.

INFERIORITY: Sa sœur travaille **moins** bien.
His sister works less well.

3. The adverb **mal** has an irregular comparative form—**pis**—that is used mainly in a few colloquial phrases. Otherwise **plus mal** is used.

Sa maladie est incurable; il va **de mal en pis**.
His disease is incurable; he's going from bad to worse.

Tant pis!
So much the worse!

 Activité 12. Le jury d'examen. Les membres d'un jury d'examen délibèrent avant d'attribuer des notes aux candidats qu'ils comparent. Par groupes de trois, formulez leurs commentaires. Suivez l'exemple.

EXEMPLE: Pierre, Jean-Louis, Florence/répondre/précisément
Examinateur 1: —Pierre a répondu précisément.
Examinateur 2: —Jean-Louis a répondu moins précisément que Pierre.
Examinateur 3: —Oui, mais Florence a répondu plus précisément que Pierre.

1. Michel, Myriam, Muriel/hésiter/souvent

2. Sylvie, Bernard, Marc/traiter/le sujet/consciencieusement

3. Jean-François, Sophie, Catherine/ expliquer/son point de vue/clairement

4. Jeannine, Eric, Patricia/s'exprimer/bien

Activité 13. Différences entre générations. Vous comparez la condition des étudiants d'aujourd'hui à celle d'il y a trente ans. Formez des phrases selon le modèle, en choisissant **plus de, autant de** ou **moins de.**

EXEMPLE: avoir des loisirs
            Autrefois, les étudiants avaient moins de loisirs qu'aujourdhui.

1. suivre des cours
2. passer des examens
3. lire des livres
4. avoir des vacances
5. rencontrer des difficultés
6. avoir besoin d'argent

Activité 14. Où faire ses études? Vous avez 17 ans et vous devez choisir l'université où vous allez faire vos études. Votre père/mère (votre camarade) vous encourage à fréquenter la petite université de votre ville, mais vous préférez aller dans une grande université qui est assez éloignée de chez vous. Imaginez la discussion à partir des sujets mentionnés ci-dessous.

EXEMPLE: la qualité des programmes offerts
            —Je trouve qu'il y a des programmes excellents à l'université ici.
            —Mais les programmes à ___ sont meilleurs!

1. le nombre d'étudiants dans les cours
2. les rapports entre les étudiants
3. les rapports avec les professeurs
4. la variété des programmes offerts
5. le coût de la résidence et du resto-U
6. le coût des trajets (*trips*) entre la maison et l'université

Superlative

There are two degrees of comparison in the superlative:

SUPERIORITY: **le plus** (*the most*)
INFERIORITY: **le moins** (*the least*)

The superlative is formed as follows:

Adjectives

le, la, l', les { plus / moins } + adj.

Paris est **la plus grande** ville de France.
Paris is the largest city in France.

Adverbs

$$\text{le } \left\{ \begin{array}{l} \textbf{plus} \\ \textbf{moins} \end{array} \right\} + \text{adv.}$$

Dans ma famille, c'est mon père qui parle **le moins souvent**.
In my family, it is my father who speaks the least often.

Verbs

$$\text{verb} + \left\{ \begin{array}{l} \textbf{le plus} \\ \textbf{le moins} \end{array} \right.$$

Dans notre classe, c'est Brigitte qui travaille **le moins**.
In our classe, Brigitte is the one who works the least.

Nouns

$$\left. \begin{array}{l} \textbf{le plus de} \\ \textbf{le moins de} \end{array} \right\} + \text{noun}$$

De tous mes amis, c'est Pierre qui a **le plus de** diplômes.
Of all my friends, Pierre is the one who has the most degrees.

1. When the adjective is placed after the noun, the article is repeated in the superlative.

   C'est le sujet **le plus intéressant** de ce cours.
   It is the most interesting topic of this course.

2. To express location in the superlative, French uses **de**, whereas English uses *in*.

   C'est l'étudiante **la plus intelligente de** la classe.
   She is the most intelligent student in the class.

3. Adjectives and adverbs that have irregular comparatives have the same irregular superlatives.

   bon(ne) → **meilleur(e)** → **le/la meilleur(e)** (*the best*)
   bien → **mieux** → **le mieux** (*the best*)
   mauvais(e) → **plus mauvais(e)**, **pire** → **le/la plus mauvais(e)**, **le/la pire** (*the worst*)

   Marie-Claude est la meilleure étudiante de la classe parce qu'elle travaille le mieux.
   Marie-Claude is the best student in the class because she works the best.

   NOTE

   The adjective **petit(e)** has regular comparative and superlative forms, but it also has an irregular superlative of inferiority: **le/la moindre**. This phrase has a slightly abstract meaning.

   Je n'en ai pas **la moindre idée**.
   I haven't the least idea about it.

Activité 15. Mon pays. Vous êtes assistant d'anglais dans un lycée français et les élèves vous posent des questions sur votre pays. Jouez cette scène avec un(e) camarade. Attention à l'accord et à la place de l'adjectif!

EXEMPLE: acteur/célèbre
—A votre avis, quel est l'acteur américain/australien/canadien/…/ le plus célèbre?
—L'acteur américain/australien/canadien le plus célèbre est…

1. ville/grand
2. monument/intéressant
3. chanteuse/respecté
4. politicien/bon

5. montagne/haut
6. femme/connu
7. compositeur/varié
8. invention/utile

Activité 16. Opinions. Avec un(e) camarade, citez à tour de rôle des personnes que vous connaissez ou des célébrités qui se comportent de la façon indiquée. Employez d'abord **le plus**, puis **le moins**.

EXEMPLE: parler/distinctement
—A mon avis, c'est notre professeur d'histoire qui parle le plus distinctement.
—Oui, et c'est mon frère qui parle le moins distinctement.

1. chanter/fort
2. écrire/bien
3. courir/vite
4. manger/souvent
5. s'habiller/mal
6. voyager/fréquemment

Activité 17. Etudiants, lycéens et population active. Comparez les étudiants, les lycéens et les gens qui travaillent en ce qui concerne les aspects suivants. Employez le superlatif.

EXEMPLE: les vacances
Ce sont les étudiants qui ont le plus de vacances.

1. temps libre
2. devoirs
3. cours
4. soucis
5. argent
6. responsabilités

Faisons le point

Les adjectifs

A. Portraits. Décrivez en une phrase le caractère des personnes suivantes en employant trois adjectifs pour chacune.

1. votre copain/copine: _____

   _____

2. votre meilleur(e) ami(e): _____

   _____

3. votre frère/sœur/cousin(e): _____

   _____

4. votre père/mère: _____

   _____

5. votre grand-père/grand-mère: _____

   _____

6. votre premier professeur de français _____

   _____

Les adverbes

B. Comment faire des progrès? Votre camarade vient d'échouer à sa licence; il/elle vous pose des questions pour savoir comment les autres étudiants ont fait. Expliquez-lui pourquoi ils ont réussi. Formez des phrases avec des adverbes selon le modèle.

EXEMPLE: Pierre/étudier (consciencieux)
           Pierre a étudié consciencieusement.

1. Laurent/faire/toutes les lectures (passionné) _____

   _____

2. Dominique/assister/les cours (régulier) _____

   _____

3. Jean-François/réviser/ses notes/avant chaque cours (bref) _____

_____

4. Arielle/comprendre/les leçons (immédiat) _____

_____

5. Frédéric/travailler/avant les examens (énorme) _____

_____

6. Monique/demander/des explications/les professeurs (constant) _____

_____

7. Marie-Laure/sortir/le week-end (petit) _____

_____

8. Jean-Pierre/corriger/ses erreurs (courageux) _____

_____

Les comparaisons

C. La vie scolaire. Un lycéen parle de la vie scolaire. Formulez ses impressions selon le modèle. (=) signifie égalité, (+) signifie supériorité et (-) signifie infériorité.

EXEMPLE: M. Martin (+) Mme Leblanc (patient)
             M. Martin est plus patient que Mme Leblanc.

1. le cours de maths (=) le cours de physique (stimulant) _____

_____

2. les devoirs de physique (+) les devoirs de biologie (long) _____

_____

3. les examens d'histoire (-) les examens de philosophie (difficile) _____

_____

4. le livre d'anglais (+) le livre d'allemand (bon) _____

_____

5. les vacances de la Toussaint (+) les vacances de Noël (court) _____

_____

6. les repas de cette année (-) les repas de l'année dernière (mauvais) _____

_____

7. la littérature classique (-) la littérature contemporaine (intéressant) _____

_____

8. la musique (=) les arts plastiques (reposant) _____

_____

D. La rentrée. La rentrée universitaire vient d'avoir lieu. Vous passez une année en France, et vous écrivez à votre meilleur(e) ami(e) dans votre pays pour lui faire part de vos impressions. Traduisez votre lettre en français.

Dear _____,

Classes started yesterday, and I am happy with my schedule. I am taking five courses: art history, computer science, introduction to law, political science, and management. There are more students in the classrooms than in American universities. I go to school every morning. The university has an old and beautiful library, but some students spend less time there than at the cafés. The library is located next to the cafeteria, and I spend all my time there. I have good instructors, and I have met many friendly people. One of my classmates spent a semester in our country two years ago, and he invited me to go to the movies last Saturday. I really had a good time! There are clean rooms and small bathrooms in the dorms, but everything is quiet. I am surprised that I am even able to study in my room. I often think of you, and I promise to write a longer letter next time. Take care!

Your friend,

_____

_____

_____

_____

_____

_____

_____

_____

_____

_____

_____

_____

_____

_____

_____

_____

_____

_____

_____

_____

_____

_____

_____

_____

_____

_____

_____

_____

_____

_____

_____

_____

_____

_____

_____

Corriger et modifier un texte

Thème: Une influence importante

When engaged in the act of writing, it is important to remember that writing is a form of communication which assumes the presence of an audience. To a certain extent, one could say that the reader exerts an influence over what is being written. For example, the writer must communicate his ideas clearly so that the reader (or readers) will understand what he/she wants to express. In addition, how a writer transmits these ideas ideally reflects the needs and tastes of his intended audience. In other words, good writing reflects the style of the author as well as the needs of the reader.

Unless the reader gives feedback immediately, it is often difficult to imagine another person's reaction to written work. Therefore, in order to gain another perspective on your writing for this chapter, you will participate in what is called a "peer edit". After writing a short passage in French on a given topic, you will exchange papers with a partner and review your partner's work while your partner reviews yours. Then you will discusss each other's work together to understand how another person might perceive your work.

As the "editor", you will need to keep your comments positive and to focus on specific aspects such as the message and ideas in the paper. As the author, you will need to listen carefully and keep record of your editor's comments. Answer each other's questions clearly and honestly. Defining what is problematic in the essay and how to resolve it is a productive approach. Later in this assignment, you will be able to incorporate your partner's suggestions and achieve a more coherent and comprehensible composition.

 A. Avant d'écrire. The pre-writing activity for this assignment has two parts. At home, write a short composition of approximately 150-200 words in French about the following topic: Why you are attending this university and what you like and dislike about it. Keep in mind that your audience is a fellow classmate. After you have finished, review it briefly to make sure your message is clear and that you have backed it up with specific examples.

In class, choose a partner, preferably someone with whom you have never worked. Exchange papers with this person and read his/her work carefully all the way through. With the following questions in mind, read his/her paper again. Is there a main idea? Is it clear? Where could more explanation or elaboration be made? Still working with your partner's essay, write two questions for the author which will help make the passage more clear and descriptive.

_____

_____

_____

Return your partner's work to him/her. Discuss with him/her your reaction to the paragraph. Exchange your questions and briefly give your reactions according to the guidelines above. Now you are ready to complete Part B of this assignment on your own.

B. Ecrivons! With the pre-editing comments given by your partner, edit your own work for clarity of ideas, appropriateness of examples and details, and form (grammar, style, etc.). Rewrite and expand your composition as necessary.

_____

_____

_____

_____

_____

_____

_____

_____

_____

_____

_____

_____

_____

_____

_____

_____

_____

_____

_____

_____

_____

_____

_____

_____

_____

_____

_____

Journal

Think back to your reading of "La Dernière classe". It seems that the schoolmaster M. Hamel made a lasting impression upon the narrator, a young boy in the class. Have you had any experiences in school or perhaps outside of school that you will never forget? Who or what has played a significant role in your life? Using the superlative and comparative structures you have learned in this chapter, complete the following sentence and explain it in French.

"The most important influence in my life has been_____."

L'influence la plus importante dans ma vie a été

Exprimer la personne et la possession

CHAPITRE 7

©CNRS-Conception M.-J. Husset and C. Hornet

Structures
- Les pronoms personnels
- Adjectifs et pronoms possessifs
- Les verbes pronominaux

Faisons le point

Bloc-notes
Rédiger une lettre d'affaires

Les pronoms personnels

Personal pronouns replace nouns that designate people or things.

Que pensez-vous de ce prof?
What do you think of this professor?

—Je le trouve assez sympa.
—*I think he's pretty nice.*

Où est ta calculette?
Where is your pocket calculator?

—Je l'ai laissée chez moi.
—*I left it at home.*

Forms and uses

Direct and indirect object pronouns

SUBJECT PRONOUNS	DIRECT OBJECT PRONOUNS	INDIRECT OBJECT PRONOUNS
je	me	me
tu	te	te
il/elle	le/la	lui
nous	nous	nous
vous	vous	vous
il/elles	les	leur

NOTES

- **me, te, le,** and **la** become **m', t',** and **l'** before a verb beginning with a vowel or a silent **h**

    Est-ce que ce travail **t'**intéresse? —Oui, il **m'**intéresse.

- Pronominal or reflexive verbs use **se** (**s'**) in the third person singular and plural (see section on pronominal verbs)

    Ce candidat **s'**impatiente avant son entretien d'embauche.

Direct object pronouns

The direct object pronouns represent people or things. They replace nouns that appear directly after the verb. Remember that **le** replaces masculine nouns, **la** feminine ones. The direct object pronouns are placed before the verb (except in the affirmative imperative).

Les jeunes recherchent l'épanouissement. → Les jeunes **le** recherchent.
J'envoie mes lettres de candidature demain. → Je **les** envoie demain.
J'écris mon CV. → Je **l'**écris.

REMINDER: In compound tenses, such as the *passé composé*, the past participle agrees with a preceding direct object (see **Chapitre 5**).

Il a envoyé sa lettre. → Il **l'** a envoyée.
L'inspecteur a interrogé les témoins. → Il **les** a interrogés.

Indirect object pronouns

Indirect object pronouns replace nouns that refer to persons (not things) and are introduced by **à**. **Lui** is used for both masculine and feminine. The indirect object pronouns also appear before the verb, except in the affirmative imperative.

> Je téléphone à la directrice. → Je lui téléphone.
> Le recruteur pose des questions au candidat. → Le recruteur lui pose des questions.
> Le directeur parle aux stagiaires. → Le directeur leur parle.
> Ecris à tes parents! → Ecris-leur!

NOTE

- The position of the pronoun in the negative and compound tenses.

> Le chef du personnel? Je ne **le** connais pas!
> Je ne **lui** ai pas envoyé mon CV.

- When pronouns apply to an infinitive, they appear directly before it.

> Son CV? Il va **l'**envoyer demain. (direct object pronoun)
> Ma mère va **nous** rendre visite la semaine prochaine. (indirect object pronoun)

Activité 1. A l'ANPE. Vous dirigez une session d'orientation de l'ANPE (Agence nationale pour l'emploi), et des gens vous posent beaucoup de questions. Répondez-leur selon le modèle. Replacez chaque mot en italique par un pronom.

EXEMPLE: Où est-ce qu'on trouve *les annonces*? (dans ce classeur)
            On les trouve dans ce classeur.

1. Qui vérifie *le CV*? (la secrétaire)

2. Où est-ce qu'on inscrit *son nom*? (au guichet là-bas)

3. Où passe-t-on *l'entretien*? (ici)

4. Qui fixe *les rendez-vous*? (notre recruteur)

5. Quand est-ce qu' on va connaître *la date de l'entretien*? (deux jours à l'avance)

6. Qui sélectionne *les candidats*? (l'entreprise intéressée)

Activité 2. On trouve tout à la Samaritaine! Vous êtes acteurs/actrices et, avant Noël, vous faites une publicité télévisée pour La Samaritaine, un grand magasin à Paris. L'un(e) de vous propose des professions et l'autre propose des cadeaux possibles. Avec un(e) camarade, préparez le script de la publicité en choisissant des mots des deux colonnes. Suivez le modèle.

EXEMPLE: un ingénieur/une serviette (*briefcase*)
—Qu'est-ce qu'on offre à un ingénieur?
—On lui offre une serviette, par exemple!

1. un professeur
2. une avocate
3. un médecin
4. des journalistes
5. une interprète
6. des infirmières

a. des lunettes de soleil
b. un foulard Hermès
c. un agenda de luxe
d. un dictionnaire bilingue
e. du parfum
f. un stylo Mont Blanc

On trouve tout, à la Samaritaine!

Y and *en*

Y and **en** may be used as adverbs or as pronouns.

1. **Y**

■ As an adverb, **y** means *there* and replaces a phrase introduced by a preposition other than **de**.

Mon CV est sur la table. → Mon CV **y** est.
Je mets la lettre dans l'enveloppe. → J'**y** mets la lettre.
L'entreprise a son siège à Paris. → L'entreprise **y** a son siège.

■ As a pronoun, **y** replaces a phrase introduced by **à** that refers to a thing or an idea. **Y** cannot refer to persons. (For persons, use **lui** or **leur**.)

Les jeunes pensent à leur avenir. → Les jeunes **y** pensent.
J'ai téléphoné à l'ANPE hier. → J'**y** ai téléphoné hier.

2. **En**

■ As an adverb, **en** replaces a word introduced by **de** and means *from there*.

Le recruteur vient de Paris. → Le recruteur **en** vient.

■ As a pronoun, **en** is used as follows:

– It replaces a noun introduced by **du, de la, de l', des**, or **de**.

Avez-vous des lettres à écrire? —Oui, j'**en** ai.
Ce candidat a de la patience. → C'est vrai, il **en** a.
J'ai besoin de références. → J'**en** ai besoin.

– It replaces nouns modified by numbers or by expressions of quantity (**beaucoup de**). Note that although the noun itself is replaced by **en**, the number or expression of quantity is retained.

Ma meilleure amie a eu trois offres d'emploi. → Elle **en** a eu trois.
My best friend had three job offers. → *She had three (of them).*

Il a **peu** d'expérience professionnelle. → Il **en** a peu.
He has little professional experience. → *He has little (of it).*

NOTE

En is usually used for things, but it may also refer to people in a general sense. (See Section on disjunctive pronouns.)

 Activité 3. Un cambriolage (*burglary*). Vous êtes le/la propriétaire d'une maison qui vient d'être cambriolée. L'inspecteur Granget (votre partenaire) vous interroge. Répondez à ses questions avec **y** selon le modèle.

EXEMPLE: arriver chez vous très tard? (non, à 20 h 00)
—Etes-vous arrivé(e) chez vous très tard?
—Non, j'y suis arrivé(e) à vingt heures.

1. remarquer quelque chose de bizarre dans la maison? (la porte du garage ouverte)

2. penser à un vol? (non)

3. entrer dans le garage immédiatement? (non, pas tout de suite)

4. réfléchir à plusieurs possibilités? (oui)

5. trouver quelque chose de suspect au rez-de-chaussée? (non, rien)

6. monter au premier étage après cela? (oui, pour vérifier)

7. téléphoner au poste de police? (oui, après être redescendu[e])

8. remarquer des traces de pas (*footprints*) dans le jardin? (oui)

 Activité 4. Les jeunes chômeurs. Vous êtes sociologue et vous avez étudié la condition des jeunes chômeurs. Au cours d'une émission télévisée, le présentateur (votre partenaire) vous pose des questions à ce sujet. Répondez en employant **en** selon le modèle.

EXEMPLE: manquer/qualifications? (oui)
—A votre avis, les jeunes chômeurs manquent-ils de qualifications?
—Oui, ils en manquent.

1. avoir besoin/diplômes? (oui)

2. être responsable/leur situation? (non)

3. avoir envie/travail intéressant? (oui)

4. avoir/peu d'expérience professionnelle (oui)

5. être satisfait/situation économique? (non)

6. avoir/enthousiasme? (non)

7. rencontrer/beaucoup de difficultés? (oui)

8. avoir/chances d'avenir? (oui)

Disjunctive pronouns

DISJUNCTIVE PRONOUNS	
moi	nous
toi	vous
lui/elle	eux/elles

Disjunctive pronouns (sometimes called stress pronouns) refer only to people; they are used in the following situations:

1. For emphasis

   Moi, je vais suivre un stage avant de chercher un emploi.
   As for me, I'm going to do an internship before looking for a job.

   C'est **lui** qui m'a dit de mettre une photo sur mon CV.
   He (is the one who) told me to put a photo on my résumé.

   Note that in English this emphasis is often expressed solely through intonation.

2. After most prepositions

   Mes parents sont venus **avec moi** pour porter plainte au poste de police.
   My parents came with me to file a complaint at the police station.

   Ce candidat est arrivé **avant toi** et tu dois attendre ton tour.
   This candidate arrived before you, and you must wait for your turn.

   Le dimanche, mes parents restent généralement **chez eux**.
   On Sundays, my parents usually stay home.

NOTES

- Disjunctive pronouns are used instead of indirect object pronouns (**me, te, lui,** etc.) after a few verbs with **à** (**faire attention à, penser à, s'habituer à, s'intéresser à, penser à, songer à, se présenter à**). (For things, **y** is used.)

  Je m'habitue à mon nouveau patron. → Je m'habitue **à lui**.
  I am getting used to my new boss. → I am getting used to him.

  BUT: Je m'habitue à mon nouveau travail. → Je **m'y** habitue.
  I am getting used to my new job. → I am getting used to it.

- Disjunctive pronouns are used after **de** to refer to a particular person. For people in general, **en** is required.

  Le chercheur parle du technicien. → Il parle **de lui**.
  The researcher speaks about the technician. → He speaks about him.

  BUT: Ce politicien a des ennemis. → Il **en** a.
  This politician has enemies. → He has some.

3. In compound subjects

> **Lui et moi** avons décidé d'aller vivre en Irlande.
> *He and I have decided to go live in Ireland.*

4. In elliptical responses

> Qui est là? —**Moi**!
> *Who's there? —I am!*

> Qui t'a dit de mettre ta photo sur ton CV? —**Lui**!
> *Who told you to put your picture on your résumé? —He did!*

5. After **ne...que** and **ni**

> De tous les stagiaires, je **ne** connais **que lui**.
> *Of all the trainees, I know only him.*

> Mes amis et moi avons passé des heures à lire les petites annonces mais **ni eux ni moi** n'avons rien vu d'intéressant.
> *My friends and I spent hours reading the employment ads, but neither they nor I saw anything interesting.*

6. In comparisons

> Il est **plus** efficace **que moi** mais j'ai **plus de** patience **que lui**.
> *He is more efficient than I (am), but I have more patience than he (does).*

7. For emphasis with **-même**

> Je ne vais pas préparer ton CV! Fais-le **toi-même**!
> *I am not going to prepare your résumé! Do it yourself!*

Activité 5. Organisons une soirée! Vous préparez une grande soirée d'anniversaire avec votre copain/copine et vous lui téléphonez pour vous mettre d'accord sur ce que vous allez faire. Remplacez les noms par des pronoms.

EXEMPLE: apporter les boissons avec Jean-Pierre
—Est-ce qu'on va apporter les boissons avec Jean-Pierre?
—Oui, on va les apporter avec lui!

1. acheter les gâteaux chez le pâtissier du coin

2. préparer le repas sans ta mère et ta sœur

3. avoir la stéréo grâce aux copains

4. préparer les cadeaux pour les invités

5. décorer l'appartement avec Sylvie

6. chercher les chaises supplémentaires chez les voisins

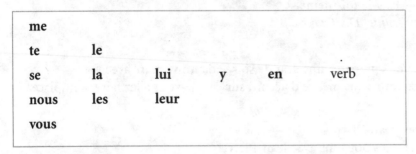

Activité 6. Une fausse accusation. Vous êtes accusé(e) du meurtre de votre directeur, M. Leblanc. L'avocat(e) (votre partenaire) vous interroge au cours du procès (*trial*). Répondez à ses questions en employant les pronoms correspondant aux expressions soulignées.

EXEMPLE: vous/quitter/votre bureau à 18 h 00? (oui)
—Est-ce que vous avez quitté <u>votre bureau</u> à 18 h? (oui)
—Oui, je l'ai quitté à 18 h.

1. vous / rentrer/ <u>à la maison</u> avec <u>votre voisin</u>? (oui)

2. vous / parler / de <u>M. Leblanc</u> <u>dans la voiture</u>? (non)

3. vous / s'arrêter / chez <u>vos amis</u>? (oui)

4. vous / demander/ à vos amis <u>la permission de téléphoner</u>? (oui)

5. vous / demander / <u>à M. Leblanc</u> de vous rencontrer chez <u>votre sœur</u>? (oui)

6. vous / se disputer / <u>au salon</u> avec <u>M. Leblanc</u>? (oui)

7. il / quitter / <u>la maison de votre sœur</u> à 22 h 00? (oui)

8. votre sœur / voir / <u>M. Leblanc</u> partir seul? (oui)

Position of pronouns

In statements, questions, and negative commands, the object pronouns, **y**, and **en** precede the verb. If there is more than one pronoun, the sequence is as follows:

me					
te	le				
se	la	lui	y	en	verb
nous	les	leur			
vous					

Je te donne mon numéro de téléphone → Je **te le** donne.
Il envoie son CV au recruteur → Il **le lui** envoie.
Il écrit l'adresse sur l'enveloppe → Il **l'y** écrit.
Il y a des offres d'emploi dans le journal → Il **y en** a.
Ne mets pas ta photo sur ton CV! → Ne **l'y** mets pas!

When pronouns refer to an infinitive, the sequence remains the same.

Mon CV? Je vais **le lui** envoyer!
My résumé? I'm going to send it to him/her!

In affirmative commands, however, all pronouns follow the verb and are linked with hyphens. If there is more than one pronoun, the order is as follows:

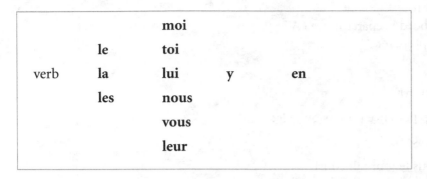

| verb | le la les | moi toi lui nous vous leur | y | en |

Donne ton numéro de téléphone au recruteur! → Donne-**le-lui**!
Apporte-nous ton CV! → Apporte-**le-nous**!

Note that **me** and **te** become **moi** and **toi** in the affirmative imperative, except when they are followed by **en**.

Donne-**moi** de l'argent!
BUT: Donne-**m'**en!

 Activité 7. Une pièce policière. Vous allez jouer une pièce (*play*) policière et, pendant la répétition générale (*dress rehearsal*), vous distribuez les accessoires (*props*) aux acteurs. Avec un(e) partenaire, formulez les phrases en choisissant des éléments des deux colonnes ci-dessous.

EXEMPLE: un chapeau/Brigitte
—Voici un chapeau pour Brigitte.
—Donne-le-lui!

1. un revolver
2. une lampe de poche (*flashlight*)
3. des clés
4. des lunettes
5. du rouge à lèvres (*lipstick*)
6. une cravate
7. un carnet d'adresses
8. un portefeuille

a. l'inspecteur
b. la vieille dame
c. le petit garçon
d. le frère et la sœur
e. la dame
f. l'assassin
g. la victime
h. les deux témoins

Activité 8. Cherchons un travail. Avec deux camarades, vous allez chercher un emploi et vous décidez ensemble de la stratégie à adopter. Formulez votre conversation avec des pronoms selon le modèle.

EXEMPLE: préparer <u>notre CV</u>? (oui)
             —Est-ce qu'il faut d'abord préparer notre CV?
             —Oui, nous allons le préparer.
             —D'accord! Préparons-le!

1. mettre <u>une photo</u> <u>sur le CV</u>? (non)
2. indiquer <u>nos jobs d'été</u> <u>sous l'expérience professionnelle</u>? (oui)
3. dire si on parle <u>plusieurs langues</u>? (oui)
4. chercher <u>les offres d'emploi</u> <u>dans le journal</u>? (oui)
5. envoyer <u>la même lettre</u> <u>à tous les recruteurs</u>? (non)
6. adresser <u>notre dossier</u> <u>au chef du personnel</u>? (oui)

Adjectifs et pronoms possessifs

Possessive adjectives

POSSESSIVE ADJECTIVES			
MASCULINE	FÉMININE	PLURAL	
mon	ma (mon)	mes	*my*
ton	ta (ton)	tes	*your* (familiar)
son	sa (son)	ses	*his, her, its*
notre	notre	nos	*our*
votre	votre	vos	*your* (formal; plural)
leur	leur	leurs	*their*

1. Possessive adjectives agree in number and gender with the noun they modify; feminine nouns that start with a vowel or a silent h use the forms **mon**, **ton**, **son**, which are identical to the masculine forms.

    J'ai préparé **mon** CV, **ma** lettre et **mon** entretien.
    I prepared my résumé, my letter, and my interview.

    Ton embauche a été rapide.
    Your hiring was quick.

    Dans **notre** université, il y a des forums professionnels pour nos étudiants.
    In our university, there are professional fairs for our students.

Note that the gender of the possessive adjective agrees with the object possessed, not the person possessing it.

> **son nom** (m.) = *his/her/its name*
> **sa catégorie** (f.) = *his/her/its category*

2. With parts of the body, definite articles are often used instead of possessive adjectives.

> Elle se lave **les** mains avant de manger.
> *She washes her hands before eating.*
>
> Il s'est cassé **la** jambe.
> *He broke his leg.*

3. Possessive adjectives must be repeated before each noun in a series.

> Pierre a oublié d'indiquer **sa** date de naissance, **son** adresse et **son** numéro
> de téléphone dans son C.V.

Activité 9. Rangements. Vous partagez un appartement avec un(e) camarade et vous mettez de l'ordre ensemble. Dites à votre camarade à qui chaque objet appartient; imaginez aussi l'endroit où vous l'avez trouvé.

EXEMPLE: le dictionnaire (moi)
—Voilà mon dictionnaire. Je l'ai trouvé sous le lit.

1. les clés (toi)
2. le télé-guide (toi et moi)
3. les livres (toi et ton frère)
4. le sac (moi)

5. les photos (toi et moi)
6. la radio (moi)
7. le réveil (toi)

Activité 10. Le candidat idéal. On interroge un recruteur sur les qualités du candidat idéal. Complétez les trous avec l'adjectif possessif approprié.

Le candidat idéal? (1) _____ diplômes sont nombreux et _____ expérience multiple. (2) _____ lettre et

_____ CV sont impeccables. (3) Quand les candidats passent _____ entretien d'embauche, ils doivent

faire _____ bilan personnel avec _____ connaissances et _____ aspirations, _____ pratique des langues,

_____ voyages et _____ passe-temps favori. (4) Voici donc des conseils: si vous cherchez un emploi,

contactez toutes _____ relations et envoyez _____ candidature spontanée à plusieurs entreprises. (5)

Préparez _____ questions pour montrer _____ intérêt. Et, surtout, soyez vous-mêmes!

Possessive pronouns

POSSESSIVE PRONOUNS				
SINGULAR		PLURAL		
MASCULINE	FEMININE	MASCULINE	FEMININE	
le mien	la mienne	les miens	les miennes	*mine*
le tien	la tienne	les tiens	les tiennes	*yours* (fam.)
le sien	la sienne	les siens	les siennes	*his, hers, its*
le nôtre	la nôtre	les nôtres	les nôtres	*ours*
le vôtre	la vôtre	les vôtres	les vôtres	*yours* (form.; pl.)
le leur	la leur	les leurs	les leurs	*theirs*

NOTE: The possessive pronouns **nôtre(s)** and **vôtre(s)** have a circumflex accent, and the **o** is pronounced as a closed vowel [o]. However, the possessive adjectives **notre** and **votre** do not have any accent and the **o** is pronounced as an open vowel [ɔ].

1. Possessive pronouns replace nouns and possessive adjectives. They agree in gender and number with the noun they replace.

   Ma lettre? Oui, c'est **la mienne**!
   My letter? Yes, it's mine!

   Ses enfants? Oui, ce sont **les siens**.
   His children? Yes, they are his.

2. The definite articles **le** and **les** contract with **à** and **de** as usual.

   Cette lettre est à ton frère ou au frère de Pierre? —Elle est **au mien**.

 Activité 11. Ils ont tout oublié! La soirée est terminée et tous vos amis sont partis, à l'exception de votre camarade qui vous aide à ranger. Malheureusement vos amis ont oublié beaucoup de choses. Essayez de deviner qui est le propriétaire de ces choses.

EXEMPLE: veste/Paul
            —C'est la veste de Paul?
            —Oui, c'est la sienne!

1. les chaussures/moi
2. le cadeau/Joëlle
3. le disque/toi
4. les allumettes (*matches*)/les voisins
5. l'appareil photo/mes parents
6. les verres/ta grand-mère
7. la cassette/Richard
8. la bague/Brigitte

Activité 12. Quel candidat choisir? Des recruteurs comparent les dossiers de plusieurs candidats. Formulez leurs commentaires selon le modèle.

EXEMPLE: (elle, tu) CV/clair
             Son CV est plus clair que le tien.

1. (ils, elle) expérience/approfondie

2. (elles, il) connaissances/générales

3. (nous, ils) besoins/grands

4. (tu, nous) agence/ancienne

5. (vous, je) emploi/intéressant

6. (je, vous) candidats/sérieux

Other ways of expressing possession

De + noun

This formula is the most common way of expressing possession.

> Voici le CV **de** Bernard.
> *Here is Bernard's résumé.*

> J'ai employé le Minitel **de** ma voisine.
> *I used my neighbor's Minitel.*

> Ouvre la porte **de** la cuisine.
> *Open the door of the kitchen.*

Etre à + disjunctive pronoun

This structure is often used to express possession with persons.

> Ce livre **est à** moi.
> *This book is mine./This book belongs to me.*

> Les tableaux que tu vois **sont à** mes parents.
> *The paintings that you see are my parents'/belong to my parents.*

Appartenir à + noun or indirect object pronoun

This structure is the equivalent of *to belong to*; it is synonymous with **être à**.

> Cette carte à puce **lui appartient**. = Cette carte à puce est à lui.
> *This micro-chip card is his/belongs to him.*

> Ces lettres **m'appartiennent**. = Ces lettres sont à moi.
> *These letters are mine/belong to me.*

Activité 13. Un tremblement de terre (*earthquake*). Après un tremblement de terre, le bureau où vous travaillez est en désordre. Vous ramassez les objets. Mme Leblanc, qui a perdu ses lunettes, ne voit pas très bien, mais elle croit reconnaître certains objets. Dites-lui à qui ils appartiennent. Avec un(e) camarade, jouez cette scène selon le modèle.

EXEMPLE: stylo/je/M. Duval
          VOUS: A qui est ce stylo?
   MME LEBLANC: Je crois qu'il est à moi. C'est mon stylo, n'est-ce pas?
          VOUS: Je regrette, mais ce stylo appartient à M. Duval! C'est le sien!

1. crayon rouge/Gérard/je

2. chaussure/je/Michelle

3. dossiers/vous/M. Duval

4. grande enveloppe/vous/je

5. boîtes/je/agent de service

6. lunettes cassées/M. Duval/vous

Activité 14. Séparation. Deux étudiant(e)s qui ont terminé leurs études viennent d'obtenir un emploi dans deux villes différentes. Ils/Elles quittent l'appartement qu'ils/elles partageaient et chacun(e) reprend ses affaires. Traduisez leur conversation en français.

Whose dictionary is that? Is it yours?

—No, it's Pierre's. He forgot it last week.

—Are these your history books? I left mine in a classroom.

—This must be Brigitte's scarf! I am sure it's hers.

—Have you seen my pictures of the party?

—No. Are these our glasses?

—No, they are the neighbor's. He brought them to the party!

Les verbes pronominaux

French has certain verbs, called pronominal or reflexive verbs, that are always conjugated with pronouns. These reflexive pronouns may be direct or indirect objects.

Form and position of reflexive pronouns

1. Reflexive pronouns have the same person as the corresponding subject pronouns. They are placed directly before the verb, except in affirmative commands.

SE RÉVEILLER	
je me réveille	nous nous réveillons
tu te réveilles	vous vous réveillez
il/elle/on se réveille	ils/elles se réveillent

Le président de la République **se réveille** très tôt le matin.
The President of the Republic wakes up very early in the morning.

2. Note the position of the pronoun in negative and interrogative sentences and in sentences where the pronominal verb is in infinitive form.

Se lève-t-elle avant 7 h 00?
Non, elle ne **se** lève jamais avant 7 h 00.
Mais elle ne veut pas **se lever** avant 8 h 00.

Use of pronominal verbs

There are four types of pronominal verbs.

1. When the verb is truly reflexive, the subject performs the action on himself or herself—the action "reflects back" onto the subject. Here are some frequently used reflexive verbs.

se brosser	*to brush (one's hair, teeth)*	**se lever**	*to get up*
se casser	*to break (one's arm, leg, etc.)*	**se maquiller**	*to put on make-up*
se coiffer	*to fix one's hair*	**se moucher**	*to blow one's nose*
se couper	*to cut oneself*	**se peigner**	*to comb one's hair*
s'habiller	*to get dressed*	**se raser**	*to shave*
se laver	*to wash (oneself)*	**se réveiller**	*to wake up*

Note that many of these verbs may also be used non-reflexively.

| REFLEXIVE: | Elle s'est lavée. | *She washed herself.* |
| NON-REFLEXIVE: | Elle a lavé la voiture. | *She washed the car.* |

2. Some pronominal verbs have a reciprocal meaning. A few such verbs are:

s'aimer	*to love each other*
s'écrire	*to write to each other*
s'embrasser	*to kiss (each other)*
se marier	*to get married*
se parler	*to talk to each other*
se rencontrer	*to meet each other*
se voir	*to see each other*

Because they describe simultaneous actions, pronominal verbs used with a reciprocal meaning are conjugated in the plural.

Ils **se sont rencontrés** au cours d'un entretien d'embauche.
They met during a job interview.

3. Some verbs change their meaning when used with a reflexive pronoun.

aller	*to go*	**s'en aller**	*to go away*
apercevoir	*to see*	**s'apercevoir**	*to realize, become aware*
demander	*to ask*	**se demander**	*to wonder*
entendre	*to hear*	**s'entendre**	*to get along with*
mettre	*to put*	**se mettre à**	*to begin*
tromper	*to deceive*	**se tromper**	*to be wrong*

4. Some verbs always take a reflexive pronoun and often have an idiomatic meaning.

s'absenter	*to be absent*
s'écrouler	*to collapse*
s'efforcer de	*to try hard, strive*
s'enfuir	*to flee*
s'envoler	*to fly away*
s'évanouir	*to faint*
se méfier (de)	*to be suspicious (about)*
se souvenir (de)	*to remember*
se suicider	*to commit suicide*

Agreement of the past participle

Pronominal verbs are always conjugated with **être** in compound tenses.

1. If the reflexive pronoun is a direct object, the participle agrees in gender and number with the subject (since the subject and the reflexive pronoun represent the same person or thing).

Ils se sont présentés aux élections.
They ran for the elections.

En entendant cette nouvelle, elle s'est évanouie.
Upon hearing the news, she fainted.

2. If the reflexive pronoun is an indirect object, the past participle does not agree with the subject.

> Ils se sont parlé/écrit/téléphoné.
> *They spoke to/wrote to/telephoned each other.*

3. When a pronominal verb has both a direct and an indirect object, the reflexive pronoun is usually the indirect object. In this case—as always—the past participle agrees with the direct object only when it is placed before the verb. Compare the following sentences:

> Ils se sont lavés.
> *They washed themselves.* (**se** = direct object)

> Ils se sont lavé les mains.
> *They washed their hands.* (**se** = indirect object, **les mains** = direct object)

> Ils se les sont lavées.
> *They washed them.* (**se** = indirect object, **les** = direct object preceding the verb.)

Activité 15. Un horaire précis! Indiquez l'heure à laquelle vous avez accompli chacune des actions suivantes hier, puis comparez avec deux camarades qui partagent un appartement avec vous.

EXEMPLE: se réveiller
            Hier je me suis réveillé(e) à 6 h 00, mais mes camarades se sont réveillé(e)s à 7 h 00.

1. se lever
2. se doucher
3. se laver les cheveux

4. se brosser les dents
5. s'habiller
6. s'en aller

Activité 16. Les élections présidentielles. Mettez le texte suivant au passé composé. Faites attention à l'accord des participes passés.

1. Les élections présidentielles de 1995 se passent en avril et mai.

2. D'abord, les candidats se présentent et s'inscrivent officiellement.

3. Dans leurs discours, ils s'efforcent de plaire aux électeurs.

4. Beaucoup de candidats se fatiguent à voyager en France pour convaincre les électeurs.

5. Au cours d'un débat télévisé, les deux candidats finalistes se disputent et ne s'excusent pas.

6. Ils se téléphonent quelques jours plus tard et se réconcilient.

7. Les électeurs se demandent longtemps pour qui voter.

8. Après les élections, le candidat élu et le président sortant (*outgoing president*) se parlent longuement.

Faisons le point

Pronoms personnels

A. Le premier emploi! Jean-Michel vient de trouver un travail intéressant et il écrit à ses parents pour leur raconter ce qui s'est passé. Reformulez les phrases de sa lettre en remplaçant les mots soulignés par les pronoms appropriés.

Chers Maman et Papa,

(1) Je viens enfin de trouver l'emploi idéal. (2) J'ai commencé à chercher cet emploi le mois dernier quand j'étais encore à l'université. (3) D'abord j'ai lu les petites annonces dans le journal. (4) Puis j'ai écrit ma lettre grâce à mes copains qui avaient de l'expérience. (5) J'ai ensuite préparé mon CV et j'ai décidé de ne pas mettre ma photo sur mon CV. (6) Je m'intéressais à des emplois d'ingénieur. (7) Je suis donc allé chez les recruteurs concernés et on m'a offert ce poste de cadre. (8) J'espère revoir Jean-Luc et Fabienne à une soirée demain. (9) Je raconterai mes aventures à ces deux amis. (10) Ne m'envoyez plus de lettre maintenant car je vais déménager et je ne connais pas encore ma nouvelle adresse. (11) Embrassez bien Grand-mère de ma part.

Bien affectueusement,

Jean-Michel

1. _____

2. _____

   _____

3. _____

4. _____

5. _____

   _____

6. _____

7. _____

8. _____

9. _____

10. _____

   _____

11. _____

Adjectifs et pronoms possessifs

B. Le forum d'étudiants (*job fair*). Deux étudiants participent à un forum d'étudiants où ils rencontrent d'autres copains. Complétez leurs phrases avec la forme correcte des mots entre parenthèses.

—Salut! Je te présente _____ (1. *my*) meilleur ami. La fille qui est avec lui est _____ (2. *his*) copine, pas _____ (3. *mine*), malheureusement! Au fait où est _____ (4. *yours*)? Vous sortez toujours ensemble, n'est-ce pas?

—Ah, voilà Brigitte! Bonjour! Nous sommes venus pour tenter _____ (5. *our*) chance. Comment vont _____ (6. *your*) parents? _____ (7. *mine*) sont retraités maintenant et ils passent tous _____ (8. *their*) week-ends dans _____ (9. *their*) maison de campagne. Je suis venu avec Maurice; _____ (10. *our*) deux voitures étaient en panne et j'ai téléphoné à Richard qui nous a prêté _____ (11. *his*).

Verbes pronominaux

C. Un accident de moto. Isabelle raconte à son ami Bernard l'accident de moto de sa sœur Valérie. Conjuguez les verbes entre parenthèses au passé composé.

ISABELLE: Tu ne sais donc pas que ma sœur _____ (1. se casser) la jambe l'an dernier?

BERNARD: Ah non! Comment cela _____ (2. se passer)?

ISABELLE: Dans un accident de moto; d'ailleurs, elle _____ (3. s'évanouir) de douleur.

BERNARD: Je suppose que tes parents et toi, vous

_____ (4. beaucoup s'inquiéter).

ISABELLE: Oh oui! Nous _____ (5. se dépêcher) d'aller à l'hôpital pour

la voir. Elle allait bien et nous _____ (6. se rassurer).

Pendant son séjour à l'hôpital, Valérie _____ (7. s'ennuyer) et

nous _____ (8. se téléphoner) presque tous les soirs. Je

partageais un appartement avec elle et je _____

(9. s'habituer) à son absence peu à peu.

BERNARD: J'ai entendu dire qu'elle s'était mariée.

ISABELLE: Oui! En effet, elle a connu son fiancé Arnaud à cette époque; ils

_____ (10. se rencontrer) à l'hôpital où il était médecin. J'étais

présente ce jour-là; ils _____ (11. se sourire) et

_____ (12. bien s'entendre) dès le début. Ma sœur

_____ (13. se fiancer) peu après sa sortie de l'hôpital.

Arnaud et elle _____ (14. se marier) en juin dernier. Malgré

cela, inutile de te dire que je _____ (15. me promettre)

de ne jamais faire de moto!

BERNARD: Je te comprends, mais tu _____ (16. toujours

se méfier) de la moto, de toute façon!

BLOC-NOTES
Rédiger une lettre d'affaires

Thème: Remerciements

In this chapter, you have learned about looking for jobs, writing your résumé in French and writing formal letters to potential employers. One important aspect of the job search involves thanking your interviewer for his/her time and for considering you for the position. In a formal letter of appreciation, you can also communicate whether or not you are still interested in the position and what aspects of the company you liked (if any). In addition, you might still have some questions that were not answered during the interview session. Finally, if you have been offered the position, you will need to indicate whether you intend to accept the job or not. Using your work with formal letter writing in the text as a guide, complete the following activities.

A. Avant d'écrire. Imagine that you want to work in a French-speaking country for the summer. You have already had an interview with a potential employer and now wish to thank them for their time and comment upon the things you learned while participating in the interview. Take a moment and think of at least three (3) positive aspects and one negative aspect about the company that you found out at your meeting with the company representative. Jot these ideas down in French referring to the chapter vocabulary as necessary. You will need this information to complete Part B of the assignment.

_____

_____

_____

_____

_____

_____

_____

_____

_____

_____

B. Ecrivons! Referring to the notes you made in the pre-writing activity as well as formal letters in this chapter, write to your interviewer thanking him/her for their time and for considering you for the job. Several expressions for expressing appreciation formally are found below. Next, give your opinion of the company - three positive aspects and one negative one - making sure that your ideas flow and using language structures with which you are familiar. Finally, communicate to the employer that you are still interested in the job and terminate with an appropriate closing. (You may also write this letter to thank the company for their time but indicate 3 negative aspects and only one positive one so that you withdraw yourself from being considered.) Use your imagination!

Tips for expressing thanks in a formal manner:

Avant tout, permettez-moi de vous remercier de...

Je voudrais tout d'abord vous remercier de...

_____

_____

_____

_____

_____

_____

_____

_____

_____

_____

_____

_____

_____

_____

_____

_____

✐ Journal

In this chapter, you have read about some francophone countries: le Zaïre and la Guyane. For this journal writing session, decide which of these locales you might like to visit. Write a paragraph of at least five sentences in French where you state your choice and explain why. Try to use vocabulary and expressions found in the chapter readings.

J'aimerais visiter le/la

Exprimer le futur et la condition

Structures

- Le futur simple et le futur antérieur
- Le conditionnel présent et passé
- Le verbe *devoir*

Faisons le point

Bloc-notes

Emettre des hypothèses

Le futur simple et le futur antérieur

Formation of the simple future

The simple future of regular verbs is formed by adding the endings **-ai, -as, -a, -ons, -ez, -ont** to the infinitive. Verbs ending in **-re** in the infinitive drop the **-e**.

FUTURE TENSE		
PARLER	FINIR	VENDRE
je parler**ai**	je finir**ai**	je vendr**ai**
tu parler**as**	tu finir**as**	tu vendr**as**
il/elle/on parler**a**	il/elle/on finir**a**	il/elle/on vendr**a**
nous parler**ons**	nous finir**ons**	nous vendr**ons**
vous parler**ez**	vous finir**ez**	vous vendr**ez**
ils/elles parler**ont**	ils/elles finir**ont**	ils/elles vendr**ont**

1. Some **-er** verbs that undergo spelling changes in the present tense make those same changes in the future tense, although the endings remain regular.

   ■ Verbs like **acheter** and **lever** change their stems to **achèt-** and **lèv-**.

   Nous **achèterons** une pizza.
   We will buy a pizza.

   Je me **lèverai** de bonne heure pour préparer le pique-nique.
   I will get up early to prepare the picnic.

   ■ Verbs like **appeler** and **jeter** double the consonant; their stems become **appell-** and **jett-**.

   Tu m'**appelleras** pour aller au restaurant.
   You will call me to go to the restaurant.

   Note that verbs like **espérer** and **préférer** that have **-é** before the final syllable of the infinitive keep the **-é** in their stem.

   Je suis sûr(e) qu'ils **préféreront** la glace.
   I am sure that they will prefer ice cream.

   ■ Verbs ending in **-yer** change the **y** to **i**: **employer, essayer** → stems **emploi-, essai-**.[1]

   Nous essaierons de préparer le dessert avant midi.
   We will try to prepare the dessert before noon.

---

[1]This change is optional for **payer** and **essayer**
      je payerai or
      je paierai.

2. Some verbs have an irregular stem, but regular endings.

aller:	j'**ir**ai	mourir:	je **mourr**ai[2]
avoir:	j'**aur**ai	pleuvoir:	il **pleuvr**a
courir:	je **courr**ai[2]	pouvoir:	je **pourr**ai
cueillir:	je **cueiller**ai	recevoir:	je **recevr**ai
devoir:	je **devr**ai	savoir:	je **saur**ai
envoyer:	j'**enverr**ai	tenir:	je **tiendr**ai
être:	je **ser**ai	venir:	je **viendr**ai
faire:	je **fer**ai	voir:	je **verr**ai
falloir:	il **faudr**a	vouloir:	je **voudr**ai

Use of the simple future

1. The future tense is used to express a future action, event, or state of mind. It is equivalent to *will* + verb.

   J'arriverai au restaurant vers 20 h.
   I will arrive at the restaurant around 8 p.m.

   REMINDER: The immediate future **aller** + infinitive is used when a future action is imminent.

   Je **vais** lui **téléphoner** tout de suite pour l'inviter à dîner.
   I am going to call him right away to invite him for dinner.

2. The future is used after conjunctions like **quand**, **lorsque** (*when*), **après que**, **aussitôt que** (*as soon as*), **dès que** (*as soon as*), and **tant que** (*as long as*) when a future action is expressed. Note that English uses the present tense in this case.

   Quand le dîner **sera** prêt, je vous appellerai.
   When dinner is ready, I will call you.

   Dès qu'il **commencera** à pleuvoir, nous rentrerons.
   As soon as it starts raining, we will come back in.

3. The future tense is also used to express the idea that something will happen if certain conditions are met. The dependent clause uses **si** (*if*) + present tense; the main clause uses the future tense.

   S'il n'**est** pas trop cher, nous **irons** à ce nouveau restaurant.
   If it's not too expensive, we'll go to that new restaurant.

4. The future may also be used in commands.

   Tu **te laveras** les mains avant de manger!
   You will wash your hands before eating!

---

[2]With **courir** and **mourir**, the **rr** is emphasized in the pronunciation.

Activité 1. Tout ira bien! Votre meilleur(e) ami(e) va se marier et déménager, mais il/elle est triste de vous quitter. Essayez de le/la convaincre que sa nouvelle vie sera intéressante.

EXEMPLE: tu (se faire) de nouveaux amis
             Tu te feras de nouveaux amis!

1. nous (s'écrire) souvent

2. tu (être) occupé(e)

3. tu (avoir) une vie plus équilibrée

4. ton mari/ta femme et toi (chercher) un bel appartement

5. vous (acheter) des meubles

6. ton mari/ta femme et toi (aller) souvent au théâtre et à l'opéra

7. tu (connaître) une autre région

8. je te (envoyer) des photos

9. ta famille te (rendre) visite

10. je (venir) te voir

Activité 2. Préparatifs. Vous préparez un dîner avec vos camarades. Voici la liste des choses à faire dans le désordre. Rétablissez l'ordre des actions et dites ce que chacun(e) va faire en employant le futur.

je/enfourner le rôti   tu/tourner la salade

Pierre et toi/éplucher les légumes   Sophie/sortir la glace du congélateur

nous/mettre la table   je/couper le pain

Paul et Alain/servir l'apéritif   nous/faire cuire les légumes

Sylvie/ouvrir la bouteille de vin   tu/disposer le rôti dans un plat

Activité 3. Mon avenir. Dites à votre camarade cinq choses que vous ferez dans les situations suivantes:

1. quand vous aurez votre diplôme

2. quand vous aurez un travail

3. quand vous aurez des enfants

Activité 4. Prédictions. Vous êtes astrologue et vous lisez l'horoscope de votre camarade. Employez le futur et parlez des études, du lieu de résidence, de la vie familiale, du conjoint et des futurs loisirs de votre camarade.

Formation of the future perfect

The future perfect is formed by conjugating the auxiliary **avoir** or **être** in the simple future and adding the past participle of the verb.

PARLER	
j'aurai parlé	nous aurons parlé
tu auras parlé	vous aurez parlé
il/elle/on aura parlé	ils/elles auront parlé

VENIR	
je serai venu(e)	nous serons venu(e)s
tu seras venu(e)	vous serez venu(e)(s)
il/on sera venu	ils seront venus
elle sera venue	elles seront venues

Use of the future perfect

1. The future perfect expresses an action, an event, or a state of mind that will have taken place in the future before another future action, event, or state of mind, or by a specified date or time. It corresponds to *will have* + past participle.

   D'ici le mois de juin, j'aurai perdu 10 kilos.
   By the month of June, I will have lost 22 pounds.

2. The future perfect is used after the conjunctions **quand, lorsque, aussitôt que, dès que**, and **après que** to express a future action or event that will occur before another future action or event. Note that English uses the present perfect to express this idea.

   Après que nous aurons fini de dîner, je ferai la vaisselle.
   After we have finished eating, I will wash the dishes.

   Quand ton père sera rentré du travail, nous dînerons.
   When your father has come back from work, we will have dinner.

3. The future perfect is sometimes used to express an assumption.

   Il n'a rien dit mais il aura compris.
   He didn't say anything, but he probably understood.

Activité 5. Il ne faut pas être paresseux! Vous partagez un appartement avec votre camarade et vous êtes paresseux (-se). Votre camarade est exaspéré(e) et vous demande quand vous ferez les choses suivantes. Répondez en employant **quand, aussitôt que, dès que** ou **après que**.

EXEMPLE: ranger ta chambre/finir mes devoirs
            —Quand est-ce que tu rangeras ta chambre?
            —Je rangerai ma chambre quand j'aurai fini mes devoirs.

1. faire le ménage/écrire ma dissertation de français

2. nettoyer le four/ranger la cuisine

3. aller au supermarché/laver la voiture

4. donner à manger au chat/revenir de la bibliothèque

5. pouvoir passer l'aspirateur/terminer mon travail

6. payer ta part du loyer/recevoir mon chèque

Activité 6. Dans cinq ans. Pensez à ce que vous aurez accompli dans cinq ans. A tour de rôle, formulez cinq phrases au futur antérieur.

Le conditionnel présent et passé

Formation of the present conditional

The present conditional of regular verbs is formed by adding the imperfect endings **-ais, -ais, -ait, -ions, -iez, -aient** to the infinitive. Verbs ending in **-re** in the infinitive drop the **-e**.

PRESENT CONDITIONAL		
PARLER	FINIR	VENDRE
je parlerais	je finirais	je vendrais
tu parlerais	tu finirais	tu vendrais
il/elle/on parlerait	il/elle/on finirait	il/elle/on vendrait
nous parlerions	nous finirions	nous vendrions
vous parleriez	vous finiriez	vous vendriez
ils/elles parleraient	ils/elles finiraient	ils/elles vendraient

1. The stem of **-er** verbs undergoes the same spelling changes as for the simple future, but the endings are regular (see p. 162).

> Si j'avais assez d'argent, j'achèterais un four à micro-ondes.
> *If I had enough money, I would buy a microwave.*

> A ta place, j'essaierais de manger plus de légumes.
> *If I were you, I would try to eat more vegetables.*

2. The stems of irregular verbs are the same as for the simple future.

> aller → j'**ir**ais   venir → je **viendr**ais

Use of the present conditional

1. The conditional is used to express a hypothetical action, event, or state of mind. It tells what *would* happen *if* (**si**) certain conditions were met. When the verb of the main clause is in the present conditional, the verb of the *if*-clause is usually in the imperfect.

> IMPERFECT   CONDITIONAL
>
> Si j'**avais** de l'argent, j'**achèterais** un restaurant.
> *If I had money, I would buy a restaurant.*

> IMPERFECT   CONDITIONAL
>
> Si nous **étions** libres samedi, nous **irions** chez nos amis.
> *If we were free on Saturday, we would go to our friends' house.*

2. The conditional is sometimes used with the verbs **vouloir**, **pouvoir**, and **devoir** in polite requests or suggestions.

> Vous **pourriez** peut-être éliminer les sucreries de votre alimentation.
> *Maybe you could eliminate sweets from your diet.*

> Je **voudrais** un kilo d'oranges, s'il vous plaît!
> *I would like 2 lb. of oranges, please!*

3. The conditional is also used in indirect discourse[3] when the introductory statement (*he said*, *she claimed*) is in the past tense and the quoted remark refers to the future.

> Grand-mère: «Je n'emploierai jamais de four à micro-ondes.»
> Ma grand-mère a dit qu'elle n'emploierait jamais de four à micro-ondes.
> *My grandmother said that she would never use a microwave oven.*

---

[3]Indirect discourse paraphrases what someone else has said, rather than quoting the person directly.

Direct discourse: *He said, "I will go shopping."*
Indirect discourse: *He said that he would go shopping.*

4. The conditional may be used to express an action, event, or state of mind that is uncertain. This usage often occurs in journalistic reports in newspapers or on television.

Après deux ans de recherches, on a découvert que le chocolat **serait** toxique.
After two years of research, it was discovered that chocolate would be toxic.

D'après un témoin, le voleur **serait** jeune et grand.
According to a witness, the thief would be young and tall.

Activité 7. Maudit régime! C'est votre anniversaire et vous faites le régime. Dites ce que vous mangeriez si vous ne faisiez pas le régime.

EXEMPLE: manger des gâteaux
             Je mangerais des gâteaux

1. aller chez Macdo
2. acheter des frites
3. mettre du beurre sur mon pain
4. faire des crêpes
5. ne pas courir 30 minutes par jour

6. vouloir prendre un goûter tous les jours
7. appeler mes amis pour les inviter au glacier
8. recevoir des chocolats de la part de mes amis
9. savoir préparer un bon dîner
10. ne pas être déprimé(e)

Activité 8. A chaque endroit son activité. Avec un(e) camarade, choisissez chacun(e) trois des endroits suivants. A tour de rôle, dites ce que vous y feriez. Pour chaque endroit, formulez trois phrases au conditionnel.

au musée du Louvre	à la Sorbonne
dans les Alpes	au sommet de la Tour Eiffel
sur la Côte d'Azur	au château de Versailles
au jardin des Tuileries	dans un restaurant à quatre étoiles

Activité 9. Ah, devenir millionnaire! Demandez à votre camarade ce qu'il/elle ferait s'il/si elle héritait d'une grosse fortune.

EXEMPLE: continuer tes études
             —Est-ce que tu continuerais tes études?
             —Je (ne) continuerais (pas) mes études; je…

1. modifier ton style de vie
2. changer de domicile
3. acheter beaucoup de choses

4. voyager beaucoup
5. avoir des loisirs différents
6. vouloir aider l'humanité

Formation of the past conditional

The past conditional is formed by conjugating the auxiliary **avoir** or **être** in the present conditional and adding the past participle of the verb.

PARLER	
j'aurais parlé	nous aurions parlé
tu aurais parlé	vous auriez parlé
il/elle/on aurait parlé	ils/elles auraient parlé

VENIR	
je serais venu(e)	nous serions venu(e)s
tu serais venu(e)	vous seriez venu(e)(s)
il/on serait venu	ils seraient venus
elle serait venue	elles seraient venues

Use of the past conditional

The past conditional is used in the same hypothetical situations as the present conditional. In the past, however, these hypothetical actions, events, or states of mind cannot be realized, as the necessary conditions no longer exist. The past conditional tells what would have happened if certain conditions had been met.

Compare:

Si j'**avais** de l'argent, j'**achèterais** ce restaurant.
If I had money (now), I would buy this restaurant (now).
(It is still possible to do it, provided that I can get the money.)

Si j'**avais eu** de l'argent, j'**aurais acheté** ce restaurant.
If I had had money (then), I would have bought this restaurant (then).
(It is no longer possible for some reason [maybe it was sold or I am too old]).

NOTE: When the verb of the main clause is in the past conditional, the verb of the *if*-clause must be in the past perfect.

PAST PERFECT	PAST COND.
Si j'avais eu…	j'aurais acheté… .

Activité 10. Si seulement j'avais passé une année en France! Plusieurs étudiant(e)s de votre classe de français viennent de passer une année en France. Avec un(e) camarade, faites des hypothèses sur ce qu'aurait été votre vie là-bas. Formulez une phrase, à tour de rôle, et votre camarade confirmera votre supposition.

EXEMPLE: passer du temps dans les petits cafés
            —J'aurais passé du temps dans les petits cafés!
            —Ah, oui! Nous aurions passé du temps dans les petits cafés!

1. rencontrer beaucoup de Français
2. sortir tous les soirs
3. visiter plusieurs régions
4. goûter aux recettes régionales
5. passer Noël dans une famille française
6. acheter des vêtements à la mode
7. voir des films français
8. monter au sommet de la Tour Eiffel

Activité 11. Un week-end gâché. Votre week-end a été complètement gâché (*spoiled*) par une série de circonstances fâcheuses. C'est lundi et vous pensez à ce que vous auriez pu faire. Complétez les phrases suivantes avec un verbe au conditionnel passé.

1. S'il n'avait pas plu samedi, je…
2. Si mon ami(e) n'avait pas été malade, nous…
3. Si je n'avais pas eu tant de devoirs, je…
4. Si mes parents n'étaient pas allés chez leurs amis, nous…
5. Si je n'avais pas dû ranger la maison, je…
6. S'il y avait eu un bon film au cinéma, je…

Summary of tense sequences with *si*

SUBORDINATE CLAUSE	MAIN CLAUSE	EXAMPLES
si + present indicative	present indicative immediate future simple future imperative	Si tu **as** faim, tu **dois** manger quelque chose. Si nous **sortons** ce soir, nous **dînerons** au restaurant. Si tu **vas** au supermarché, **achète** du lait.
si + imperfect	present conditional	Si je ne **travaillais** pas, je **passerais** plus de temps à faire la cuisine.
si + pluperfect	past conditional	Si tu n'**avais** pas **mangé** tant de chocolat, tu n'**aurais** pas **eu** d'indigestion.

Le verbe *devoir*

The verb **devoir** has several different meanings, depending on how it is used.

Devoir + direct object

When devoir has a direct object, it means *to owe*.

> Mon frère **doit** de l'argent à ses amis.
> *My brother owes money to his friends.*

> Vous m'avez sauvé(e)! Je vous **dois** la vie!
> *You saved me! I owe you my life!*

Devoir + infinitive

1. Necessity or moral obligation

    PRESENT (*must, have to*):
    Si tu ne veux pas tomber malade, tu **dois** absolument **faire** le régime.
    If you don't want to get sick, you absolutely must go on a diet.

    IMPERFECT (*had to, used to have to*):
    Quand j'étais étudiante, je **devais travailler** dans un restaurant tous les étés.
    When I was a student, I had to work in a restaurant every summer.

    passe composé (*had to*):
    Mon oncle **a dû faire** le régime parce qu'il avait un ulcère à l'estomac.
    My uncle had to go on a diet because he had a stomach ulcer.

    FUTURE (*will have to*):
    Si tu décides d'ouvrir un restaurant, tu **devras** d'abord **faire** des économies!
    If you decide to open a restaurant, you will have to save money first!

    CONDITIONAL (*should, ought to*):
    Tu **devrais arrêter de** fumer.
    You should quit smoking.

    PAST CONDITIONAL (*should have, ought to have*):
    Le dîner n'est pas encore prêt? Tu **aurais dû commencer** plus tôt!
    Dinner isn't ready yet? You should have started earlier!

2. Probability

PRESENT (*must, probably*):
Il n'est pas venu dîner avec nous; il **doit être** malade!
He did not come to have dinner with us; he must be sick!

IMPERFECT (*must have*):
Mon grand-père ne mangeait jamais de fraises, il d**evait** y **être** allergique.
My grandfather never ate strawberries; he must have been allergic to them.

passé composé (*must have*):
Pierre n'est pas encore là? Il **a dû oublier** notre rendez-vous!
Pierre isn't here yet? He must have forgotten our appointment!

3. Supposition or intention

PRESENT (*is/are supposed to*):
Le dîner **doit commencer** à 20 h.
Dinner is supposed to start at 8 p.m.

IMPERFECT (*was/were supposed to*):
Nous **devions dîner** chez nos amis mais nous avons eu un accident.
We were supposed to have dinner at our friends' house, but we had an accident.

 Activité 12. Il y a toujours de l'espoir! Votre meilleur(e) ami(e) ne s'entend pas avec ses parents. Donnez-lui des conseils pour que la situation s'améliore. Suivez le modèle.

EXEMPLE: téléphoner à tes parents
            —Tu devrais téléphoner à tes parents!
            —Tu crois vraiment que je devrais leur téléphoner?

1. leur rendre visite plus souvent

2. les inviter chez toi

3. leur écrire une lettre

4. leur expliquer tes problèmes

5. leur demander pardon de ton silence

6. leur proposer de communiquer davantage

Activité 13. Tu feras mieux la prochaine fois! Votre camarade ne comprend pas pourquoi il/elle a échoué à son examen. Dites-lui ce qu'il aurait dû faire.

EXEMPLE: assister aux cours régulièrement
            —Tu aurais dû assister aux cours régulièrement
            —Tu as raison! J'aurais dû y assister régulièrement!

1. faire tes devoirs consciencieusement

2. participer davantage en classe

3. demander des explications à ton professeur

4. relire tes notes de cours

5. arriver en cours à l'heure

6. faire toutes les lectures

Activité 14. Une soirée ennuyeuse. Vous êtes invité(e) à une soirée chez des amis. Il y a beaucoup de gens que vous ne connaissez pas et, en vous promenant parmi les invités, vous entendez les phrases suivantes. Traduisez-les en français.

1. She looks terrible! She must be sick!

2. Where's Philippe? He must have missed the subway!

3. I owe you an apology (**des excuses**)! I shouldn't have given you any advice about your private life! I'm sorry!

4. Where have you been? You were supposed to pick me up (**prendre**) at 6 p.m.

5. Last month I didn't have a car and I had to walk to the stores to do my shopping.

6. I really think you should tell your parents that you love him!

Faisons le point

Le futur simple et le futur antérieur

A. **Un(e) remplaçant(e).** La directrice d'un restaurant va partir en vacances et vous allez la remplacer. Elle vous explique ce que vous devrez faire pendant son absence. Formulez ses phrases en employant le futur simple et le futur antérieur selon le modèle.

Exemple: dès que vous (ouvrir) le restaurant, vous (éteindre) l'alarme
Dès que vous aurez ouvert le restaurant, vous éteindrez l'alarme.

1. après que les cuisiniers (éplucher) les légumes, ils (laver) les poissons _____

_____

2. quand le chef cuisinier (faire) les sauces, il (choisir) les viandes _____

_____

3. aussitôt que les serveurs (préparer) les tables, ils (décorer) la salle _____

_____

4. quand le boulanger (livrer [*deliver*]) du pain frais, les cuisiniers le (ranger) sur les étagères ___

_____

5. dès que les premiers clients (arriver), vous (aller) vous asseoir à la caisse _____

_____

6. quand le dernier client (partir), les serveurs (pouvoir) faire le ménage _____

_____

7. après que vous (vérifier) la caisse, vous (fermer) le restaurant _____

_____

8. dès que je (réserver) ma place d'avion pour le retour, je vous (appeler) _____

_____

Le conditionnel

B. Les cinq objets. Si vous étiez sur une île déserte, limité(e) à avoir cinq objets, lesquels choisiriez-vous et pourquoi? Pour chaque objet, écrivez une phrase pour justifier votre choix; employez le conditionnel.

1. _____

   _____

2. _____

   _____

3. _____

   _____

4. _____

   _____

5. _____

   _____

C. Les cinq personnes. Imaginez que la terre va être détruite et qu'on peut envoyer cinq personnes pour repeupler une autre planète et conserver notre héritage. Expliquez quelles sortes de personnes vous choisiriez et pourquoi. Employez le conditionnel autant que possible.

1. _____

   _____

2. _____

   _____

3. _____

   _____

4. _____

   _____

5. _____

   _____

Choix du mode et du temps

D. Conversations. Vous êtes assis(e) à la terrasse d'un café et vous entendez les conversations suivantes autour de vous. Conjuguez les verbes entre parenthèses au temps et au mode convenables.

1. Projets: deux étudiants

   «Si je _____ (réussir) à mes examens en juin prochain, je _____ (passer)
   mes vacances en Grèce.

   —Qu'est-ce que tu _____ (faire) après les vacances?

   —Je _____ (continuer) mes études pour préparer une maîtrise de psycho.
   Si j' _____ (économiser) assez d'argent d'ici là, je _____ (prendre)
   un appartement près de la fac».

2. Conditions: deux dames d'un certain âge

   «Qu'est-ce que tu as? Ça ne va pas?

   —Oh, je suis toujours malade! Ah, si seulement je _____ (avoir) la santé, je
   _____ (pouvoir) sortir et voyager, mais je suis toujours fatiguée.

   —Qu'est-ce que tu _____ (dire) si je t' _____ (inviter) à ma
   maison de campagne?

   —J' _____ (aimer) bien y aller mais je ne sais pas si j'en _____ (avoir) la
   force!»

3. Regrets: une vieille dame et son petit-fils étudiant

   «Ah, mon petit, la vie est courte et il faut en profiter!

   —Qu'est-ce que tu regrettes le plus dans ta vie, Grand-Mère?

   —Si je _____ (faire) des études, je _____ (pouvoir) être indépendante,
   c'est mon plus grand regret! Aussi, s'il _____ (ne pas y avoir) de guerre, je
   _____ (ne pas perdre) ton grand-père!»

BLOC-NOTES
Emettre des hypothèses

Thème: A table!

In the writing sections of the workbook, you have been working on how to write about events and ideas in the present as well as the past. But what about expressing your views on a hypothetical situation? Suppose you are given the chance to create your own restaurant or café. Perhaps you would also be the chef! What sort of establishment would it be? Would you want a more American-style establishment or a European one? What type of cuisine would you have?

A. Avant d'écrire. This pre-writing activity involves brainstorming and organizing, two skills essential to good writing. First you will need to organize your ideas for your restaurant using the questions above as inspiration. Picture in your mind your dream restaurant. Think of French words and phrases to describe it in detail, consulting the text as needed. Jot them down and begin to organize them in a logical manner.

_____

_____

_____

B. Ecrivons! Taking the words and phrases from Part A as well as what you have learned about the conditional tense and making hypotheses, describe in French what you would do if you had your own restaurant. The following sentence might help you begin your 200-word writing task:

Si j'avais mon propre restaurant, je serais le chef...

_____

_____

_____

_____

_____

_____

_____

_____

_____

 **Journal**

Un repas mémorable. As you have seen, the quality of meals and the dining experience itself are very important to the French people. What aspects of eating and dining are important to you? Imagine that you are planning a dinner for a special celebration. Using the future tense, describe in French all the aspects of the meal: where you will be and with whom, the ambiance, what you will have to eat, and who will prepare it.

Maîtriser l'emploi du subjonctif

Structures

■ Le subjonctif présent et passé: formation

■ Emplois du subjonctif

Faisons le point

Bloc-notes

Exprimer des souhaits

Le subjonctif

The subjunctive is one of three moods, along with the imperative and the indicative. As opposed to the indicative, which expresses objective facts, the subjunctive expresses subjectivity, doubt, will, emotion, or possibility. Although the use of the subjunctive is relatively rare in English (*If he **were** here, we would have fun*), it is quite common in French. In French the subjunctive follows verbs or phrases denoting subjectivity and is usually introduced by **que**.

Compare:

> Je suis sûr qu'il **est** malade. (The indicative indicates certainty → objectivity.)
> Je doute qu'il **soit** malade. (The subjunctive indicates doubt → subjectivity.)

> Je sais qu'il **pleut**. (The indicative indicates certainty → objectivity.)
> Il est possible qu'il **pleuve**. (The subjunctive indicates possibility → subjectivity.)

Formation

Present subjunctive

The present subjunctive is formed by adding the endings **-e, -es, -e, -ions, -iez, -ent** to the stem of the **ils/elles** forms of the present indicative.

	PARLER (ILS PARLENT)→	FINIR (ILS FINISSENT)→	PARTIR (ILS PARTENT) →	VENDRE (ILS VENDENT) →
	stem: parl-	stem: finiss-	stem: part-	stem: vend-
que je	parl**e**	finiss**e**	part**e**	vend**e**
que tu	parl**es**	finiss**es**	part**es**	vend**es**
qu'il/elle/on	parl**e**	finiss**e**	part**e**	vend**e**
que nous	parl**ions**	finiss**ions**	part**ions**	vend**ions**
que vous	parl**iez**	finiss**iez**	part**iez**	vend**iez**
qu'ils/elles	parl**ent**	finiss**ent**	part**ent**	vend**ent**

Some verbs have irregular stems. **Avoir** and **être** have both an irregular stem and irregular endings.

	FAIRE →	POUVOIR →	SAVOIR →	AVOIR →	ÊTRE →
	stem: **fass-**	stem: **puiss-**	stem: **sach-**	2 stems	2 stems
que je	**fass**e	**puiss**e	**sach**e	**ai**e	**so**is
que tu	**fass**es	**puiss**es	**sach**es	**ai**es	**so**is
qu'il/elle/on	**fass**e	**puiss**e	**sach**e	**ai**t	**so**it
que nous	**fass**ions	**puiss**ions	**sach**ions	**ay**ons	**so**yons
que vous	**fass**iez	**puiss**iez	**sach**iez	**ay**ez	**so**yez
qu'ils/elles	**fass**ent	**puiss**ent	**sach**ent	**ai**ent	**so**ient

falloir → **qu'il faille**   pleuvoir → **qu'il pleuve**

Other verbs have regular endings and two stems, one for the **je**, **tu**, **il/elle/on**, and **ils/elles** forms, and another for the **nous** and **vous** forms, just as they do in the present indicative.

VENIR → STEM 1: VIENN-, STEM 2: VEN-	
que je **vienne**	que nous **ven**ions
que tu **vienne**s	que vous **ven**iez
qu'il/elle/on **vienne**	qu'ils/elles **viennent**

The most commons verbs in this category are the following.

acheter	que j'**achète**	que nous **achet**ions[1]
aller	que j'**aille**	que nous **all**ions
appeler	que j'**appelle**	que nous **appel**ions
boire	que je **boive**	que nous **buv**ions
devoir	que je **doive**	que nous **dev**ions
envoyer	que j'**envoie**	que nous **envoy**ions
jeter	que je **jette**	que nous **jet**ions
mourir	que je **meure**	que nous **mour**ions
payer	que je **paie/paye**[2]	que nous **pay**ions
prendre	que je **prenne**	que nous **pren**ions
recevoir	que je **reçoive**	que nous **recev**ions
tenir	que je **tienne**	que nous **ten**ions
venir	que je **vienne**	que nous **ven**ions
voir	que je **voie**	que nous **voy**ions
vouloir	que je **veuille**	que nous **voul**ions

Activité 1. Une méthode de travail. Votre professeur de français vous explique ce que vous devez faire pour bien apprendre la langue. Commencez ses phrases par **il faut que...** et conjuguez le verbe au subjonctif.

EXEMPLE: vous/assister à tous les cours
            Il faut que vous assistiez à tous les cours.

1. les étudiants/aller au laboratoire
2. vous/faire vos exercices consciencieusement
3. vous/être responsable de vos absences
4. chaque étudiant(e)/avoir un carnet de vocabulaire
5. vous/suivre un cours de grammaire
6. vous/passer une année en France
7. on/se forcer à parler en classe
8. vos parents/vouloir vous envoyer en France
9. vous/participer à un échange
10. chaque étudiant(e)/écrire à un(e) correspondant(e) français(e)

---

[1]Note that most verbs that undergo spelling changes in the present tense (**j'achète**, **nous achetons**; **j'appelle**, **nous appelons**; etc.) are in this category of verbs with two subjunctive stems.
[2]For verbs ending in **-ayer**, either **y** or **i** may be used wit the **je**, **tu**, **il(s)/elle(s)/on** forms.

Activité 2. Projets d'avenir. Un jeune couple fait des projets d'avenir. Avec un(e) camarade, formulez leur conversation selon le modèle.

EXEMPLE: Pierre: Il faut que... nous/finir/ nos études
              Il faut que nous finissions nos études.

1. Pierre: Il faut que...

    a. nous/trouver/un travail

    b. nous/chercher/un logement

    c. nous/choisir/un quartier agréable

    d. nous/aller/dans une agence immobilière

2. Martine: Je doute que...

    a. les terrains/être/bon marché

    b. nous/avoir/assez d'argent

    c. la banque/vouloir/nous accorder un prêt

    d. nous/pouvoir/économiser assez d'argent

3. Pierre: Je voudrais que...

    a. nous/construire/une maison

    b. tu/avoir/un petit jardin

    c. nous/vivre/au calme

    d. nos enfants/avoir/un espace vert pour jouer

4. Martine: Il vaut mieux que...

    a. nous/louer/un appartement

    b. nous/faire/des économies

    c. nous/se renseigner/sur les formalités

    d. je/réfléchir/quelques temps

Activité 3. A l'agence immobilière. Pierre et Martine vont se renseigner sur les formalités concernant la construction d'une maison. Par groupes de trois, formulez la conversation selon le modèle.

EXEMPLE: regarder les petites annonces d'abord
       PIERRE: Est-ce qu'il faut qu'on regarde les petites annonces d'abord?
       L'AGENT: Oui! Il faut que vous regardiez les petites annonces d'abord.
       MARTINE: Bon, alors il faut que nous regardions les petites annonces!

1. calculer son revenu annuel

2. décider du prix maximum

3. visiter des quartiers possibles

4. voir plusieurs maisons

5. savoir négocier

6. être prudent

7. avoir de la patience

8. prendre des risques

9. contacter la banque

10. faire une offre raisonnable

Formation of the past subjunctive

The past subjunctive is formed by conjugating the auxiliary verb **avoir** or **être** in the present subjunctive and adding the past participle of the verb.

PARLER	
que j'aie parlé	que nous ayons parlé
que tu aies parlé	que vous ayez parlé
qu'il/elle/on ait parlé	qu'ils/elles aient parlé

VENIR	
que je sois venu(e)	que nous soyons venu(e)s
que tu sois venu(e)	que vous soyez venu(e)(s)
qu'il/on soit venu	qu'ils soient venus
qu'elle soit venue	qu'elles soient venues

Present subjunctive vs. past subjunctive

The present subjunctive is used when the verbs of both the main clause and subordinate clause refer to an action in the present or future.[3] The past subjunctive is used when the verb of the subordinate clause expresses an action that precedes the action of the main clause.

Compare:

Il est possible qu'il soit en retard.
It is possible that he is late (now).

Il est possible qu'il ait été en retard hier.
It is possible that he was late yesterday.

Je doute qu'il vende sa maison.
I doubt (now) *that he will sell his house* (future).

Je doute qu'il ait vendu sa maison.
I doubt (now) *that he sold his house* (past).

---

[3]There is no future subjunctive in French. To express future situations, the present subjunctive is used.

Activité 4. Problèmes de banlieues. Avec votre camarade, vous lisez un rapport sur les problèmes récents dans les banlieues et vous faites des commentaires sur ce qui s'est passé. Commencez par **je regrette que…**, **il est dommage/regrettable que…**, **je suis désolé(e)/surpris(e) que…** et conjuguez les verbes au subjonctif passé.

EXEMPLE: A Cergy-Pontoise, une bande a menacé un commerçant.
—Je regrette qu'une bande ait menacé un commerçant.
—Oui, il est dommage qu'une bande ait menacé un commerçant!

1. A La Courneuve, des bandes ont attaqué des voitures de police.

2. A Vaulx-en-Velin, la police a tué un homme accidentellement.

3. Des bandes ont incendié plusieurs voitures.

4. Pendant une émeute (*a riot*) à Paris, un manifestant a blessé un journaliste.

5. A Argenteuil, une bande a pillé (*looted*) un grand magasin.

6. A Saint-Denis, on a hospitalisé six blessés pendant un concert de rap.

7. A Ermont, des bandes ont utilisé des armes à feu.

8. A Stains, une boulangère a essayé de protéger son fils.

9. Elle est ensuite morte d'une crise cardiaque.

10. A Sartrouville, on a assassiné un jeune immigré.

Activité 5. Installation en France. Caroline, une jeune Américaine qui vient d'arriver en France, envoie une lettre à son amie Barbara et lui raconte sa vie en banlieue. Complétez sa lettre en conjuguant les verbes entre parenthèses au présent ou au passé du subjonctif.

> Chère Barbara,
>
> Je regrette que tu _____ (1. décider) de rester chez toi. J'aurais voulu que tu _____ (2. venir) en France avec moi. Bien que je _____ (3. être) ici depuis un mois seulement, il est surprenant que je _____ (4. ne trouver) un logement que la semaine dernière. Le seul appartement abordable que je _____ (5. réussir) à trouver est situé à Sartrouville, en banlieue. Je regrette qu'il _____ (6. être) si loin du centre ville. Tous les matins, il faut que je _____ (7. prendre) le train. Quoiqu'il y _____ (8. avoir) du bruit dans mon immeuble, il semble que les gens _____ (9. être) sympathiques. On entend parler plusieurs langues mais je n'ai encore rencontré personne qui _____ (10. pouvoir) parler anglais. Je regrette vraiment que tu _____ (11. ne pas m'accompagner) mais je souhaite que tu me _____ (12. rendre visite) avant mon retour.
>
> Affectueusement,

Emploi du subjonctif

With expressions of will, emotion, necessity, doubt

Will, desire, or preference

aimer (j'aimerais que…)	proposer
aimer mieux	souhaiter
désirer	suggérer
préférer	vouloir (je veux que…, je voudrais que…)

Je souhaite que tu **puisses** acheter une petite maison.
I wish that you could (may be able to) buy a little house.

La concierge veut que nous **arrêtions** de faire du bruit.
The building caretaker wants us to stop making noise.

Note that when the subject of both verbs is the same, the second verb is in infinitive form. In this case, **proposer** and **suggérer** are followed by **de** + infinitive.

Je désire **acheter** une petite maison.
I wish to buy a little house.
(**Je** is the subject of both **désire** and **acheter**.)

La concierge veut **appeler** la police.
The caretaker wants to call the police.
(**La concierge** is the subject of both **veut** and **appeler**.)

L'assistante sociale a proposé **de créer** un comité de quartier.
The social worker proposed to create a neighborhood committee.

Activité 6. Les désirs des étudiants. On fait une enquête dans votre université pour connaître les désirs des étudiant(e)s. Complétez les phrases suivantes avec un verbe au subjonctif.

1. Je propose que l'administration…

2. Je voudrais que les cours…

3. Je suggère que les professeurs…

4. Je préfère que les étudiant(e)s…

5. Je souhaite qu'à l'avenir les examens…

6. J'aime mieux que les notes…

7. Je veux que les livres…

8. Je suggère que les vacances…

Emotions and feelings

avoir peur	être fâché(e)
craindre	être fier (-ère)
regretter	être heureux (-se)
être content(e)	être surpris(e)
être désolé(e)	être triste

M. Dumont est content que sa maison **soit** conforme au devis.
Mr. Dumont is happy that his house is in accordance with the estimate.

Nous regrettons que cette cité **soit** si loin du centre ville.
We are sorry that this building complex is so far from the downtown area.

J'ai peur que mon oncle ne **soit** au chômage.[3]
I am afraid that my uncle is unemployed.

Again, when the subject of both verbs is the same, the second verb is in infinitive form; it is preceded by **de**.

Je regrette **d'habiter** si loin du centre ville.
I am sorry to live so far from the downtown area.

Il craint **d'être** au chômage.
He is afraid of being unemployed.

Activité 7. Interview. Vous êtes journaliste à la télévision et vous interviewez les gens dans la rue pour savoir ce qu'ils pensent des événements récents dans les banlieues. Demandez-leur ce qu'ils pensent du rôle des personnes de la colonne du milieu; votre camarade doit formuler leurs réponses en utilisant un élément de chaque colonne.

EXEMPLE: les médias
—Que pensez-vous du rôle des médias en ce qui concerne les banlieues?
—Je regrette que les médias exagèrent/aient exagéré les faits.

	la police	risquer sa vie
avoir peur	le gouvernement	attaquer les gens sans raison
regretter	le Premier ministre	perdre ses illusions
être désolé(e)	les bandes	arrêter des gens innocents
être fâché(e)	les immigrés	employer la violence
être triste	les délinquants	prononcer un discours pessimiste
	les jeunes	être victime du racisme
	les commerçants	prendre des mesures sévères

---

[3]This so-called pleonastic **ne** is used with **avoir peur** and **craindre** in formal contexts for stylistic reasons; it does not have a negative meaning.

Activité 8. Des adieux. Vous venez de recevoir votre diplôme. Maintenant vous prenez un verre à la terrasse d'un café pour dire au revoir à votre meilleur(e) ami(e) avant de quitter l'université. Avec un(e) camarade, formulez la conversation selon le modèle.

EXEMPLE 1: souhaiter/réussir
—Je souhaite que tu réussisses!
—Oui, je souhaite réussir.

EXEMPLE 2: être triste/me quitter
—Je suis triste que tu me quittes.
—Oui, moi aussi, je suis triste de te quitter!

1. être triste/aller si loin
2. vouloir/me téléphoner
3. être désolé(e)/arrêter tes études
4. vouloir/me rendre visite

5. être fier (fière)/être mon ami(e)
6. regretter/partir si vite
7. être content/avoir trouvé un travail

Impersonal expressions of necessity and opinion or conviction

il est bon	il est naturel	ce n'est pas la peine (*it's not worth the trouble*)
il est dommage	il est nécessaire	il faut
il est essentiel	il est préférable	il vaut mieux
il est étonnant	il est regrettable	
il est important	il est surprenant	
il est impossible		

Il est étonnant qu'il y **ait** tant d'analphabètes dans les pays occidentaux.
It is surprising that there are so many illiterates in occidental countries.

Note that the preceding impersonal expressions are followed by **que** and the subjunctive when the subordinate clause contains a subject. However, when these phrases have a general meaning and no specific subject, they are followed by the infinitive (**de** + infinitive for expressions with **être**).

Compare:

Ce n'est pas la peine que nous **cherchions** un appartement à Paris, c'est trop cher!
It's not worth the trouble for us to look for an apartment in Paris; it's too expensive!

Ce n'est pas la peine **de chercher** un appartement à Paris.
It's not worth the trouble to look for an apartment in Paris.

Il faut que nous **trouvions** un appartement immédiatement.
We need to find (it is necessary that we find) an apartment immediately.

Il faut **trouver** un appartement immédiatement.
It is necessary to find an apartment immediately.

Activité 9. Père et fils. Un père s'inquiète (*worries*) au sujet de son fils qui fréquente une bande. Avec un(e) camarade, formulez leur conversation.

EXEMPLE: il faut/terminer tes études (ne pas vouloir)
   —Il faut que tu termines tes études!
   —Mais je ne veux pas terminer mes études!

1. il est essentiel/ne plus fréquenter cette bande (vouloir)

2. il est dommage/ne plus faire de sport (ne pas vouloir)

3. il vaut mieux/ne plus sortir le soir (vouloir)

4. il est préférable/passer les vacances d'été à la campagne (ne pas vouloir)

5. il faut/changer tes habitudes (ne pas vouloir)

6. il est important/nous/déménager (ne pas vouloir)

Activité 10. Le stage. Un(e) jeune assistant(e) social(e) fait un stage dans un grand ensemble de banlieue. Avant de commencer, il/elle demande conseil au/à la sociologue qui dirige son stage. Avec un(e) camarade, formulez leur conversation selon le modèle.

EXEMPLE: on/me/agresser? il faut/vous/appeler la police tout de suite
   —Que faut-il que je fasse si on m'agresse?
   —Si on vous agresse, il faut que vous appeliez la police tout de suite!

1. on/me/demander de l'argent? je/vouloir/vous/écrire/le nom de la personne

2. on/me/offrir de la drogue? il est essentiel/vous/refuser

3. des délinquants/me/insulter? il est préférable/vous/ne pas répondre

4. les locataires/me/suggérer/des améliorations? il faut/vous/prendre des notes

5. des parents/se disputer/avec leurs enfants? il vaut mieux/vous/ne pas intervenir

6. je/entendre/des cris? je/suggérer/vous/appeler/les voisins

Doubt and uncertainty

il est douteux que…   il semble que…[4]
il est possible que…   il se peut que…

Il est possible que la maison **soit livrée** en retard.
It's possible that the house will be handed over late.

Il se peut qu'il **pleuve**.
It is possible that it will rain.

---

[4]Note that **il me semble que…** is followed by the indicative.

The following verbs and expressions are sometimes followed by the indicative, sometimes by the subjunctive, depending on whether or not doubt is implied.

1. **douter**

   > Je doute que nous **vendions** notre appartement. (subjunctive)
   > *I doubt that we will sell our apartment.*

   When **douter** is in the negative, however, it is followed by the indicative, as the doubt is removed.

   > Avec ce bruit, je ne doute pas que les voisins **sont** furieux.
   > *With this noise, I don't doubt that the neighbors are furious.*

2. The verbs **croire**, **espérer**, **penser**, **trouver**

   When used affirmatively, these verbs are followed by the indicative. When used in the negative or the interrogative, however, they are often used in the subjunctive, as they express doubt.

   Compare:

   > Je pense que cette maison **est** jolie, mais mon mari ne croit pas qu'elle soit confortable.
   > *I think that house is pretty, but my husband doesn't believe it is comfortable.*

   > Penses-tu que nous **réussissions à** trouver un terrain bon marché?
   > —Je pense que nous **allons** en trouver un.
   > *Do you think that we'll manage to find a cheap lot?*
   > —*I think we are going to find one.*

3. The expressions j**e suis sûr(e)/certain(e)/persuadé(e)/convaincu(e) que...** and the impersonal expressions **il est certain/clair/évident/probable/vrai que...**

   These phrases are followed by the indicative in affirmative statements. In negative and interrogative statements they are followed by the subjunctive because they express doubt.

   Compare:

   > Je suis sûr que cette maison leur plaira.
   > Je ne suis pas sûr que cette maison leur plaise.
   > Il est clair que nous allons trouver un appartement en banlieue.
   > Il n'est pas clair que nous trouvions un appartement en banlieue.

 Activité 11. Des doutes, encore des doutes! M. et Mme Raphaël viennent de signer un contrat avec la Maison Signal, et ils ont peur d'avoir fait une erreur. Avec un(e) camarade, formulez leurs doutes selon le modèle en conjuguant les verbes au subjonctif présent ou passé.

EXEMPLE: la maison/être/prête en décembre
  Mme Raphaël: As-tu l'impression que la maison va être prête en décembre?
  M. Raphaël: Je doute que la maison soit prête en décembre.
    ou: Il est possible que la maison soit prête en décembre.

1. le représentant de Signal/dire la vérité/hier
2. le terrain/avoir/de la valeur
3. nous/trouver/un quartier calme à présent
4. nous/pouvoir/faire des transformations à l'avenir

5. les prix/être/fixes
6. la maison/se revendre/facilement plus tard
7. la société Signal/garantir/les maisons à vie
8. les conditions de financement/être/les meilleures possibles

Activité 12. Les conditions de vie. Une assistante sociale fait une enquête dans une HLM pour proposer une amélioration des conditions de vie. Avec un(e) camarade, formulez le dialogue à l'aide des éléments suivants.

EXEMPLE: (penser) l'immeuble/être/propre?
—Pensez-vous que l'immeuble soit propre?
—Oui, je pense que l'immeuble est propre. OR:
—Non, je ne pense pas que l'immeuble soit propre.

1. (croire) il/y/avoir/assez de parkings?
2. (penser) votre loyer/être/trop cher?
3. (être probable) les bandes/faire/beaucoup de dégâts(*damage*)?
4. (être sûr) l'administration/ pouvoir/améliorer les conditions?
5. (trouver) la police/devoir/patrouiller plus souvent?

After certain conjunctions

1. The following conjunctions are always followed by the subjunctive.

   bien que (*although*)   **pourvu que** (*provided that*)
   quoique (*although*)   **jusqu'à ce que** (*until*)

   Bien que (quoique) le nouveau maire **fasse** des efforts, il y a toujours des problèmes ici.
   Although the new mayor tries hard, there are still problems here.

   Les voisins peuvent regarder la télé tard le soir pourvu que je **n'entende** rien.
   The neighbors can watch TV late at night, provided that I do not hear anything.

   Ils vont casser les boîtes aux lettres jusqu'à ce que nous **appelions** la police.
   They are going to break the mailboxes until we call the police.

2. Other conjunctions may be followed by the subjunctive or an infinitive. They are followed by **que** and the subjunctive when the two clauses have a different subject. If there is only one subject, **de** + infinitive is used (except with **sans** and **pour**, which take only the infinitive).

   afin que → **afin de** (*in order that; in order to*)
   avant que → **avant de** (*before*)
   à moins que → **à moins de** (*unless*)
   de crainte que → **de crainte de** (*for fear that; for fear of*)
   de peur que → **de peur de** (*for fear that; for fear of*)
   pour que → **pour** (*so that; in order to*)
   sans que → **sans** (*without*)

Compare:

   Ces ouvriers immigrés travaillent dur pour que (afin que) leurs enfants **aillent** à l'université.
   These immigrant workers work hard so that their children may go to college.

   Ils travaillent dur **pour donner** une bonne éducation à leurs enfants.
   They work hard in order to give a good education to their children.

M. Caricand doit acheter un terrain avant que Signal (ne) **construise** sa maison.[5]
Mr. Caricand must buy a lot before Signal builds his house.

M. Caricand doit acheter un terrain **avant de construire** sa maison.
Mr. Caricand must buy a lot before building his house.

 Activité 13. Transformez votre maison! Un grand magasin organise un atelier sur les transformations possibles d'une maison. Avec un(e) camarade, imaginez la conversation de deux femmes qui assistent à cet atelier.

EXEMPLE: mon mari (jardiner) pour que nous (avoir) des légumes
—Mon mari jardine pour que nous ayons des légumes
—Nous aussi, nous jardinons pour avoir des légumes.

1. je (organiser) une soirée pour que nous (rencontrer) les voisins
2. je (faire) de nouveaux rideaux afin que nous (transformer) notre salon
3. mon mari (construire) une clôture (*fence*) de peur que nous (trouver) un chien méchant dans le jardin
4. je (ne jamais quitter) la maison sans que nous (prévenir) les voisins
5. mon mari (consulter) toujours ce magasin avant que nous (faire) des transformations

Activité 14. Partageons un appartement! Sylvie propose à son amie Marie-France de partager un appartement avec elle. Marie-France émet des objections, mais Sylvie lui explique chaque fois que cela ne fait rien. Complétez leur dialogue avec la forme correcte du verbe entre parenthèses.

«Je suis très désordonnée, tu sais!
—Bien que tu _____ (1. être) désordonnée, je veux tout de même partager un appartement avec toi!
—Et le bruit?
—Quoique tu _____ (2. faire) beaucoup de bruit, cela ne me gêne pas.
—Je n'aime pas faire le ménage!
—Ça m'est égal, pourvu que tu _____ (3. s'occuper) de la cuisine!
—Je n'ai pas beaucoup d'économies!
—Ça ne fait rien! Avec ton salaire, tu as assez d'argent pour _____ (4. payer) la moitié du loyer.
—Je n'arrive pas à me décider!
—Allons, dépêche-toi avant qu'il ne _____ (5. être) trop tard.
—Quand est-ce que je dois te donner une réponse?
—Ce n'est pas urgent, je ne vais rien faire sans te _____ (6. contacter).
—Je ne peux pas emménager chez toi avant décembre!
— Tans pis! Je vais attendre jusqu'à ce que tu _____ (7. pouvoir) partager l'appartement avec moi!
—Que vais-je faire de tous mes meubles et des mes affaires?
— Nous allons prendre un appartement assez grand afin de _____ (8. avoir) assez de place!»

---

[5]This pleonastic **ne** is used with **avant que, à moins que, de crainte que,** and **de peur que** in formal contexts.

In clauses introduced by certain constructions

où que... (*wherever*)   quoi que... (*whatever*)
quel(le)(s) que... (*whatever*)   si + adjective + que (*however* + adjective)
qui que... (*whoever*)

> Où que vous **habitiez**, vous avez besoin d'une voiture.
> *Wherever you live, you need a car.*

> Qui que vous **soyez**, vous n'avez pas le droit de faire du bruit après 22 h.
> *Whoever you are, you do not have the right to make noise after 10 p.m.*

NOTE **quoi que** is used as a pronoun, whereas **quel que** is used as an adjective and agrees with the noun to which it refers.

> **Quoi qu**'ils fassent, les immigrés ont toujours tort.
> *Whatever they do, immigrants are always wrong.*

> **Quelle que** soit la ville où vous habitiez, il y a toujours des problèmes sociaux.
> *Whatever the city where you live, there are always social problems.*

In relative clauses

1. When a superlative is followed by a relative clause, the verb of the relative clause is usually in the subjunctive because it expresses an opinion. The same reasoning applies when the main clause contains **personne**, **rien**, or **seul(e)**.

   > Paris est la plus belle ville que je **connaisse**!
   > *Paris is the most beautiful city that I know!*

   > C'est la cité la plus agréable que j'**aie** jamais vue!
   > *It is the most pleasant suburban apartment complex that I have ever seen!*

   > C'est le seul endroit où je **puisse** habiter.
   > *It's the only place where I can live.*

2. The subjunctive is also used in relative clauses when they refer to an indefinite person, thing, or idea and therefore indicate a doubt. This is often the case when the main clause is in the negative or interrogative. However, when the person, thing, or idea is definite, the indicative is used, as there is no doubt.

Compare:

> Je cherche un appartement abordable qui soit situé au Quartier latin.
> *I am looking for an affordable apartment that is located in the Latin Quarter.*
> (I am not sure that there is any such apartment; therefore subjunctive is used because there is a doubt.)

> Je connais un appartement abordable qui est situé au Quartier latin.
> *I know an affordable apartment that is located in the Latin Quarter.*
> (I know that this apartment exists: it is a fact. Therefore indicative is used, as there is no doubt.)

Cette dame ne parle pas français. Y a-t-il quelqu'un qui **sache** parler arabe?
This lady does not speak French. Is there anyone who can speak Arabic?

Il y a quelqu'un qui **sait** parler arabe dans l'immeuble, c'est mon voisin.
There is someone who speaks Arabic in the building; he is my neighbor.

Activité 15. Les Maisons Signal à la télé! Les Maisons Signal font passer une publicité à la télévision. On interroge d'anciens clients qui vantent (*praise*) les méritent de la société. Complétez leurs phrases en conjuguant les verbes au subjonctif présent ou passé.

1. Maison Signal est le meilleur constructeur que je _____ (connaître)!

2. Leur formule de financement est la plus intéressante que je _____ (avoir vu)!

3. Leur service après vente offre les meilleurs avantages qu'on _____ (pouvoir) espérer!

4. Avec Signal, il n'y a rien qui _____ (être) impossible!

5. Le représentant de Signal est le seul qui me _____ (avoir promis) une garantie pour les délais!

6. Le devis de Maison Signal est le plus détaillé que je _____ (avoir reçu)!

7. Où que vous _____ (habiter), vous serez satisfait de la Maison Signal.

Activité 16. Informations. Un étudiant américain arrive à Paris où il va passer une année à l'école de l'Alliance française, mais il ne parle pas encore français. Traduisez les questions qu'il pose à la secrétaire du bureau d'accueil.

1. Do you know anyone here who can speak English?

2. I am looking for a one-bedroom apartment that may be located in the Latin Quarter; whatever the rent, it does not matter!

3. I need to find the English bookstore that is near Notre-Dame. Have you heard about (**entendre parler de**) it?

4. I want to go to the American Embassy; wherever it is, I can walk there.

5. Is there a bookstore that sells American newspapers on this street?

6. Finally, if you know someone who is interested in English classes, I would like to tutor (**donner des leçons**). Thank you!

Summary: subjunctive vs. infinitive or indicative

Subjunctive always mandatory

1. Conjunctions: **bien que, quoique, pourvu que, jusqu'à ce que**

2. Superlatives, **personne, rien, seul**

3. Indefinite words in relative clauses: **où que, qui que, quoi que**, etc.

4. Several impersonal expressions of doubt: **il semble que, il se peut que**, etc.

Subjunctive vs. infinitive

	SUBJUNCTIVE: 2 CLAUSES WITH DIFFERENT SUBJECTS AND USE OF *que*	INFINITIVE: 1 SUBJECT (INFINITIVE SOMETIMES PRECEDED BY *de*)
Will, desire: **désirer, préférer, souhaiter, vouloir**, etc.	Je préfère signer le contrat aujourd'hui. Il veut acheter cette maison.	Je préfère que nous signions le contrat aujourd'hui. Il veut que vous achetiez cette maison.
Emotions, feelings: **avoir peur, regretter, être content(e), être triste**, etc.	Je regrette qu'il soit en retard. Elle est contente que son mari puisse visiter la maison.	Je regrette d'être en retard. Elle est contente de pouvoir visiter la maison.
Impersonal expressions of necessity, opinion: **il est bon/essentiel/impossible; il faut**; etc.	Il faut que nous vendions ce terrain. Il est impossible que la maison soit livrée en mars.	Il faut vendre ce terrain. Il est impossible de livrer la maison en mars.
Conjunctions: **afin, avant, pour, sans**, etc.	Il a téléphoné à l'agence pour que nous prenions rendez-vous. J'ai vendu un appartement afin que ma fille puisse acheter un terrain.	Il a téléphoné à l'agence pour prendre rendez-vous. J'ai vendu un appartement afin de pouvoir acheter un terrain.

Subjunctive vs. indicative

	SUBJUNCTIVE: (DOUBT)	INDICATIVE: (NO DOUBT)
Verbs of opinion vs. doubt: **croire, espérer, penser, trouver**	(Negative or interrogative) Crois-tu que cette maison lui plaise? Il ne pense pas que cet appartement soit assez grand.	(Affirmative) Je crois que cette maison lui plaît. Il pense que cet appartement est assez grand.
Certain personal and impersonal expressions: **je suis sûr(e)/certain(e)/persuadé(e)**, etc.; **il est certain/clair/ évident/ probable**, etc.	(Negative or interrogative) Est-il certain que cet architecte soit compétent? Nous ne sommes pas sûrs que la toiture soit assez solide.	(Affirmative) Il est certain que cet architecte est compétent. Nous sommes sûrs que la toiture est assez solide.
Relative pronouns referring to indefinite items	(Existence uncertain) Je cherche un studio qui soit situé près de la Sorbonne.	(Existence certain) Je cherche un studio qui est situé près de la Sorbonne.
douter	(Affirmative or interrogative) Nous doutons que cet agent immobilier soit honnête.	(Negative) Nous ne doutons pas que cet agent immobilier est honnête.

Faisons le point

A. A l'Office du tourisme. Vous travaillez à l'Office du Tourisme sur les Champs-Elysées à Paris et vous répondez aux questions des touristes. Ecrivez vos réponses à l'aide des éléments proposés en employant le subjonctif.

EXEMPLE: N'y a-t-il pas d'hôtel bon marché près de la Tour Eiffel? (j'ai bien peur que…)
J'ai bien peur qu'il n'y ait pas d'hôtel bon marché près de la Tour Eiffel!

1. Peut-on trouver un restaurant chinois dans le quartier? (je ne pense pas que…)

   _____

2. La gare de Lyon possède-t-elle une librairie internationale? (il est possible que…)

   _____

3. N'y a-t-il pas de distributeur (*vending machine*) de boissons au Louvre? (je regrette que…)

   _____

4. Ne vend-on pas de cartes postales au Drugstore? (il est étonnant que…)

   _____

5. Y a-t-il un bureau de poste près d'ici? (il se peut que…)

   _____

6. Les employés d'hôtel savent-ils parler chinois? (je doute que…)

   _____

B. Suivez mes conseils! Un(e) représentant(e) de Maison Signal répond au téléphone et conseille des clients sur le type de maison à faire construire. Complétez ses phrases en conjuguant les verbes entre parenthèses au subjonctif, à l'indicatif ou à l'infinitif.

1. Allô! Oui, Mme Dumont!… Avec trois enfants, il vaut mieux _____ (commander) une maison de quatre chambres. Il est essentiel que les enfants _____ (avoir) de l'espace pour _____ (jouer)! Il est certain que ce _____ (être) plus cher mais il semble que ce _____ (être) plus pratique… Oui, je sais que ce _____ (être) un quartier bruyant, mais où que vous _____ (aller), il y aura toujours du bruit!

2. Allô! Bonjour, M. Dupuy!… Oui, j'ai réfléchi à votre cas et voici ce que je vous propose. Il est clair que vous _____ (ne pas avoir) beaucoup d'argent. Cependant, il est possible que je _____ (pouvoir) vous trouver un terrain en banlieue. Il faut que vous le _____ (voyer) avant de _____ (prendre) une décision… Enfin, quelle que _____ (être) votre décision, je serai à votre disposition! A demain, donc!

3. Allô!… Oui, bonjour Mme Mohammed…. Il est impossible de _____ (trouver) un terrain abordable à Sartrouville, mais il se peut qu'il y _____ (avoir) quelque chose à Marne-la-Vallée. Est-il essentiel que vous _____ (habiter) à Sartrouville?… Alors, il est nécessaire de _____ (visiter) l'endroit avant que vous _____ (choisir) le plan de la maison…. J'attends donc votre coup de téléphone! Au revoir!

C. Superissime. Complétez les phrases suivantes en employant le subjonctif.

1. Le meilleur film que je… _____

_____

2. La plus grande ville que je… _____

_____

3. Le livre le plus intéressant que je… _____

_____

4. La personne la plus passionnante que je… _____

_____

5. Les vacances les plus extraordinaires que je… _____

_____

6. Les gens les plus sympathiques que je… _____

_____

D. Une pétition. Votre comité de quartier prépare une pétition sur les problèmes des grands ensembles. Rédigez cette pétition en suivant le plan ci-dessous. Employez quelques phrases pour chaque rubrique.

1. Il est inadmissible que…

_____

2. Nous suggérons que…

_____

3. Il faut que…

_____

4. Nous proposons que…

_____

5. Nous voulons que…

_____

Exprimer des souhaits

Thème: Souhaits et conseils

Living conditions are just one of the aspects of modern life which can be a problem for less fortunate individuals. Other problems include unemployment (**le chômage**), racism (**le racisme**), war (**la guerre**), and immigration (**l'immigration**). What are some solutions and advice that you have for these problems? In your opinion, what changes could be made that would make the world a better place?

In this chapter, you have learned how to express things from a subjective point of view in French. For this composition assignment, you will use your experience with the subjunctive tense to express your wishes and advice for your country and the world in general.

A. Avant d'écrire. With a partner, consult your text and workbook on the subjunctive and housing conditions as a starting point for your discussion. Brainstorm together and record words and phrases in French that you can use in your essay on resolving world problems. First you will need to identify what you want to address and then propose solutions. For example, the problem of unemployment might be addressed as follows: **Il faut qu'il y ait moins de chômage. Je veux qu'on crée plus de postes.** Make a plan for your paper according to the following outline.

PROBLÈME   SOLUTION

_____   _____

_____   _____

_____   _____

_____   _____

_____   _____

_____   _____

_____   _____

B. Ecrivons! Using the present subjunctive tense, give your wishes and solutions regarding world conflicts in an essay of 200 words. A coherent composition will have an introduction of the topic, several examples, and a logical conclusion. Be sure and reread your paper making any necessary changes.

_____

_____

_____

_____

_____

_____

_____

_____

_____

_____

_____

_____

_____

_____

_____

_____

_____

_____

_____

_____

_____

_____

_____

 **Journal**

Now that you are familiar with ways of expressing in French what you want, what is necessary, and what is doubtful according to you, give your French professor some input on how to handle your French class. Choose from the list of expressions below or add your own from the workbook and give at least five pieces of advice to your professor. Be sure and use the subjunctive tense where appropriate. **Et soyez honnête mais diplomate, bien sûr!**

Je veux que...   Il est essentiel que...   Il est douteux que...

Je suis content(e) que..   Il faut que...   Je suggère que...

Je pense que...   Il est certain que...

Etablir des relations entre les éléments et montrer

Structures

- Les pronoms relatifs
- Adjectifs et pronoms démonstratifs
- Adjectifs et pronoms indéfinis

Faisons le point

Bloc-notes

Convaincre

Les pronoms relatifs

A relative pronoun is used to link a subordinate clause (the relative clause) to a noun or pronoun (the antecedent) in the main clause. In the relative clause, the relative pronoun may be used as the subject, direct object of the verb, or object of a preposition. English relative pronouns are *who, whom, whose, which, what, that.*

RELATIVE CLAUSE

L'homme **qui** joue au tennis est l'ami de ma sœur.
The man who is playing tennis is my sister's friend.
[**homme** is the antecedent; **qui** is the subject of the verb in the relative clause.]

RELATIVE CLAUSE

C'est le sport **que** je préfère.
This is the sport (that) I prefer.
[**sport** is the antecedent; **que** is the direct object of the verb in the relative clause.]

RELATIVE CLAUSE

Voici les cartes avec **lesquelles** nous avons joué hier.
Here are the cards that we played with yesterday.
[**cartes** is the antecedent; **lesquelles** is the object of the preposition in the relative clause.]

Forms

	SUBJECT	DIRECT OBJECT	OBJECT OF THE PREPOSITION *de*	OBJECT OF A PREPOSITION OTHER THAN *de*
Person	qui	que, qu'	dont	qui
Thing	qui	que, qu'	dont	lequel
				lesquels
				laquelle
				lesquelles
				où (*where* or *when*)

Use of relative pronouns

Subject: *qui*

Les gens reviennent moins fatigués qu'avant. Ils partent en vacances.
→ Les gens **qui** partent en vacances reviennent moins fatigués qu'avant.
The people who go on vacation come back less tired than before.

Le ballon est pour le match de foot de demain. Le ballon est dans la boîte.

→ Le ballon **qui** est dans la boîte est pour le match de foot de demain.

The ball that is in the box is for tomorrow's soccer game.

Note that the verb after **qui** always agrees with the antecedent: **C'est moi qui ai téléphoné.**

Direct object: *que, qu'*

C'est un copain. Je l'ai rencontré à Saint-Tropez.

→ C'est un copain **que** j'ai rencontré à Saint-Tropez.

He is a friend (whom) I met in Saint-Tropez.

Où sont les billets d'avion? Tu as acheté les billets.

→ Où sont les billets d'avion **que** tu as achetés?

Where are the plane tickets (that) you bought?

Note that the direct object relative pronoun (**que**) is always expressed in French, whereas it is sometimes omitted in English. Remember, too, that in compound tenses the past participle of the verb following **que** (**que tu as achetés**) agrees with the preceding direct object (the antecedent: here, **billets**).

Activité 1. Sondage d'opinion. On a fait une enquête sur l'attitude des gens vis-à-vis de certaines activités. Complétez les résultats de cette enquête avec **qui** ou **que.**

1. La musculation est un sport…

   _____ on ne pratique pas beaucoup

   _____ demande de la force

   _____ est assez récent en France

2. La collection des timbres est un passe-temps…

   _____ exige de la patience

   _____ les intellectuels aiment beaucoup

   _____ on peut commencer à un jeune âge

3. Le festival de Cannes est un événement…

   _____ attire beaucoup de touristes

   _____ les acteurs ne manquent pas

   _____ a une réputation mondiale

Activité 2. Un bon séjour. Vous parlez de votre séjour dans un village du Club Vacances Plus. Reliez les phrases entre elles par **qui** ou **que**.

EXEMPLE: Il y avait un moniteur de natation. Il préparait les Jeux Olympiques.
           Il y avait un moniteur de natation **qui** préparait les Jeux Olympiques.

1. Le Club Vacances Plus est une organisation. Elle existe depuis presque quarante ans.

2. Notre village de vacances organisait des buffets. Ces buffets nous permettaient de connaître les autres membres.

3. Voici mon appareil photo. J'ai failli l'oublier dans l'avion.

4. Regarde ces photos! J'ai pris ces photos pendant la dernière soirée.

5. Nous dormions dans des bungalows. Ils avaient l'air authentique.

6. J'ai revu des gens. J'avais rencontré ces gens à Paris.

Activité 3. La vie culturelle en France. Avec un(e) camarade, testez vos connaissances sur les loisirs et la vie culturelle en France à tour de rôle en employant **qui** ou **que**.

EXEMPLE: le carnaval de Nice? un événement
           —Qu'est-ce que c'est que le carnaval de Nice?
           —Le carnaval de Nice est un événement qui a lieu tous les ans en février.
           —Oui! Le Carnaval de Nice est un événement que beaucoup de touristes ne veulent
             pas manquer.

1. le journal télévisé? une émission

2. *Le Monde*? un journal quotidien

3. le festival d'Avignon? un événement

4. la Toussaint? une fête

5. les grandes vacances? une institution

6. la Comédie-Française? un théâtre

Possessive adjective or object of the preposition *de*: *dont*

1. To express possession: **dont** = *whose*

> Yves Montand est mort en 1992. Ses chansons sont célèbres.
> → Yves Montand, **dont** les chansons sont célèbres, est mort en 1992.
> *Yves Montand, whose songs are famous, died in 1992.*

> Les hôtels sont chers. Les chambres de ces hôtels donnent sur la mer.
> → Les hôtels **dont** les chambres donnent sur la mer sont chers.
> *Hotels whose rooms face the sea are expensive.*

> Les gens ont pris leur retraite. Nous avons acheté la maison de ces gens.
> → Les gens **dont** nous avons acheté la maison ont pris leur retraite.
> *The people whose house we bought have retired.*

Word order with **dont** always follows this sequence: antecedent, **dont**, subject of relative clause, verb of relative clause.[1]

> Les vacanciers **dont** j'ai réparé la voiture sont de Strasbourg.
> *The vacationers whose car I repaired are from Strasbourg.*

2. **With expressions with de.** **Dont** replaces a noun or pronoun introduced by **de**. Here are some common phrases with **de**:

avoir besoin de	se méfier de
avoir envie de	s'occuper de
avoir peur de	parler de
il s'agit de	rêver de
être content/heureux/surpris de	se servir de
s'inquiéter de	se souvenir de

> Est-ce que tu as vu le film? On a parlé de ce film dans le journal.
> → Est-ce que tu as vu le film **dont** on a parlé dans le journal?
> *Have you seen the movie they talked about (about which they talked) in the newspaper?*

> Voici le guide. J'aurai besoin de ce guide pour mes vacances.
> → Voici le guide **dont** j'aurai besoin pour mes vacances.
> *This is the guide that I will need for my vacation.*

> Les enfants ont sept ans. Je m'occupe de ces enfants à la colonie de vacances.
> → Les enfants **dont** je m'occupe à la colonie de vacances ont sept ans.
> *The children (whom) I take care of at the summer camp are seven years old.*

Activité 4. Un jeu télévisé. Vous participez à un jeu télévisé sur le cinéma et le présentateur (votre camarade) vous pose des questions. Devinez les réponses à partir de la liste ci-dessous.

EXEMPLE: C'est un film français. Le titre de ce film contient un prénom. (Jean de Florette)
            —C'est un film français dont le titre contient un prénom.
            —Le film dont vous parlez est Jean de Florette!

François Truffaut	Hollywood	Candice Bergen
Le Docteur Jivago	*Autant en emporte le vent*[2]	Gérard Depardieu

1. C'est une actrice américaine. Le mari de cette actrice était un réalisateur français.

2. C'est un film. L'action de ce film se passe en Russie.

3. C'est un acteur français. Les films de cet acteur sont connus aux Etats-Unis.

4. C'est un réalisateur français qui est décédé. On se souviendra toujours de lui.

5. C'est un roman célèbre. On a fait un film de ce roman.

6. C'est une ville américaine. Ses studios de cinéma sont célèbres.

---

[1]Note that English follows this same word order when **dont** is translated as *of whom* or *of which*: *The vacationers of whom I repaired the car are from Strasbourg.*
2Gone with the Wind

Activité 5. Une randonnée. Vous invitez votre copain/copine à participer à une sortie avec votre club de randonnée. Il/Elle vous pose des questions sur les membres du club qui sont présents. Avec un(e) camarade, jouez cette scène.

EXEMPLE: l'homme au pull noir? tu connais sa fille
—Qui est l'homme au pull noir?
—C'est l'homme dont tu connais la fille!

1. la dame âgée? je t'ai raconté son histoire l'autre jour

2. la jolie fille brune? sa mère est directrice du club

3. les petits enfants? je m'occupe de ces enfants le mercredi

4. le jeune couple? leur mariage a eu lieu le mois dernier

5. l'homme autoritaire? les enfants ont peur de lui

6. la femme sympathique? son mari est un ancien champion de ski

Object of a preposition other than *de*: *qui* (persons) or *lequel* (things)

After all prepositions other than **de**, the relative pronouns **qui** and forms of **lequel** are used. **Qui** and **lequel** are also used in prepositional phrases constructed with **de**, such as **près de** or **en face de**.

1. The antecedent is a person: preposition + **qui**

Brigitte est une amie. J'ai passé une semaine au Club Med avec elle.
→ Brigitte est l'amie **avec qui** j'ai passé une semaine au Club Med.
Brigitte is the friend with whom I spent a week at the Club Med.

Les gens ont un chalet dans les Alpes. Nous avons joué aux cartes chez ces gens.
→ Les gens **chez qui** nous avons joué aux cartes ont un chalet dans les Alpes.
The people at whose place we played cards have a cottage in the Alps.

The antecedent is a thing: preposition + *lequel*[3]

Lequel agrees with its antecedent; it has the same forms as the interrogative pronoun **lequel** (see **Chapitre 2**, p. 34). Remember that when **lequel** and **lesquel(le)s** are preceded by **à** or **de**, they contract with the preposition as follows.

À	DE
auquel	duquel
à laquelle	de laquelle
auxquels	desquels
auxquelles	desquelles

---

[3]Prepositions + forms of **lequel** are sometimes used to refer to persons, but mainly to avoid ambiguity. Preposition + **qui** is preferred.

L'été est une saison. Tous les Français rêvent de cette saison pendant l'année.

→ L'été est la saison **à laquelle** rêvent tous les Français pendant l'année.

Summer is the season of which all the French dream during the year.

C'est l'hôtel. En face de cet hôtel vous trouverez un bureau de poste.

→ C'est l'hôtel **en face duquel** vous trouverez un bureau de poste.

This is the hotel opposite which you will find a post office.

Note that in French, the preposition can never be placed at the end of the sentence or clause, as is common practice in English. It must always precede the relative pronoun.

L'été est la saison **à laquelle** je rêve.

Summer is the season (that) I dream of.

Summer is the season of which I dream.

Activité 6. Une soirée au théâtre. Vous allez au théâtre avec votre copain/copine. Vous avez déjà vu la pièce et il/elle (votre camarade) vous pose des questions sur les personnages en lisant le programme. Répondez-lui en employant des pronoms relatifs.

EXEMPLE: Jean Dreux? le premier acte a lieu chez lui.

—Quel est le rôle de Jean Dreux?

—Jean Dreux est le personnage chez qui le premier acte a lieu.

1. Madeleine Dreux? Jean Dreux vient de se marier avec elle.

2. Fabien Dupré? Madeleine va abandonner son mari pour Fabien.

3. Sylvie Legrand? Madeleine va parler de sa liaison à Sylvie.

4. Jean-François Marchand? Madeleine travaille pour lui.

5. Monique Dufour? Jean Dreux apprendra la vérité grâce à elle.

6. Patrick Rousseau? Jean et Fabien se disputeront devant lui.

Activité 7. Endroits célèbres à Cannes. Vous venez d'arriver à Cannes où vous allez passer vos vacances. Maintenant vous allez à l'Office du tourisme pour obtenir des renseignements sur la ville et les endroits intéressants qui figurent dans une brochure touristique. Avec un(e) camarade, faites la conversation en changeant de rôle.

EXEMPLE: le Noailles? le Palais des festivals (être situé) en face de ce bar

—Qu'est-ce que le Noailles?

—C'est un bar en face duquel est situé le Palais des festivals.

1. l'île Sainte-Marguerite? la prison du Masque de fer (se trouver) sur cette île

2. l'hôtel Carlton? tous les acteurs célèbres (aller) dans cet hôtel

3. la Croisette? les hôtels luxueux (se dresser) le long de ce boulevard

4. le marché Forville? le vieux port (se trouver) à côté de ce marché

5. le Suquet? la vieille ville (être construit) sur cette colline

6. les Galeries Lamartine? la gare des trains (se trouver) près de ce grand magasin

Where and when: *où*

When expressing place or time, **où** may be used instead of the construction preposition + **lequel**.

1. **Où** = *where*

    Voici la station **où** (**dans laquelle**) mes parents font du ski en hiver.
    Here is the resort where (in which) my parents go skiing in the winter.

    Retourne au bureau **où** (**dans lequel**) nous avons fait les réservations et change les billets!
    Go back to the office where we made the reservations and change the tickets!

2. **Où** = *when*. **Où** in this sense is used in phrases such as **le jour où**, **la fois où**, **le moment où**, etc.

    Le jour **où** nous sommes arrivés au Club Vacances Plus, il y a eu un grand banquet.
    The day (when) we arrived at the Club Vacances Plus, there was a big banquet.

    L'année **où** nous sommes allés en Bretagne, il a fait un temps abominable.
    The year (when) we went to Brittany, the weather was terrible.

3. **Où** may also be preceded by **de** or **par** to express location.

    Le village **d'où** il vient est une station de ski.
    The village he comes from is a ski resort.

    J'aime beaucoup la région **par où** nous sommes passés.
    I really like the region through which we passed.

Activité 8. Souvenirs d'Alsace. Vous regardez un guide touristique de l'Alsace avec votre camarade et vous lui parlez des endroits que vous avez visités l'été dernier avec vos parents. Reformulez les phrases suivantes en remplaçant les pronoms relatifs par **où**.

EXEMPLE: Voilà la rue dans laquelle était notre hôtel.
             Voilà la rue où était notre hôtel.

1. C'est l'autoroute sur laquelle nous avons eu une panne (*breakdown*).
2. Voilà la rivière dans laquelle nous avons pêché des truites.
3. C'est le parc auquel nous nous sommes arrêtés.
4. Voilà la colline sur laquelle se trouve un château médiéval.
5. Voilà le village dans lequel il y avait une fête folklorique.
6. C'est le fleuve sur lequel nous avons fait une promenade en bateau.

 Activité 9. L'album de photos. Vous montrez votre album de photos à votre camarade; il/elle vous pose des questions sur les photos qui l'intriguent.

EXEMPLE: devant cette statue? l'année / travailler / à Paris
             —Qu'est-ce que tu faisais devant cette statue?
             —Ça, c'est l'année où j'ai travaillé à Paris!

1. avec ces fleurs? la fois / offrir / des fleurs à ma mère pour sa fête
2. avec cette valise? le moment / partir / pour l'université
3. avec ces gens? le mois / faire / mon premier stage professionnel
4. devant ce camion? le jour / déménager / pour mon premier travail
5. sur ce bateau? l'été / passer / mes vacances à Saint-Tropez
6. avec ce costume? le jour / se marier

Indefinite relative pronouns

In some cases the antecedent does not refer to a specified person, idea, or thing. When the antecedent is indeterminate, the following neutral forms are used, **ce** replacing an abstract antecedent. The indefinite relative pronouns correspond to English *what*.

SUBJECT	DIRECT OBJECT	OBJECT OF THE PREPOSITION *de*	OBJECT OF A PREPOSITION OTHER THAN *de*
ce qui	**ce que, ce qu'**	**ce + dont**	(**ce**) + prep. + **quoi**

Je ne sais pas **ce qui** s'est passé, mais j'ai perdu mes réservations d'hôtel.
I don't know what happened, but I lost my hotel reservations.

Faites **ce que** vous voulez!
Do what you want!

C'est **ce dont** je t'ai parlé.
This is what I told you about/spoke of to you!

1. With **quoi**, **ce** is used at the beginning of the sentence or after **c'est** only.[4]

   Ce à quoi je pense est une semaine de vacances à Tahiti!
   What I am thinking about is a week of vacation in Tahiti!

2. Indefinite relative pronouns may be used after **tout.**

   Tout ce qu'il dit est vrai.
   Everything/all that he says is true.

   Tout ce qui brille n'est pas d'or.
   All that glitters is not gold.

 Activité 10. Associations d'idées. Choisissez deux expressions et dites à un(e) camarade ce qu'elles représentent pour vous. Changez ensuite de rôle.

1. Les vacances,   c'est ce qui…   3. Le sport,   c'est ce qui…
                c'est ce que…   c'est ce que…
                c'est ce dont…   c'est ce dont…
                c'est ce à quoi…   c'est ce à quoi…

2. Les loisirs,   c'est ce qui…   4. La musique,   c'est ce qui…
                c'est ce que…   c'est ce que…
                c'est ce dont…   c'est ce dont…
                c'est ce à quoi…   c'est ce à quoi…

---

[4]Otherwise **quoi**, used without **ce**, is not a relative pronoun, but rather an interrogative pronoun:
  Je ne sais jamais à **quoi** il pense
  I never know what he is thinking about.

Activité 11. Qu'est-ce qui ne va pas? Vous êtes déprimé(e) par tout et votre camarade essaie de deviner ce qui ne va pas pour vous aider. Il/Elle vous pose des questions; répondez-lui en employant un pronom relatif (précédé d'une préposition si nécessaire).

EXEMPLE: il / s'agir / de ton travail
              —Est-ce qu'il s'agit de ton travail?
              —Oui, c'est ce dont il s'agit.

1. tu / avoir peur / d' échouer à l'examen

2. tu / penser / à ton avenir

3. les problèmes financiers / te / inquiéter

4. tu / rêver / de tes vacances

5. les loisirs / te / intéresser

6. tu / vouloir / faire des projets d'avenir

Adjectifs et pronoms démonstratifs

Forms and use of demonstrative adjectives

Demonstrative adjectives are used to point out people or things.

	SINGULAR	PLURAL
MASCULINE	ce	
	cet + vowel or silent **h**	ces
FEMININE	cette	ces
	this, that	*these, those*

Demonstrative adjectives agree in gender and number with the nouns they modify. Note that the masculine singular has two forms, **ce** and **cet**.

> **Ce** restaurant et **cet** hôtel ne sont pas mentionnés dans le Guide Michelin.
> *This restaurant and this hotel are not mentioned in the Guide Michelin.*

> **Cet** été, mes parents passeront leurs vacances à Cannes.
> *This summer, my parents will spend their vacation in Cannes.*

> Donnez-moi **cette** carte postale et **ces** magazines.
> *Give me that postcard and those magazines.*

Ce, **cet**, or **cette** can mean either *this* or *that*; likewise, **ces** can mean *these* or *those*. In order to establish a distinction between two persons or two things, **-ci** (*this*) or **-là** (*that*) is added to the noun.

Voulez-vous faire la visite avec ce **guide-ci** ou ce **guide-là**?
Do you want to make the visit with this guide or that guide?

Préférez-vous ces **cartes-ci** ou ces **cartes-là**?
Do you prefer these maps or those maps?

 Activité 12. Au magasin de souvenirs. Vos vacances se terminent et vous allez dans un magasin pour acheter des souvenirs. Demandez à votre camarade de vous aider à choisir.

EXEMPLE: poupées folkloriques / la statue bretonne
—Regarde ces poupées folkloriques! Tu préfères cette poupée-ci ou cette poupée-là?
—Oh, moi, je préférerais cette statue bretonne!

1. guides touristiques / le Guide Michelin
2. colliers/ la bague
3. assiettes en céramique / le vase bleu
4. agendas illustrés / le calendrier
5. reproductions de peinture / l'aquarelle
6. éventails (*fans*) / l'ombrelle

Forms and use of demonstrative pronouns

	SINGULAR	PLURAL
MASCULINE	celui	ceux
FEMININE	celle	celles

Demonstrative pronouns replace a noun + demonstrative adjective; they agree in gender and number with the noun they replace. They are never used alone, but are followed by **-ci** or **-là** or by a noun or clause that specifies their meaning.

1. Followed by **-ci** or **-là**: *this/that one, these/those*

    ■ **-ci** and **-là** are used after the demonstrative pronoun to establish a distinction between two persons, things, or ideas.

    De ces deux hôtels, lequel est plus pittoresque, **celui-ci** ou **celui-là**?
    Of these two hotels, which one is more picturesque, this one or that one?

    Cette croisière-ci semble être plus intéressante que **celle-là**.
    This cruise seems to be more interesting than that one.

    ■ When referring to two persons or things previously mentioned, **celui-là** can mean the former, and **celui-ci**, the latter.

    Le week-end dernier, j'ai vu un ballet moderne et un feu d'artifice; **celui-là** m'a vraiment intéressé(e), mais **celui-ci** était trop bruyant.
    Last weekend, I saw a modern ballet and fireworks; the former really interested me, but the latter was too noisy.

2. Followed by **de** (+ article) + noun: *this/that of, these/those of.* This structure is used to indicate possession.

> Je vois mes skis là-bas mais je ne vois pas **ceux de** Bernard.
> *I see my skis over there, but I don't see Bernard's (those of Bernard).*

> Ma voiture ne marche pas et j'ai pris **celle de** mes parents.
> *My car is not working, and I took my parents' (that of my parents).*

3. Followed by a relative clause: *the one(s) who(m)/which, those who(m)/which*

> Tu vois cette plage? C'est **celle qui** est à côté de notre hôtel.
> *Do you see that beach? It's the one that is next to our hotel.*

> De tous les moniteurs, Pierre est **celui que** je préfère.
> *Out of all the instructors, Pierre is the one (whom) I prefer.*

 Activité 13. Je fais ma valise (*suitcase*). Vous faites votre valise avant de partir en vacances. Votre frère/sœur (votre camarade) vous aide à décider de ce que vous allez emporter.

EXEMPLE:　　un pantalon? blanc
　　　　　　　—Quel pantalon est-ce que je vais emporter, celui-ci ou celui-là?
　　　　　　　—Prends celui qui est blanc!

1. des tee-shirts? en coton

2. une veste? beige

3. un pull? bleu marine

4. un maillot de bain? noir

5. des chaussures? en cuir

6. une valise? verte

 Activité 14. Une enquête sur la plage. Vous êtes sur la plage et quelqu'un (votre partenaire) fait une enquête sur les préférences des vacanciers afin d'organiser des activités estivales (*for summer*). Répondez aux questions à partir de vos préférences personnelles.

EXEMPLE:　　films
　　　　　　　—Quels films préférez-vous?
　　　　　　　—Je préfère ceux de François Truffaut.

chansons	tableaux	plages
romans	pièces de théâtre	concerts

Indefinite demonstrative pronouns: *ce, ceci, cela, ça*

1. **Ce** is usually used as subject of **être**.[5]

   La planche à voile? **C'est** facile à faire!
   Windsurfing? It's easy to do!

   C'est le dernier film avec Gérard Depardieu, allons-le voir!
   It's the latest movie with Gérard Depardieu; let's go see it!

   Review the difference between **il/elle est** and **c'est** in **Chapitre 3**, p. 48.

   Note that **cela** or **ça** is used instead of **ce** when **être** is preceded by an object pronoun or **y**.

   Ça y est!
   Here we are!/That's it!

   Cela/ça m'est égal!
   I don't care!

2. **Ceci**, **cela**, and **ça** are used as subject or object of any other verb. Note that **ça** is the familiar form of **cela**.

   ■ **Ceci** (*this*) and **cela/ça** (*that*) may be used when pointing at something. When referring to one object or idea only, **cela** or **ça** is normally used.

   Regarde **cela/ça**!
   Look at this/that!

   Ceci is used in conjunction with **cela** to establish a distinction between two things.

   Tu préfères **ceci** ou **cela**?
   Do you prefer this or that?

   ■ **Ceci** may refer to something that follows, whereas **cela** may refer to something that was previously mentioned.

   Ecoute **ceci**: mes grands-parents vont enfin faire une croisière!
   Listen to this: my grandparents are finally going to go on a cruise!

   Mon frère envoie ses enfants en colonie de vacances; **cela/ça** m'étonne!
   My brother is sending his children to a summer camp; that surprises me!

---

[5]**Ce** is also used as the subject when **être** is preceded by a form of **devoir: Ce doit être facile à faire!**

Activité 15. Monitrice dans une colonie de vacances. Pendant les vacances d'été, une jeune étudiante travaille comme monitrice dans une colonie de vacances. Elle écrit à sa meilleure amie pour lui faire part de ses impressions. Complétez sa lettre avec **ce**, **ceci**, **cela** ou **ça**.

Chère Simone,

(1) _____ y est! Je suis enfin arrivée à la colonie! Nous sommes dans les montagnes et (2) _____ me plaît beaucoup! Mon travail est facile et (3) _____ me rassure! Je m'occupe d'un groupe d'enfants de 7 ans et (4) _____ va te surprendre: ils m'appellent «Maman!» (5) _____ me fait plaisir! La colonie est située dans le petit village de Saint-André-des-Alpes (6) _____ n'est donc pas loin de Digne. (7) _____ est un endroit assez isolé mais (8) _____ m'est égal! (9) _____ est la première fois que je suis dans cette région. Je t'écrirai une plus longue lettre la prochaine fois!

Bien affectueusement,

Adjectifs et pronoms indéfinis

Indefinite adjectives and pronouns indicate something or someone whose identity is unspecified. There are many indefinite adjectives and pronouns. You have already seen **aucun(e)**, **personne**, and **rien** in **Chapitre 2**, **tout** in **Chapitre 6**. Here are other common indefinite adjectives and pronouns.

ADJECTIVES	PRONOUNS
chaque + noun: *each* Chaque année, ce festival attire beaucoup de visiteurs. *Each year, this festival attracts many visitors.*	**chacun(e):** *each one* Chacun de mes amis m'a offert un cadeau pour Noël. *Each one of my friends offered me a present for Christmas.*
n'importe quel(le)(s) + noun: *any* Je n'achète pas n'importe quel magazine. *I don't buy just any magazine.*	**n'importe lequel / laquelle / lesquel(le)s:** *any (one)* Quel dictionnaire veux-tu? —N'importe lequel! *Which dictionary do you want? —Any (one)!*
plusieurs + noun: *several* On a déjà parlé de ce film dans plusieurs journaux. *They have already talked about this movie in several newspapers.*	**plusieurs:** *several* Parmi les peintres célèbres, plusieurs ont séjourné à l'étranger. *Among the famous painters, several have lived abroad.*
quelque(s) + noun: *some, a few* Il y a quelques tableaux de Renoir dans ce musée. *There are a few paintings by Renoir in this museum.*	**quelqu'un:** *someone, somebody* **quelques-un(e)s:** some, a few Les sculptures de Rodin? Quelques-unes seulement sont exposées ici! *Rodin's sculptures? Only a few are exhibited here!* **quelque chose:** *something* Donne-moi quelque chose à faire! *Give me something to do!*

NOTE: **n'importe** can be used in a number of other expressions:

> **n'importe comment** (*anyhow*)
> **n'importe où** (*anywhere*)
> **n'importe quand** (*anytime*) [≠ **à n'importe quelle heure** (*at any time*)]
> **n'importe qui** (*anyone*)
> **n'importe quoi** (*anything*)

Activité 16. Etes-vous sportifs? Vous parlez de sport avec vos camarades. Complétez les phrases suivantes en traduisant les mots entre parenthèses en français.

BRIGITTE: _____ (*each one*) de mes amis fait partie d'un club de sport, mais ce n'est pas mon fort. Par exemple, j'ai essayé _____ (*several*) fois de jouer au tennis, mais je suis nulle!

PHILIPPE: J'ai un ami qui a _____ (*everything*) essayé. Il n'a peur de _____ (*nothing*)! Moi, je ne veux pas pratiquer _____ (*any*) sport; il faut que cela demande une certaine concentration pour m'intéresser.

ANNE-MARIE: Moi, j'ai bien _____ (*a few*) amis, mais je suis toujours seule le week-end! Alors, vous pouvez me téléphoner _____ (*anytime*), je viendrai, surtout si c'est pour faire de la voile!

CÉDRIC: Moi, je voudrais bien apprendre à jouer au golf, mais l'équipement est cher. Parmi mes amis, il y en a bien _____ (*a few*) qui sont membres d'un club, mais ils ne m'invitent jamais à les accompagner!

SYLVIE: Eh bien, Cédric, je travaille dans un club de golf le samedi et je peux faire entrer _____ (*anyone*) après 19 h 00. Tu n'as qu'à me prévenir à l'avance!

Faisons le point

Pronoms relatifs

A. La pétanque. Votre camarade ne sait pas jouer à la pétanque et vous lui expliquez la règle du jeu. Reformulez l'explication suivante en liant les éléments avec un pronom relatif.

1. C'est un jeu; il est facile à jouer. _____

_____

2. Les accessoires sont des boules (*heavy metal balls*) et un cochonnet (*small wooden ball*); on a besoin de ces accessoires. _____

_____

3. On lance d'abord le cochonnet; le cochonnet sert de repère (*guiding mark*). _____

_____

4. Chacun lance ensuite ses boules vers le cochonnet; il s'agit de toucher le cochonnet. _____

_____

5. A la fin, on mesure la distance; cette distance sépare les boules du cochonnet. _____

_____

6. Un joueur a ses boules le plus près du cochonnet; ce joueur gagne. _____

_____

B. La maison de vacances. Vous voulez louer un logement pour vos vacances d'été. L'agent immobilier vous montre d'abord des photos de maisons possibles; il/elle vous donne ensuite le descriptif de ces logements et vous précisez chaque fois de quel logement il s'agit.

EXEMPLE 1:   Il y a une forêt près de ce chalet.
             C'est le chalet près duquel il y a une forêt.

EXEMPLE 2:   Cet appartement a un jardin.
             C'est l'appartement qui a un jardin.

1. Ce mas provençal est situé non loin de cette ville. _____

_____

2. Cette petite maison a une grande terrasse. _____

_____

3. Il y a une épicerie au-dessous de cet appartement. _____

_____

4. Le propriétaire de cette maison habite en Suisse. _____

_____

5. Le maire du village voudrait vendre ce pavillon. _____

_____

6. Le toit de cette villa est en tuiles rouges. _____

_____

7. Il y a une plage en face de ce mas. _____

_____

8. La propriétaire a ajouté un atelier à ce pavillon. _____

_____

Adjectifs et pronoms démonstratifs

C. A la boutique du Louvre. Avec votre camarade, vous vous arrêtez à la boutique du Louvre pour acheter des souvenirs. Complétez la conversation suivante avec les adjectifs démonstratifs qui conviennent.

«Que penses-tu de (1) _____ agenda avec la photo du Louvre?

—Pas mal, mais je préfère (2) _____ calendrier avec des reproductions de tableaux.

—Oh, regarde (3) _____ sculpture de Rodin et (4) _____ aquarelles!

—Je crois que je préfère (5) _____ dessin de Picasso. Alors, tu as fait ton choix?

—Oui, je prends (6) _____ image d'Epinal, (7) _____ reproductions égyptiennes et (8) _____ livre sur l'art impressionniste. Et toi?

—Eh bien, moi, j'ai choisi (9) _____ jeu de cartes illustré, (10) _____ timbres de la Première Guerre mondiale et (11) _____ album de photos».

D. A l'agence de voyages. Françoise Chaillot va dans une agence de voyages pour obtenir des renseignements sur un club de vacances. Complétez sa conversation avec l'employé(e); remplacez les tirets par la forme correcte du pronom démonstratif avec **-ci/-là**, un pronom relatif ou **de**.

«Le club de Chamonix est (1) _____ est ouvert en hiver seulement, mais (2) _____ Grenoble est ouvert toute l'année.

—Je vois qu'il y en a d'autres sur la Méditerranée. Parmi (3) _____ la Côte d'Azur, lequel offre le plus d'activités?

—(4) _____ se trouve près de Saint-Tropez est spécialisé dans la plongée sous-marine mais si vous aimez les randonnées, je vous conseille (5) _____ Hyères.

—Parmi toutes les activités, (6) _____ je voudrais vraiment pratiquer est le ski nautique. A quel club faut-il que j'aille pour cela?

—(7) _____ vous vous amuserez le plus est le club de Port-Grimaud.

—Quel formulaire est-ce que je dois remplir, (8) _____ ou (9) _____?

—Remplissez uniquement (10) _____ correspond au club de votre choix.

Adjectifs et pronoms indéfinis

E. Une publicité. Traduisez le texte suivant extrait d'une brochure publicitaire sur un club de vacances.

Our club offers several activities for children, and there is always a counselor (**moniteur, -trice**) at any time of the day. Each child can play games. All our meals are prepared by someone from the club, but not just anyone! We have several excellent chefs. You can stay a few days or a month. Each one of our guests (**hôtes**) may decide on the dates.

_____

_____

_____

_____

_____

_____

_____

Convaincre

Thème: Le pour et le contre

For your last essay, you will explore the skills and strategies involved in taking a position on an issue and defending it. This mode of written discourse is also known as argumentation. Argumentation does not involve describing something to an audience nor does it entail recounting a sequence of events. Rather, you must decide whether you are for (**pour**) or against (**contre**) an issue and develop an argument that is logical and based upon fact.

Critical to the success of any argument is a thorough evaluation of the topic. In the first part of this writing assignment, you will need to sketch out your position on the topic below. Perhaps you will want to begin by making a list of the pros and cons as you perceive them. Then, once you take a position, you can gather more specific examples and evidence.

In this chapter, you have explored cultural and leisure activities. Watching television is a popular pastime for all ages. Many people feel, however, that television has had a harmful influence on young people, especially children. What is your opinion on this issue? For the following pre-writing activity, you will need your textbook and a pencil.

A. Avant d'écrire. Review the passages and vocabulary on television in the text. Using the framework below to help you, write down several ideas in French for or against this statement:
La télévision a une mauvaise influence sur les enfants.

POUR	CONTRE
_____	_____
_____	_____
_____	_____
_____	_____
_____	_____
_____	_____
_____	_____
_____	_____

B. Ecrivons! Referring to your notes in the pre-writing activity, write an essay in which you argue for or against the above topic. In your introduction, you will present the topic and state your position. Then back up your stance with at least four facts. You may want to broaden your essay by anticipating possible opposition to your argument. Finally, draw a logical conclusion from the information presented in your work.

_____

_____

_____

_____

_____

_____

_____

_____

_____

_____

_____

_____

_____

_____

_____

_____

_____

_____

_____

_____

_____

 **Journal**

For your final journal entry, you are free to choose your own topic and address your entry to anyone you wish - yourself, a friend, a family member, your professor. In five to ten sentences, write in French something that interests you personally. In case you are short of ideas, consult the following suggestions: interesting events of this past week, a memorable aspect of this course, your most embarrassing moment, ...

Compréhension auditive

CHAPITRE 1
Langue Française et Francophonie

Ecoute 1: Le français d'abord. Le Ministre de la culture a fait une annonce au sujet de la langue française. Ecoutez son discours et complétez-en la transcription ci-dessous avec les mots qui manquent. Vous pouvez l'écouter plusieurs fois si nécessaire.

(1) «Françaises, _____ !

(2) Notre _____ est si belle! (3) _____ la mutiler?

(4) C'est une langue _____ que l'on parle sur tous les

_____,

de l' _____ à l' _____, de l' _____ à l'Asie,

jusqu'à l'Océanie! (5) C'est la langue de l'avenir, la langue de la _____, mais aussi

la langue de la _____ et de la recherche _____.

(6) Nous _____ que notre langue se développe mais nous n'avons pas

_____ d'employer des _____ étrangers pour cela! (7)

Notre langue est _____ et je vous _____ donc à parler

français! Le français _____, le français _____ !»

Ecoute 2: A la bibliothèque universitaire. Philippe est à la bibliothèque universitaire, et tout d'un coup il voit son ami Pierre. Ecoutez leur conversation. Ecoutez une première fois et essayez d'en comprendre l'essentiel. Ecoutez une deuxième fois et répondez aux questions suivantes. Ecoutez une troisième fois et vérifiez vos réponses.

1. Comment s'appellent les deux personnages? _____

2. Qui Pierre attend-il? Depuis combien de temps? _____

_____

3. Pourquoi Philippe est-il embarrassé de parler de Françoise? _____

_____

4. D'après vous, pourquoi Pierre est-il déçu (*disappointed*)? _____

_____

5. Qu'est-ce que Philippe lui propose de faire? _____

_____

6. Est-ce qu'il accepte? Pourquoi, d'après vous? _____

_____

7. Où les amis vont-ils se rencontrer? A quelle heure? _____

_____

Dictée. Ecoutez la dictée sur la cassette. La première lecture est à vitesse normale: écoutez-la pour en comprendre l'idée générale. Ecrivez ensuite le texte de la dictée en écoutant la deuxième lecture qui est plus lente. Ecoutez encore une fois en vérifiant ce que vous avez écrit.

_____

_____

_____

_____

_____

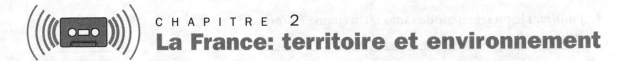

CHAPITRE 2
La France: territoire et environnement

Ecoute 1: Le bulletin météo. Vous allez entendre un bulletin météorologique. Ecoutez-le, puis complétez les activités. Vous pouvez l'écouter plusieurs fois si nécessaire.

1. Pour chacune des régions suivantes, indiquez le temps qu'il va faire.

   B = beau temps   N = nuageux   P = pluie

   Région parisienne: _____   Centre: _____

   Alsace: _____   Alpes: _____

   Côte d'Azur: _____   Normandie: _____

   Corse: _____   Nord: _____

   Bretagne: _____

2. Indiquez la température annoncée pour chacune des villes suivantes:

   Le Havre: _____   Strasbourg: _____

   Lille: _____   Marseille: _____

   Paris: _____   Nice: _____

   Lyon: _____   Corse: _____

   Brest: _____   Bordeaux: _____

3. Où faut-il faire particulièrement attention? Pourquoi?

   _____

   _____

Ecoute 2: Le festival folklorique. Un journaliste parisien est allé à Vichy pour assister au festival de danses folkloriques annuel. Vous allez entendre son interview avec une jeune femme qui y prend part. Ecoutez leur conversation. Ecoutez une première fois et essayez d'en comprendre l'essentiel. Ecoutez une deuxième fois et répondez aux questions suivantes. Ecoutez une troisième fois et vérifiez vos réponses.

1. Indiquez les renseignements suivants sur le reportage radiophonique.

   a. Evénement dont il est question: _____

   b. Lieu de cette manifestation: _____

2. Pourquoi le présentateur de radio est-il étonné (*surprised*)?

_____

_____

3. Donnez des informations sur la personne interviewée.

   a. Son âge: _____

   b. La ville où elle habite: _____

   c. La raison pour laquelle elle s'intéresse au festival: _____

   _____

4. Quelles activités sont offertes par son club provençal?

   a. _____

   b. _____

   c. _____

5. Pourquoi aime-t-elle le folklore?

_____

_____

Dictée. Ecoutez la dictée du **Chapitre 2**. La première lecture est à vitesse normale: écoutez-la pour en comprendre l'idée générale. Ecrivez ensuite le texte de la dictée en écoutant la deuxième lecture qui est plus lente. Ecoutez encore une fois en vérifiant ce que vous avez écrit. Vous pouvez également répéter le texte en écoutant la version lente.

_____

_____

_____

_____

CHAPITRE 3
Les Français

Ecoute 1: Le répondeur automatique. Vous téléphonez à l'Office du tourisme de Toulouse. Ecoutez le message du répondeur automatique et répondez aux questions suivantes. Vous pouvez l'écouter plusieurs fois si nécessaire.

1. Pourquoi l'Office du tourisme est-il fermé aujourd'hui?

   _____

2. Indiquez les heures d'ouverture

   a. du lundi au vendredi: _____

   b. le samedi: _____

3. Quel autre numéro peut-on appeler pour joindre l'Office du tourisme?

   _____

4. Que peut-on faire en cas d'urgence?

   _____

Ecoute 2: Un recenseur de l'I.N.S.E.E. Un recenseur de l'I.N.S.E.E. interroge une personne pour remplir le bulletin du recensement. Ecoutez leur conversation. Ecoutez une première fois et essayez d'en comprendre l'essentiel. Ecoutez une deuxième fois et répondez aux questions suivantes. Ecoutez une troisième fois et vérifiez vos réponses.

1. Complétez la fiche d'identité de Mme Lenoir:

   NOM: Lenoir   PRÉNOM: _____

   DATE DE NAISSANCE: _____   LIEU DE NAISSANCE: _____

   SITUATION DE FAMILLE*: célibataire   marié(e)   divorcé(e)   veuf (veuve)

   NOMBRE D'ENFANTS À CHARGE: _____   AGE: _____

   ADRESSE:

   _____

   TÉL: _____

   EMPLOI ACTUEL: _____   EMPLOI ANTÉRIEUR: _____

   _____
   * Barrer les mentions inutiles

2. Quelles sont les deux sources de revenu de Mme Lenoir?

_____

3. En quel mois cette interview se passe-t-elle?

_____

Dictée. Ecoutez la dictée sur votre cassette. La première lecture est à vitesse normale: écoutez-la pour en comprendre l'idée générale. Ecrivez ensuite le texte de la dictée en écoutant la deuxième lecture qui est plus lente. Ecoutez encore une fois en vérifiant ce que vous avez écrit. Vous pouvez également répéter le texte en écoutant la version lente.

_____

_____

_____

_____

_____

_____

_____

_____

_____

CHAPITRE 4
Le couple et la famille

Ecoute 1: La famille en France. Vous allez entendre une annonce radiophonique au sujet de la famille en France. Ecoutez-la attentivement, puis complétez les activités suivantes. Vous pouvez l'écouter plusieurs fois si nécessaire.

1. Vrai/faux: Indiquez si chaque phrase est vraie (V) ou fausse (F).

   a. ____ Le mariage en France est en augmentation.

   b. ____ Le divorce s'est stabilisé.

   c. ____ La pratique de l'union libre diminue peu à peu.

2. Complétez les phrases suivantes.

   a. Année où il y a eu le moins de mariages depuis 1960: _____

   b. Pourcentage des couples qui ne sont pas mariés: _____

   c. Proportion des enfants nés de parents non mariés: _____

3. Pourquoi dit-on qu'il ne faut pas s'alarmer?

   _____

   _____

Ecoute 2: La famille en France et aux Etats-Unis. Un reporter interroge une jeune fille française qui a passé un mois aux Etats-Unis. Ecoutez attentivement cette interview, puis complétez les activités suivantes.

1. Donnez les renseignements suivants.

   Nom de la jeune fille: _____

   Durée de son séjour aux Etats-Unis: _____

   Ville où elle a résidé: _____

   Nombre de personnes dans la famille américaine: _____

   Age des enfants: _____

2. Citez deux problèmes rencontrés par la jeune fille pendant son séjour.

   a. _____

   b. _____

3. Quelles sont les activités mentionnées pour le week-end?

   a. _____

   b. _____

   c. _____

4. Citez deux différences entre les familles françaises et américaines, selon la jeune fille.

   a. _____

   b. _____

Dictée. Ecoutez attentivement la dictée de votre cassette, puis écrivez ce que vous entendez.

_____

_____

_____

_____

_____

CHAPITRE 5
Masculin-féminin

Ecoute 1: Association Défense des femmes. Vous allez entendre une annonce radiophonique au sujet de l'Association Défense des femmes. Ecoutez-la attentivement, puis répondez aux questions suivantes. Vous pouvez l'écouter plusieurs fois si nécessaire.

1. Indiquez les renseignements demandés ci-dessous.

    a. Date de création de l'Association Défense des Femmes: _____

    b. Professions des femmes qui ont créé cette association: _____

    _____

    c. Domaines de spécialisation de l'association: _____

    d. N° de téléphone de l'association: _____

2. Quelles sont les deux avantages qu'offre l'association?

    a. _____

    b. _____

Ecoute 2: Florence Legannec: la réussite malgré tout! Vous allez entendre une interview avec une journaliste, Florence Legannec. Ecoutez attentivement, puis répondez aux questions suivantes.

1. Pourquoi Florence Legannec est-elle interviewée? _____

    _____

2. Indiquez les renseignements demandés sur Florence Legannec:

    a. Age: _____

    b. Profession: _____

    c. Situation de famille: _____

    d. Région où elle est née: _____

    e. Origines sociales: _____

    f. Etudes: _____

3. Expliquez brièvement les obstacles qu'elle a rencontrés.

    a. Dans sa vie sentimentale: _____

    b. Dans sa vie professionnelle: _____

4. Quels conseils donne-t-elle aux futures femmes journalistes? _____

    _____

NOM: _____
DATE: _____

Dictée. Ecoutez la dictée de votre cassette et écrivez ce que vous entendez.

_____

_____

_____

_____

_____

CHAPITRE 6
Le système éducatif

Ecoute 1: L'Ecole parisienne de commerce (EPC). Vous allez entendre une annonce publicitaire au sujet de l'Ecole parisienne de commerce. Ecoutez-la attentivement, puis complétez les phrases suivantes. Vous pouvez l'écouter plusieurs fois si nécessaire.

1. Type d'études offertes par l'Ecole parisienne de commerce: études _____

2. Durée des programmes: _____ ans ou _____ ans

3. Spécialisations mentionnées: _____ des entreprises, _____, _____ international et _____

4. Pays où sont offerts des programmes: Grande-Bretagne, _____, _____ et _____

5. Date limite des demandes d'inscription: le _____

6. N° de téléphone de l'EPC: _____

Ecoute 2: Une étudiante étrangère à Nice. Vous allez entendre une interview avec une étudiante américaine qui passe une année à l'Université de Nice. Ecoutez attentivement, puis complétez les activités suivantes.

1. Profil de l'étudiante

   a. Nom: _____

   b. Nationalité: _____

   c. Etudes suivies: _____

2. Pourquoi a-t-elle choisi Nice? _____
_____
_____

3. Différences entre la France et les Etats-Unis dans les domaines suivants:

   a. Réussite aux examens: _____

   b. Rapports avec les profs: _____

   c. Coût des études: _____

   d. Repas au resto-U: _____

   e. Logement pour étudiants: _____

4. Quelle est la conclusion de cette étudiante sur la vie des étudiants en France en général?

_____

_____

_____

_____

Dictée. Ecoutez attentivement la dictée, puis écrivez ce que vous entendez.

_____

_____

_____

_____

_____

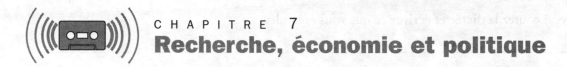

CHAPITRE 7
Recherche, économie et politique

Ecoute 1: L'Agence nationale pour l'emploi (ANPE). Vous allez entendre un message téléphonique enregistré. Ecoutez ce message attentivement et complétez ensuite les activités ci-dessous. Vous pouvez l'écouter plusieurs fois si nécessaire.

1. Jours et heures d'ouverture de l'ANPE: _____

2. Indiquez les informations qu'on peut obtenir en composant les numéros suivants:

   a. Le 1: _____

   b. Le 2: _____

   c. Le 3: _____

3. Que faut-il faire pour recevoir un dossier de demande d'emploi? _____

   _____

4. Vous désirez recevoir un dossier de demande d'emploi; écrivez le texte de votre message:

   _____

Ecoute 2: Charles Roussin, candidat socialiste aux élections présidentielles. Vous allez entendre une interview entre une journaliste et le candidat socialiste aux élections présidentielles. Ecoutez attentivement, puis complétez les activités suivantes.

1. Quel est l'argument principal de Charles Roussin pour montrer que les Français doivent voter

   pour lui? _____

2. Indiquez la catégorie sociale défendue par chacun des groupes politiques suivants, selon

   Charles Roussin.

   a. les communistes: _____

   b. la droite: _____

3. Indiquez ce que Charles Roussin propose dans chacun des domaines suivants:

   a. le chômage: _____

   b. l'éducation: _____

   c. la culture: _____

   d. le logement: _____

   e. l'environnement: _____

Dictée. Ecoutez la dictée et écrivez ce que vous entendez.

_____

_____

_____

_____

_____

CHAPITRE 8
La gastronomie

Ecoute 1: Restaurant Le Viking. Vous téléphonez au restaurant Le Viking à Etretat pour y faire des réservations, mais il est fermé. Ecoutez le message du répondeur automatique et complétez les activités suivantes.

1. Indiquez les trois éléments offerts à la carte des menus.

    a. Une grande variété de _____

    b. La célèbre _____ à la crème

    c. Les meilleurs _____ de la région

2. Pour quelle raison ce restaurant a-t-il été classé dans le Guide Michelin?

    _____

3. Qu'est-ce qui est proposé aux personnes qui font le régime?

    _____

4. Les deux avantages pratiques offerts aux clients de ce restaurant:

    a. _____

    b. _____

5. Heures d'ouverture du restaurant: _____

Ecoute 2: Interview d'un restaurateur. Vous allez entendre une interview de M. Lespinasse, restaurateur à Saint-Raphaël. Ecoutez-la attentivement, puis complétez les activités suivantes.

1. De quelle façon M. Lespinasse est-il devenu propriétaire de ce restaurant?

    _____

2. Quelle est la base de l'économie à Saint-Raphaël?

    _____

3. Quels sont les deux changements qui se sont manifestés dans les habitudes des touristes?

    a. _____

    b. _____

4. Quelles sont les deux mesures prises par M. Lespinasse pour faire face à ces changements?

   a. _____

   b. _____

5. Citez les trois éléments qui composent le menu choisi par le plus grand nombre de touristes.

   a. _____

   b. _____

   c. _____

6. M. Lespinasse se plaint-il de sa situation? Expliquez.

   _____

Dictée. Ecoutez la dictée sur votre cassette et écrivez ce que vous entendez.

_____

_____

_____

_____

_____

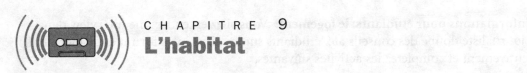

C H A P I T R E 9
L'habitat

Ecoute 1: Appartements à vendre. Vous allez entendre une annonce publicitaire sur des appartements à vendre dans un immeuble neuf. Ecoutez-la attentivement, puis complétez les activités suivantes.

1. Renseignements concernant l'immeuble

   a. Nom de l'immeuble: _____

   b. Boulevard: _____

   c. Nombre d'étages: _____

2. Complétez la phrase suivante avec les mots correspondants.

   Chaque appartement est livré avec un _____, un _____ et une

   _____.

3. Indiquez la superficie et le prix correspondant aux appartements suivants:

APPARTEMENT	SUPERFICIE EN M^2	PRIX
studio		
deux-pièces		
trois-pièces		
quatre-pièces		

4. Que faut-il faire pour obtenir de plus amples renseignements sur les appartements à vendre?

   _____

Ecoute 2: Informations pour étudiants: le logement. Vous allez entendre une interview dans laquelle un journaliste donne des conseils aux étudiants sur les différentes formules de logement. Ecoutez attentivement et complétez les activités suivantes.

1. Quelle est la profession de Jean-François Lebrun?

   _____

2. Quel est le pourcentage des étudiants qui n'habitent pas chez leurs parents?

   _____

3. Indiquez ci-dessous les formules de logement mentionnées en précisant pour chacune un avantage et un inconvénient:

   FORMULE DE LOGEMENT   AVANTAGE   INCONVÉNIENT

   _____

   _____

   _____

   _____

   _____

4. Quels sont les deux critères considérés par Jean-François Lebrun quand il recommande des formules de logement?

   a. _____

   b. _____

5. Indiquez les deux formules qu'il recommande et les arguments qu'il avance pour chacune.

   a. _____

   b. _____

Dictée. Ecoutez la dictée de votre cassette et écrivez ce que vous entendez.

   _____

   _____

   _____

   _____

C H A P I T R E 1 0
Loisirs et culture

Ecoute 1: Au programme ce soir. Vous allez entendre une annonce sur le programme télévisé de la soirée. Ecoutez-la attentivement, puis complétez le tableau suivant.

HEURE	EMISSION
_____	Bonne nuit les _____
20 h 00	_____
	Reportage spécial sur _____
20 h 40	La _____
_____	Les Dossiers de l' _____
	Thème: _____
22 h 10	Titre du film: Un _____
	Date de production du film: _____
_____	Journal télévisé
0 h 45	Fin des émissions

Ecoute 2: A l'agence de voyages. Vous allez entendre une conversation téléphonique. Ecoutez-la, puis complétez les rubriques suivantes.

1. Renseignements demandés

   a. Où la dame veut-elle aller? _____

   b. Pour combien de temps? _____

2. Formule proposée par l'agent de voyages

   a. Durée du séjour: _____

   b. Ville du séjour: _____

   c. Les deux repas compris dans la formule: _____

   d. Les deux types d'excursions: _____

   e. Ville de départ et d'arrivée: _____

   f. Moyen de transport: _____

   g. Prix par personne: _____

3. Renseignements concernant la ville du séjour

   a. Population: _____

   b. Choses à voir

     • dans cette ville: _____

     • dans les petites villes de la région: _____

   c. L'Atlas fait référence à des _____

4. Nom et adresse de la cliente: _____

_____

_____

5. Pourquoi la cliente désire-t-elle recevoir une brochure?

_____

6. Quand est-ce que l'agent lui conseille de faire ses réservations? Pourquoi?

_____

_____

_____

Dictée. Ecoutez la dictée de votre cassette et écrivez ce que vous entendez.

_____

_____

_____

_____

_____

Appendices

Appendice A

La voix passive

French verbs may be in the active or passive voice. A verb is in the active voice if the subject is acting, and in the passive voice if the subject is acted upon.

A. Formation of the passive voice

The passive voice is formed by conjugating **être** in the tense corresponding to that of the active voice, and by adding the past participle of the verb. The past participle agrees in gender and number with the subject.

ACTIVE VOICE

Bernard mange une pomme.
Bernard eats an apple.

PASSIVE VOICE

La pomme est mangée par Bernard.
The apple is eaten by Bernard.

Note that "**Bernard**" who is really performing the action is called the agent here and is introduced by "**par.**"

Présent
Le maître gronde les enfants → Les enfants sont grondés par le maître.

Imparfait
Le facteur apportait le courrier → Le courrier était apporté par le facteur.

Passé composé
Brigitte a ouvert la porte → La porte a été ouverte par Brigitte.

Plus-que-parfait
Mes parents avaient décoré l'arbre de Noël → L'arbre de Noël avait été décoré par mes parents.

Futur
Ma sœur achètera le journal → Le journal sera acheté par ma sœur.

Conditionnel
Ma mère préparerait mes bagages → Mes babages seraient préparés par ma mère.

Subjonctif présent
Que le journaliste annonce cette nouvelle! → Que cette nouvelle soit annoncée par le journaliste!

B. Use of the passive voice

1. In the passive voice, the agent is usually introduced by **par** when the verb expresses an action, and by **de** when the verb expresses a state or condition.

   Compare:

   > L'os est mangé **par** le chien.
   > *The bone is eaten by the dog.*

   > Le père est aimé **de** ses enfants.
   > *The father is loved by his children.*

2. The passive voice is more frequent in English than it is in French. In many cases, French uses **on** and the active voice instead of the passive.

   > On m'a demandé de répondre à la question.
   > *I was asked to answer the question.*

   > On ne leur a pas permis d'entrer.
   > *They were not allowed to enter.*

   Note that in a few cases, a pronominal verb is used to express the passive.

   > Les timbres se vendent dans un bureau de poste.
   > *Stamps are sold in a post office.*

Appendice B

Le participe présent

A. Formation of the present participle

The present participle is formed by dropping the ending **-ons** from the nous form of the indicative present, and by adding the ending **-ant**.

> **parler** → **nous parlons** → **parlant**   *speaking*
> **finir** → **nous finissons** → **finissant**   *finishing*
> **dormir** → **nous dormons** → **dormant**   *sleeping*
> **vendre** → **nous vendons** → **vendant**   *selling*
> **se laver** → **nous nous lavons** → **se lavant**   *washing oneself*

Only **avoir**, **être**, and **savoir** have irregular forms in the present participle

> **avoir** → **ayant**
> **être** → **étant**
> **savoir** → **sachant**

B. Use of the present participle

The present participle can be used either as an adjective or a verb.

1. As an adjective, the present participle agrees in gender and number with the noun it modifies.

   > une personne charmante   des livres intéressants
   > *a charming person*   *interesting books*

2. As a verb, the present participle is invariable. It is usually preceded by the preposition **en** and indicates that two actions are taking place simultaneously. Its English equivalent is *while, upon, by +* verb + *-ing*.

   > En traversant la rue, j'ai remarqué de la fumée au loin.
   > *While crossing the street, I noticed some smoke in the distance.*

   > En arrivant à Paris, je vous téléphonerai.
   > *Upon arriving in Paris, I will call you.*

   > J'ai fait beaucoup de progrès en français en écrivant à mon correspondant.
   > *I greatly improved my French by writing to my pen pal.*

Appendice C

Faire causatif

In the causative construction, **faire** is conjugated in the appropriate tense and followed by another verb in the infinitive. The causative is used to indicate that one has someone do something, or that one has something done.

> Nous faisons construire une maison.
> *We have (are having) a house built.*

> Le professeur fait travailler les élèves.
> *The teacher has (makes) the students work.*

A. The agent

The agent of the action may be introduced by **par** or **à**.

> Le maître fait chanter cette chanson **aux** élèves.
> *The teacher has the students sing this song.*

> J'ai fait réparer la radio **par** un électricien.
> *I had the radio repaired by an electrician.*

B. Agreement of the past participle in compound tenses

In compound tenses, the past participle **fait** is invariable and does not agree with a preceding direct object.

> La radio? Je l'ai déjà fait réparer!
> *The radio? I already had it repaired!*

Appendice D

Les temps littéraires

There are four literary tenses in French, two in the indicative mood, two in the subjunctive. They are normally found in formal written style. You will probably never have to use these tenses, but you should be familiar with them in order to recognize them in literary texts.

I. Le passé simple

A. Formation of the simple past

1. For regular verbs ending with **-er**, the simple past is formed by taking the stem of the infinitive and by adding the following endings: **-ai, -as, -a, -âmes, -âtes, -èrent**.

PARLER	
je parlai	nous parlâmes
tu parlas	vous parlâtes
il parla	ils parlèrent

2. The simple past of regular verbs ending with **-ir** and **-re** is formed by adding the following endings to the stem: **-is, -is, -it, -îmes, -îtes, irent**.

FINIR	
je finis	nous finîmes
tu finis	vous finîtes
il finit	ils finirent

PERDRE	
je perdis	nous perdîmes
tu perdis	vous perdîtes
il perdit	ils perdirent

3. The simple past of irregular verbs is formed by adding one of the following groups of endings to the stem of the verb: **-is**, **-is**, **-it**, **-îmes**, **-îtes**, **-irent** OR **-us**, **-us**, **-ut**, **-ûmes**, **-ûtes**, **-urent**. Note that some irregular verbs use their past participle as the stem of the simple past.

apercevoir	il aperçut	lire	il lut
apparaître	il apparut	mettre	il mit
apprendre	il apprit	mourir	il mourut
s'asseoir	il s'assit	naître	il naquit
atteindre	il atteignit	offrir	il offrit
avoir	il eut	ouvrir	il ouvrit
boire	il but	paraître	il parut
comprendre	il comprit	plaire	il plut
conclure	il conclut	pleuvoir	il plut
conduire	il conduisit	pouvoir	il put
connaître	il connut	prendre	il prit
convaincre	il convainquit	promettre	il promit
courir	il courut	recevoir	il reçut
craindre	il craignit	résoudre	il résolut
croire	il crut	rire	il rit
décrire	il décrivit	savoir	il sut
devenir	il devint	suivre	il suivit
devoir	il dut	se taire	il se tut
dire	il dit	tenir	il tint
disparaître	il disparut	valoir	il valut
écrire	il écrivit	venir	il vint
être	il fut	vivre	il vécut
faire	il fit	voir	il vit
falloir	il fallut	vouloir	il voulut
fuir	il fuit		

NOTE: The **nous** and **vous** forms always have a circumflex accent on the vowel preceding the ending (**â, î, û**).

B. Use of the simple past

The simple past is usually found in literary texts and in formal writing. In spoken French and less formal writing it corresponds most closely to the **passé composé**.

Il ouvrit la porte, entra et se dirigea vers la fenêtre. (passé simple)
Il a ouvert la porte, est entré et s'est dirigé vers la porte. (passé composé)
He opened the door, came in, and went to the window.

II. Le passé antérieur

A. Formation of the *passé antérieur*

The **passé antérieur** is formed by conjugating the auxiliary **avoir** or **être** in the simple past and by adding the past participle of the verb.

PARLER	
j'eus parlé	nous eûmes parlé
tu eus parlé	vous eûtes parlé
il eut parlé	ils eurent parlé

VENIR	
je fus venu(e)	nous fûmes venu(e)s
tu fus venu(e)	vous fûtes venu(e)(s)
il/elle/on fut venu(e)	ils/elles furent venu(e)s

B. Use of the *passé antérieur*

The **passé antérieur** is a literary text which refers to a past action that occurred prior to another past action. It is usually found after **quand**, **lorsque**, **après que**, **aussitôt que**, and **dès que**. The action of the other clause is usually expressed by the **passé simple**.

> Dès qu'il eut appris la nouvelle, il écrivit à son ami.
> *As soon as he had heard the news, he wrote to his friend.*

III. L'imparfait du subjonctif

A. Formation of the imperfect subjunctive

The imperfect subjunctive is formed by dropping the ending of the **tu** form of the **passé simple**, and by adding the following endings: -sse, -sses, -^t, -ssions, -ssiez, -ssent. Note that the third person singular always has a circumflex accent over the final vowel.

PARLER: PASSÉ SIMPLE: TU ALLAS → STEM: *alla-*	
que j'allasse	que nous allassions
que tu allasses	que vous allassiez
qu'il allât	qu'ils allassent

VOULOIR: PASSÉ SIMPLE: TU VOULUS → STEM: *voulu-*	
que je voulusse	que nous voulussions
que tu voulusses	que vous voulussiez
qu'il voulût	qu'ils voulussent

FINIR: PASSÉ SIMPLE: TU FINIS → STEM: *fini-*	
que je finisse	que nous finissions
que tu finisses	que vous finissiez
qu'il finît	qu'ils finissent

B. Use of the imperfect subjunctive

The imperfect subjunctive is used in subordinate clauses when the verb of the main clause is in a past tense or in the conditional. However, both actions must occur at the same time. Note that this tense is more often used in the third person singular. In spoken French, the present subjunctive is used.

Il voudrait qu'elle parlât plus fort.
He would like her to speak louder.

Il voulait que mon père répondît à ses questions.
He wanted my father to answer his questions.

III. Le plus-que-parfait du subjonctif

A. Formation of the pluperfect subjunctive

The pluperfect subjunctive is formed by conjugating the auxiliary **avoir** or **être** in the imperfect subjunctive, and by adding the past participle of the verb.

PARLER	
que j'eusse parlé	que nous eussions parlé
que tu eusses parlé	qure vous eussiez parlé
qu'il eût parlé	qu'ils eussent parlé

VENIR	
que je fusse venu(e)	que nous fussions venu(e)s
que tu fusses venu(e)	que vous fussiez venu(e)(s)
qu'il/elle/on fût venu(e)	qu'ils/elles fussent venu(e)s

B. Use of the pluperfect subjunctive

In literary contexts, the pluperfect subjunctive may replace the pluperfect indicative or the past conditional. It is found in a subordinate clause to express a past event which took place prior to another past event expressed by the verb of the main clause. It is most often used in the third person singular. In spoken French and less formal writing, the past subjunctive is used.

Elle craignait qu'il fût parti sans elle.
She feared that he had left without her.

J'aurais voulu qu'elle m'eût prévenu(e) de son arrivée.
I would have liked her to have informed me of her arrival.

Appendice E

Conjugaisons

I. Verbes réguliers

Infinitif Participe présent Participe passé	Indicative		Impératif	Conditionnel présent	Subjonctif présent
parler (*to speak*) parlant parlé	**Présent** je parle tu parles il parle nous parlons vous parlez ils parlent	**Imparfait** je parlais tu parlais il parlait nous parlions vous parliez ils parlaient	parle parlons parlez	je parlerais tu parlerais il parlerait nous parlerions vous parleriez ils parleraient	que je parle que tu parles qu'il parle que nous parlions que vous parliez qu'ils parlent
	Passé composé j'ai parlé tu as parlé il a parlé nous avons parlé vous avez parlé ils ont parlé	**Plus-que-parfait** j'avais parlé tu avais parlé il avait parlé nous avions parlé vous aviez parlé ils avaient parlé		**Conditionnel passé** j'aurais parlé tu aurais parlé il aurait parlé nous aurions parlé vous auriez parlé ils auraient parlé	**Subjonctif passé** que j'aie parlé que tu aies parlé qu'il ait parlé que nous ayons parlé que vous ayez parlé qu'ils aient parlé
	Futur simple je parlerai tu parleras il parlera nous parlerons vous parlerez ils parleront	**Futur antérieur** j'aurai parlé tu auras parlé il aura parlé nous aurons parlé vous aurez parlé ils auront parlé			
	Passé simple je parlai tu parlas il parla nous parlâmes vous parlâtes ils parlèrent				

Infinitif Participe présent Participe passé	Indicative		Impératif	Conditionnel présent	Subjonctif présent
finir (*to finish*) finissant fini	**Présent** je finis tu finis il finit nous finissons vous finissez ils finissent	**Passé simple** je finis tu finis il finit nous finîmes vous finîtes ils finirent	finis finissons finissez	jc finirais tu finirais il finirait nous finirions vous finiriez ils finiraient	que je finisse que tu finisses qu'il finisse que nous finissions que vous finissiez qu'ils finissent
	Imparfait je finissais tu finissais il finissait nous finissions vous finissiez ils finissaient	**Futur simple** je finirai tu finiras il finira nous finirons vous finirez ils finiront		**Conditionnel passé** j'aurais fini tu aurais fini il aurait fini nous aurions fini vous auriez fini ils auraient fini	**Subjonctif passé** que j'aie fini que tu aies fini qu'il ait fini que nous ayons fini que vous ayez fini qu'ils aient fini
	Passé composé j'ai fini tu as fini il a fini nous avons fini vous avez fini ils ont fini	**Futur antérieur** j'aurai fini tu auras fini il aura fini nous aurons fini vous aurez fini ils auront fini			
	Plus-que-parfait j'avais fini tu avais fini il avait fini nous avions fini vous aviez fini ils avaient fini				

Infinitif Participe présent Participe passé	Indicative		Impératif	Conditionnel présent	Subjonctif présent
perdre (*to lose*) perdant perdu	**Présent** je perds tu perds il perd nous perdons vous perdez ils perdent	**Passé simple** je perdis tu perdis il perdit nous perdîmes vous perdîtes ils perdirent	perds perdons perdez	je perdrais tu perdrais il perdrait nous perdrions vous perdriez ils perdraient	que je perde que tu perdes qu'il perde que nous perdions que vous perdiez qu'ils perdent
	Imparfait je perdais tu perdais il perdait nous perdions vous perdiez ils perdaient	**Futur simple** je perdrai tu perdras il perdra nous perdrons vous perdrez ils perdront		**Conditionnel passé** j'aurais perdu tu aurais perdu il aurait perdu nous aurions perdu vous auriez perdu ils auraient perdu	**Subjonctif passé** que j'aie perdu que tu aies perdu qu'il ait perdu que nous ayons perdu que vous ayez perdu qu'ils aient perdu
	Passé composé j'ai perdu tu as perdu il a perdu nous avons perdu vous avez perdu ils ont perdu	**Futur antérieur** j'aurai perdu tu auras perdu il aura perdu nous aurons perdu vous aurez perdu ils auront perdu			
	Plus-que-parfait j'avais perdu tu avais perdu il avait perdu nous avions perdu vous aviez perdu ils avaient perdu				

Infinitif Participe présent Participe passé	Indicative		Impératif	Conditionnel présent	Subjonctif présent
se laver (*to wash oneself*) se lavant lavé	**Présent** je me lave tu te laves il/elle/on se lave nous nous lavons vous vous lavez ils/elles se lavent	**Passé simple** je me lavai tu te lavas il se lava nous nous lavâmes vous vous lavâtes ils se lavèrent	lave-toi lavons-nous lavez-vous	je me laverais tu te laverais il se laverait nous nous laverions vous vous laveriez ils se laveraient	que je me lave que tu te laves qu'il se lave que nous nous lavions que vous vous laviez qu'ils se lavent
	Imparfait je me lavais tu te lavais il se lavait nous nous lavions vous vous laviez ils se lavaient	**Futur simple** je me laverai tu te laveras il se lavera nous nous laverons vous vous laverez ils se laveront		**Conditionnel passé** je me serais lavé(e) tu te serais lavé(e) il/elle/on se serait lavé(e) nous nous serions lavé(e)s vous vous seriez lavé(e)(s) ils/elles se seraient lavé(e)s	**Subjonctif passé** que je me sois lavé(e) que tu te sois lavé(e) qu'il/elle/on se soit lavé(e) que nous nous soyons lavé(e)s que vous vous soyez lavé(e)(s) qu'ils/elles se soient lavé(e)s
	Passé composé je me suis lavé(e) tu t'es lavé(e) il/elle/on s'est lavé(e) nous nous sommes lavé(e)s vous vous êtes lavé(e)(s) ils/elles se sont lavé(e)s	**Futur antérieur** je me serai lavé(e) tu te seras lavé(e) il/elle/on se sera lavé(e) nous nous serons lavé(e)s vous vous serez lavé(e)(s) ils/elles se seront lavé(e)s			
	Plus-que-parfait je m'étais lavé(e) tu t'étais lavé(e) il/elle/on s'était lavé(e) nous nous étions lavé(e)s vous vous étiez lavé(e)(s) ils/elles s'étaient lavé(e)s				

II. Verbes irréguliers

Infinitif Participe présent Participe passé	Présent	Imparfait	Passé composé	Passé simple
acquérir (*to acquire, to get*) acquérant acquis	j'acquiers tu acquiers il acquiert nous acquérons vous acquérez ils acquièrent	j'acquérais tu acquérais il acquérait nous acquérions vous acquériez ils acquéraient	j'ai acquis tu as acquis il a acquis nous avons acquis vous avez acquis ils ont acquis	j'acquis tu acquis il acquit nous acquîmes vous acquîtes ils acquirent

Infinitif Participe présent Participe passé	Présent	Imparfait	Passé composé	Passé simple
aller (*to go*) allant allé	je vais tu vas il va nous allons vous allez ils vont	j'allais tu allais il allait nous allions vous alliez ils allaient	je suis allé(e) tu es allé(e) il/elle/on est allé(e) nous sommes allé(e)s vous êtes allé(e)(s) ils/elles sont allé(e)s	j'allai tu allas il alla nous allâmes vous allâtes ils allèrent

Infinitif Participe présent Participe passé	Présent	Imparfait	Passé composé	Passé simple
s'asseoir (*to sit down*) s'asseyant assis	je m'assieds[1] tu t'assieds il s'assied nous nous asseyons vous vous asseyez ils s'asseyent	je m'asseyais tu t'asseyais il s'asseyait nous nous asseyions vous vous asseyiez ils s'asseyaient	je me suis assis(e) tu t'es assis(e) il/elle/on s'est assis(e) nous nous sommes assis(es) vous vous êtes assis(e)(es) ils/elles se sont assis(es)	je m'assis tu t'assis il s'assit nous nous assîmes vous vous assîtes ils s'assirent

Infinitif Participe présent Participe passé	Présent	Imparfait	Passé composé	Passé simple
avoir (*to have*) ayant eu	j'ai tu as il a nous avons vous avez ils ont	j'avais tu avais il avait nous avions vous aviez ils avaient	j'ai eu tu as eu il a eu nous avons eu vous avez eu ils ont eu	j'eus tu eus il eut nous eûmes vous eûtes ils eurent

---

[1]Alternate forms in the present tense are **je m'assois, tu t'assois, il s'assoit, nous nous assoyons, vous vous assoyez, ils s'assoient.**

Futur simple

j'acquerrai
tu acquerras
il acquerra
nous acquerrons
vous acquerrez
ils acquerront

Impératif

acquiers
acquérons
acquérez

Conditionnel présent

j'acquerrais
tu acquerrais
il acquerrait
nous acquerrions
vous acquerriez
ils acquerraient

Subjonctif présent

que j'acquière
que tu acquières
qu'il acquière
que nous acquérions
que vous acquériez
qu'ils acquièrent

Futur simple

j'irai
tu iras
il ira
nous irons
vous irez
ils iront

Impératif

va
allons
allez

Conditionnel présent

j'irais
tu irais
il irait
nous irions
vous iriez
ils iraient

Subjonctif présent

que j'aille
que tu ailles
qu'il aille
que nous allions
que vous alliez
qu'ils aillent

Futur simple

je m'assiérai
tu t'assiéras
il s'assiéra
nous nous assiérons
vous vous assiérez
ils s'assiéront

Impératif

assieds-toi
asseyons-nous
asseyez-vous

Conditionnel présent

je m'assiérais
tu t'assiérais
il s'assiérait
nous nous assiérions
vous vous assiériez
ils s'assiéraient

Subjonctif présent

que je m'asseye
que tu t'asseyes
qu'il s'asseye
que nous nous asseyions
que vous vous asseyiez
qu'ils s'asseyent

Futur simple

j'aurai
tu auras
il aura
nous aurons
vous aurez
ils auront

Impératif

aie
ayons
ayez

Conditionnel présent

j'aurais
tu aurais
il aurait
nous aurions
vous auriez
ils auraient

Subjonctif présent

que j'aie
que tu aies
qu'il ait
que nous ayons
que vous ayez
qu'ils aient

Infinitif Participe présent Participe passé	Présent	Imparfait	Passé composé	Passé simple
battre (to beat) battant battu	je bats tu bats il bat nous battons vous battez ils battent	je battais tu battais il battait nous battions vous battiez ils battaient	j'ai battu tu as battu il a battu nous avons battu vous avez battu ils ont battu	je battis tu battis il battit nous battîmes vous battîtes ils battirent

Infinitif Participe présent Participe passé	Présent	Imparfait	Passé composé	Passé simple
boire (to drink) buvant bu	je bois tu bois il boit nous buvons vous buvez ils boivent	je buvais tu buvais il buvait nous buvions vous buviez ils buvaient	j'ai bu tu as bu il a bu nous avons bu vous avez bu ils ont bu	je bus tu bus il but nous bûmes vous bûtes ils burent

Infinitif Participe présent Participe passé	Présent	Imparfait	Passé composé	Passé simple
conclure (to conclude) concluant conclu	je conclus tu conclus il conclut nous concluons vous concluez ils concluent	je concluais tu concluais il concluait nous concluions vous concluiez ils concluaient	j'ai conclu tu as conclu il a conclu nous avons conclu vous avez conclu ils ont conclu	je conclus tu conclus il conclut nous conclûmes vous conclûtes ils conclurent

Infinitif Participe présent Participe passé	Présent	Imparfait	Passé composé	Passé simple
conduire (to drive, to conduct) conduisant conduit	je conduis tu conduis il conduit nous conduisons vous conduisez ils conduisent	je conduisais tu conduisais il conduisait nous conduisions vous conduisiez ils conduisaient	j'ai conduit tu as conduit il a conduit nous avons conduit vous avez conduit ils ont conduit	je conduisis tu conduisis il conduisit nous conduisîmes vous conduisîtes ils conduisirent

Futur simple	Impératif	Conditionnel présent	Subjonctif présent
je battrai	bats	je battrais	que je batte
tu battras	battons	tu battrais	que tu battes
il battra	battez	il battrait	qu'il batte
nous battrons		nous battrions	que nous battions
vous battrez		vous battriez	que vous battiez
ils battront		ils battraient	qu'ils battent

Futur simple	Impératif	Conditionnel présent	Subjonctif présent
je boirai	bois	je boirais	que je boive
tu boiras	buvons	tu boirais	que tu boives
il boira	buvez	il boirait	qu'il boive
nous boirons		nous boirions	que nous buvions
vous boirez		vous boiriez	que vous buviez
ils boiront		ils boiraient	qu'ils boivent

Futur simple	Impératif	Conditionnel présent	Subjonctif présent
je conclurai	conclus	je conclurais	que je conclue
tu concluras	concluons	tu conclurais	que tu conclues
il conclura	concluez	il conclurait	qu'il conclue
nous conclurons		nous conclurions	que nous concluions
vous conclurez		vous concluriez	que vous concluiez
ils concluront		ils concluraient	qu'ils concluent

Futur simple	Impératif	Conditionnel présent	Subjonctif présent
je conduirai	conduis	je conduirais	que je conduise
tu conduiras	conduisons	tu conduirais	que tu conduises
il conduira	conduisez	il conduirait	qu'il conduise
nous conduirons		nous conduirions	que nous conduisions
vous conduirez		vous conduiriez	que vous conduisiez
ils conduiront		ils conduiraient	qu'ils conduisent

Infinitif
Participe présent

Participe passé	Présent	Imparfait	Passé composé	Passé simple
connaître	je connais	je connaissais	j'ai connu	je connus
(to know)	tu connais	tu connaissais	tu as connu	tu connus
connaissant	il connaît	il connaissait	il a connu	il connut
connu	nous connaissons	nous connaissions	nous avons connu	nous connûmes
	vous connaissez	vous connaissiez	vous avez connu	vous connûtes
	ils connaissent	ils connaissaient	ils ont connu	ils connurent

Infinitif
Participe présent

Participe passé	Présent	Imparfait	Passé composé	Passé simple
coudre	je couds	je cousais	j'ai cousu	je cousus
(to sew)	tu couds	tu cousais	tu as cousu	tu cousus
cousant	il coud	il cousait	il a cousu	il cousut
cousu	nous cousons	nous cousions	nous avons cousu	nous cousûmes
	vous cousez	vous cousiez	vous avez cousu	vous cousûtes
	ils cousent	ils cousaient	ils ont cousu	ils cousurent

Infinitif
Participe présent

Participe passé	Présent	Imparfait	Passé composé	Passé simple
courir	je cours	je courais	j'ai couru	je courus
(to run)	tu cours	tu courais	tu as couru	tu courus
courant	il court	il courait	il a couru	il courut
couru	nous courons	nous courions	nous avons couru	nous courûmes
	vous courez	vous couriez	vous avez couru	vous courûtes
	ils courent	ils couraient	ils ont couru	ils coururent

Infinitif
Participe présent

Participe passé	Présent	Imparfait	Passé composé	Passé simple
craindre	je crains	je craignais	j'ai craint	je craignis
(to fear)	tu crains	tu craignais	tu as craint	tu craignis
craignant	il craint	il craignait	il a craint	il craignit
craint	nous craignons	nous craignions	nous avons craint	nous craignîmes
	vous craignez	vous craigniez	vous avez craint	vous craignîtes
	ils craignent	ils craignaient	ils ont craint	ils craignirent

Futur simple	Impératif	Conditionnel présent	Subjonctif présent
je connaîtrai	connais	je connaîtrais	que je connaisse
tu connaîtras	connaissons	tu connaîtrais	que tu connaisses
il connaîtra	connaissez	il connaîtrait	qu'il connaisse
nous connaîtrons		nous connaîtrions	que nous connaissions
vous connaîtrez		vous connaîtriez	que vous connaissiez
ils connaîtront		ils connaîtraient	qu'ils connaissent

Futur simple	Impératif	Conditionnel présent	Subjonctif présent
je coudrai	couds	je coudrais	que je couse
tu coudras	cousons	tu coudrais	que tu couses
il coudra	cousez	il coudrait	qu'il couse
nous coudrons		nous coudrions	que nous cousions
vous coudrez		vous coudriez	que vous cousiez
ils coudront		ils coudraient	qu'ils cousent

Futur simple	Impératif	Conditionnel présent	Subjonctif présent
je courrai	cours	je courrais	que je coure
tu courras	courons	tu courrais	que tu coures
il courra	courez	il courrait	qu'il coure
nous courrons		nous courrions	que nous courions
vous courrez		vous courriez	que vous couriez
ils courront		ils courraient	qu'ils courent

Futur simple	Impératif	Conditionnel présent	Subjonctif présent
je craindrai	crains	je craindrais	que je craigne
tu craindras	craignons	tu craindrais	que tu craignes
il craindra	craignez	il craindrait	qu'il craigne
nous craindrons		nous craindrions	que nous craignions
vous craindrez		vous craindriez	que vous craigniez
ils craindront		ils craindraient	qu'ils craignent

Infinitif Participe présent Participe passé	Présent	Imparfait	Passé composé	Passé simple
croire (*to believe*) croyant cru	je crois tu crois il croit nous croyons vous croyez ils croient	je croyais tu croyais il croyait nous croyions vous croyiez ils croyaient	j'ai cru tu as cru il a cru nous avons cru vous avez cru ils ont cru	je crus tu crus il crut nous crûmes vous crûtes ils crurent

Infinitif Participe présent Participe passé	Présent	Imparfait	Passé composé	Passé simple
croître[2] (*to grow, to increase*) crû	je croîs[3] tu croîs il croît nous croissons vous croissez ils croissent	je croissais tu croissais il croissait nous croissions vous croissiez ils croissaient	j'ai crû tu as crû il a crû nous avons crû vous avez crû ils ont crû	je crûs[4] tu crûs il crût nous crûmes vous crûtes ils crûrent

Infinitif Participe présent Participe passé	Présent	Imparfait	Passé composé	Passé simple
cueillir (*to pick, to gather*) cueillant cueilli	je cueille tu cueilles il cueille nous cueillons vous cueillez ils cueillent	je cueillais tu cueillais il cueillait nous cueillions vous cueilliez ils cueillaient	j'ai cueilli tu as cueilli il a cueilli nous avons cueilli vous avez cueilli ils ont cueilli	je cueillis tu cueillis il cueillit nous cueillîmes vous cueillîtes ils cueillirent

Infinitif Participe présent Participe passé	Présent	Imparfait	Passé composé	Passé simple
devoir (*must, to have to; to owe*) devant dû, dus, due(s)	je dois tu dois il doit nous devons vous devez ils doivent	je devais tu devais il devait nous devions vous deviez ils devaient	j'ai dû tu as dû il a dû nous avons dû vous avez dû ils ont dû	je dus tu dus il dut nous dûmes vous dûtes ils durent

[2]However, **accroître** and **décroître** do not take a circumflex accent → **accru, décru.**
[3]**Accroître** and **décroître** only take a circumflex accent in the third person singular → **il décroît.**
[4]No accent for **accroître** and **décroître** (except in the **nous** and **vous** forms) → **j'accrus.**
[5]No circumflex accent for **accroître** and **décroître** → **décrois.**

Futur simple	Impératif	Conditionnel présent	Subjonctif présent
je croirai	crois	je croirais	que je croie
tu croiras	croyons	tu croirais	que tu croies
il croira	croyez	il croirait	qu'il croie
nous croirons		nous croirions	que nous croyions
vous croirez		vous croiriez	que vous croyiez
ils croiront		ils croiraient	qu'ils croient

Futur simple	Impératif	Conditionnel présent	Subjonctif présent
je croîtrai	croîs[5]	je croîtrais	que je croisse
tu croîtras	croissons	tu croîtrais	que tu croisses
il croîtra	croissez	il croîtrait	qu'il croisse
nous croîtrons		nous croîtrions	que nous croissions
vous croîtrez		vous croîtriez	que vous croissiez
ils croîtront		ils croîtraient	qu'ils croissent

Futur simple	Impératif	Conditionnel présent	Subjonctif présent
je cueillerai	cueille	je cueillerais	que je cueille
tu cueilleras	cueillons	tu cueillerais	que tu cueilles
il cueillera	cueillez	il cueillerait	qu'il cueille
nous cueillerons		nous cueillerions	que nous cueillions
vous cueillerez		vous cueilleriez	que vous cueilliez
ils cueilleront		ils cueilleraient	qu'ils cueillent

Futur simple	Impératif	Conditionnel présent	Subjonctif présent
je devrai	dois	je devrais	que je doive
tu devras	devons	tu devrais	que tu doives
il devra	devez	il devrait	qu'il doive
nous devrons		nous devrions	que nous devions
vous devrez		vous devriez	que vous deviez
ils devront		ils devraient	qu'ils doivent

Infinitif Participe présent Participe passé	Présent	Imparfait	Passé composé	Passé simple
dire (*to say, to tell*) disant dit	je dis tu dis il dit nous disons vous dites[6] ils disent	je disais tu disais il disait nous disions vous disiez ils disaient	j'ai dit tu as dit il a dit nous avons dit vous avez dit ils ont dit	je dis tu dis il dit nous dîmes vous dîtes ils dirent

Infinitif Participe présent Participe passé	Présent	Imparfait	Passé composé	Passé simple
dormir (*to sleep*) dormant dormi	je dors tu dors il dort nous dormons vous dormez ils dorment	je dormais tu dormais il dormait nous dormions vous dormiez ils dormaient	j'ai dormi tu as dormi il a dormi nous avons dormi vous avez dormi ils ont dormi	je dormis tu dormis il dormit nous dormîmes vous dormîtes ils dormirent

Infinitif Participe présent Participe passé	Présent	Imparfait	Passé composé	Passé simple
écrire (*to write*) écrivant écrit	j'écris tu écris il écrit nous écrivons vous écrivez ils écrivent	j'écrivais tu écrivais il écrivait nous écrivions vous écriviez ils écrivaient	j'ai écrit tu as écrit il a écrit nous avons écrit vous avez écrit ils ont écrit	j'écrivis tu écrivis il écrivit nous écrivîmes vous écrivîtes ils écrivirent

Infinitif Participe présent Participe passé	Présent	Imparfait	Passé composé	Passé simple
envoyer (*to send*) envoyant envoyé	j'envoie tu envoies il envoie nous envoyons vous envoyez ils envoient	j'envoyais tu envoyais il envoyait nous envoyions vous envoyiez ils envoyaient	j'ai envoyé tu as envoyé il a envoyé nous avons envoyé vous avez envoyé ils ont envoyé	j'envoyai tu envoyas il envoya nous envoyâmes vous envoyâtes ils envoyèrent

---

[6]**Redire** is conjugated like **dire** in the **vous** form (**vous redites**); however, other verbs derived from **dire** (**contredire**, **interdire**, **prédire**, etc.) have a different ending: **vous contredisez**, **vous interdisez**, **vous prédisez**.

Futur simple	Impératif	Conditionnel présent	Subjonctif présent
je dirai	dis	je dirais	que je dise
tu diras	disons	tu dirais	que tu dises
il dira	dites	il dirait	qu'il dise
nous dirons		nous dirions	que nous disions
vous direz		vous diriez	que vous disiez
ils diront		ils diraient	qu'ils disent

Futur simple	Impératif	Conditionnel présent	Subjonctif présent
je dormirai	dors	je dormirais	que je dorme
tu dormiras	dormons	tu dormirais	que tu dormes
il dormira	dormez	il dormirait	qu'il dorme
nous dormirons		nous dormirions	que nous dormions
vous dormirez		vous dormiriez	que vous dormiez
ils dormiront		ils dormiraient	qu'ils dorment

Futur simple	Impératif	Conditionnel présent	Subjonctif présent
j'écrirai	écris	j'écrirais	que j'écrive
tu écriras	écrivons	tu écrirais	que tu écrives
il écrira	écrivez	il écrirait	qu'il écrive
nous écrirons		nous écririons	que nous écrivions
vous écrirez		vous écririez	que vous écriviez
ils écriront		ils écriraient	qu'ils écrivent

Futur simple	Impératif	Conditionnel présent	Subjonctif présent
j'enverrai	envoie	j'enverrais	que j'envoie
tu enverras	envoyons	tu enverrais	que tu envoies
il enverra	envoyez	il enverrait	qu'il envoie
nous enverrons		nous enverrions	que nous envoyions
vous enverrez		vous enverriez	que vous envoyiez
ils enverront		ils enverraient	qu'ils envoient

Infinitif Participe présent Participe passé	Présent	Imparfait	Passé composé	Passé simple
être (*to be*) étant été	je suis tu es il est nous sommes vous êtes ils sont	j'étais tu étais il était nous étions vous étiez ils étaient	j'ai été tu as été il a été nous avons été vous avez été ils ont été	je fus tu fus il fut nous fûmes vous fûtes ils furent

Infinitif Participe présent Participe passé	Présent	Imparfait	Passé composé	Passé simple
faire (*to do, to make*) faisant fait	je fais tu fais il fait nous faisons vous faites ils font	je faisais tu faisais il faisait nous faisions vous faisiez ils faisaient	j'ai fait tu as fait il a fait nous avons fait vous avez fait ils ont fait	je fis tu fis il fit nous fîmes vous fîtes ils firent

Infinitif Participe présent Participe passé	Présent	Imparfait	Passé composé	Passé simple
falloir (*to be necessary*) [present part. does not exist] fallu	il faut	il fallait	il a fallu	il fallut

Infinitif Participe présent Participe passé	Présent	Imparfait	Passé composé	Passé simple
fuir (*to escape*) fuyant fui	je fuis tu fuis il fuit nous fuyons vous fuyez ils fuient	je fuyais tu fuyais il fuyait nous fuyions vous fuyiez ils fuyaient	j'ai fui tu as fui il a fui nous avons fui vous avez fui ils ont fui	je fuis tu fuis il fuit nous fuîmes vous fuîtes ils fuirent

Futur simple	Impératif	Conditionnel présent	Subjonctif présent
je serai	sois	je serais	que je sois
tu seras	soyons	tu serais	que tu sois
il sera	soyez	il serait	qu'il soit
nous serons		nous serions	que nous soyons
vous serez		vous seriez	que vous soyez
ils seront		ils seraient	qu'ils soient

Futur simple	Impératif	Conditionnel présent	Subjonctif présent
je ferai	fais	je ferais	que je fasse
tu feras	faisons	tu ferais	que tu fasses
il fera	faites	il ferait	qu'il fasse
nous ferons		nous ferions	que nous fassions
vous ferez		vous feriez	que vous fassiez
ils feront		ils feraient	qu'ils fassent

Futur simple	Impératif	Conditionnel présent	Subjonctif présent
il faudra	[does not exist]	il faudrait	qu'il faille

Futur simple	Impératif	Conditionnel présent	Subjonctif présent
je fuirai	fuis	je fuirais	que je fuie
tu fuiras	fuyons	tu fuirais	que tu fuies
il fuira	fuyez	il fuirait	qu'il fuie
nous fuirons		nous fuirions	que nous fuyions
vous fuirez		vous fuiriez	que vous fuyiez
ils fuiront		ils fuiraient	qu'ils fuient

Infinitif Participe présent Participe passé	Présent	Imparfait	Passé composé	Passé simple
lire (*to read*) lisant lu	je lis tu lis il lit nous lisons vous lisez ils lisent	je lisais tu lisais il lisait nous lisions vous lisiez ils lisaient	j'ai lu tu as lu il a lu nous avons lu vous avez lu ils ont lu	je lus tu lus il lut nous lûmes vous lûtes ils lurent

Infinitif Participe présent Participe passé	Présent	Imparfait	Passé composé	Passé simple
mettre (*to put, to place*) mettant mis	je mets tu mets il met nous mettons vous mettez ils mettent	je mettais tu mettais il mettait nous mettions vous mettiez ils mettaient	j'ai mis tu as mis il a mis nous avons mis vous avez mis ils ont mis	je mis tu mis il mit nous mîmes vous mîtes ils mirent

Infinitif Participe présent Participe passé	Présent	Imparfait	Passé composé	Passé simple
mourir (*to die*) mourant mort	je meurs tu meurs il meurt nous mourons vous mourez ils meurent	je mourais tu mourais il mourait nous mourions vous mouriez ils mouraient	je suis mort(e) tu es mort(e) il/elle/on est mort(e) nous sommes mort(e)s vous êtes mort(e)(s) ils/elles sont mort(e)s	je mourus tu mourus il mourut nous mourûmes vous mourûtes ils moururent

Infinitif Participe présent Participe passé	Présent	Imparfait	Passé composé	Passé simple
naître (*to be born*) naissant né	je nais tu nais il naît nous naissons vous naissez ils naissent	je naissais tu naissais il naissait nous naissions vous naissiez ils naissaient	je suis né(e) tu es né(e) il/elle/on est né(e) nous sommes né(e)s vous êtes né(e)(s) ils/elles sont né(e)s	je naquis tu naquis il naquit nous naquîmes vous naquîtes ils naquirent

Futur simple	Impératif	Conditionnel présent	Subjonctif présent
je lirai	lis	je lirais	que je lise
tu liras	lisons	tu lirais	que tu lises
il lira	lisez	il lirait	qu'il lise
nous lirons		nous lirions	que nous lisions
vous lirez		vous liriez	que vous lisiez
ils liront		ils liraient	qu'ils lisent

Futur simple	Impératif	Conditionnel présent	Subjonctif présent
je mettrai	mets	je mettrais	que je mette
tu mettras	mettons	tu mettrais	que tu mettes
il mettra	mettez	il mettrait	qu'il mette
nous mettrons		nous mettrions	que nous mettions
vous mettrez		vous mettriez	que vous mettiez
ils mettront		ils mettraient	qu'ils mettent

Futur simple	Impératif	Conditionnel présent	Subjonctif présent
je mourrai	meurs	je mourrais	que je meure
tu mourras	mourons	tu mourrais	que tu meures
il mourra	mourez	il mourrait	qu'il meure
nous mourrons		nous mourrions	que nous mourions
vous mourrez		vous mourriez	que vous mouriez
ils mourront		ils mourraient	qu'ils meurent

Futur simple	Impératif	Conditionnel présent	Subjonctif présent
je naîtrai	nais	je naîtrais	que je naisse
tu naîtras	naissons	tu naîtrais	que tu naisses
il naîtra	naissez	il naîtrait	qu'il naisse
nous naîtrons		nous naîtrions	que nous naissions
vous naîtrez		vous naîtriez	que vous naissiez
ils naîtront		ils naîtraient	qu'ils naissent

Infinitif Participe présent Participe passé	Présent	Imparfait	Passé composé	Passé simple
ouvrir *(to open)* ouvrant ouvert	j'ouvre tu ouvres il ouvre nous ouvrons vous ouvrez ils ouvrent	j'ouvrais tu ouvrais il ouvrait nous ouvrions vous ouvriez ils ouvraient	j'ai ouvert tu as ouvert il a ouvert nous avons ouvert vous avez ouvert ils ont ouvert	j'ouvris tu ouvris il ouvrit nous ouvrîmes vous ouvrîtes ils ouvrirent

Infinitif Participe présent Participe passé	Présent	Imparfait	Passé composé	Passé simple
partir *(to leave)* partant parti	je pars tu pars il part nous partons vous partez ils partent	je partais tu partais il partait nous partions vous partiez ils partaient	je suis parti(e) tu es parti(e) il/elle/on est parti (e) nous sommes parti(e)s vous êtes parti(e)(s) ils/elles sont parti(e)s	je partis tu partis il partit nous partîmes vous partîtes ils partirent

Infinitif Participe présent Participe passé	Présent	Imparfait	Passé composé	Passé simple
plaire *(to appeal, to please)* plaisant plu	je plais tu plais il plaît nous plaisons vous plaisez ils plaisent	je plaisais tu plaisais il plaisait nous plaisions vous plaisiez ils plaisaient	j'ai plu tu as plu il a plu nous avons plu vous avez plu ils ont plu	je plus tu plus il plut nous plûmes vous plûtes ils plurent

Infinitif Participe présent Participe passé	Présent	Imparfait	Passé composé	Passé simple
pleuvoir *(to rain)* pleuvant plu	il pleut	il pleuvait	il a plu	il plut

Futur simple	**Impératif**	**Conditionnel présent**	**Subjonctif présent**
j'ouvrirai	ouvre	j'ouvrirais	que j'ouvre
tu ouvriras	ouvrons	tu ouvrirais	que tu ouvres
il ouvrira	ouvrez	il ouvrirait	qu'il ouvre
nous ouvrirons		nous ouvririons	que nous ouvrions
vous ouvrirez		vous ouvririez	que vous ouvriez
ils ouvriront		ils ouvriraient	qu'ils ouvrent

Futur simple	**Impératif**	**Conditionnel présent**	**Subjonctif présent**
je partirai	pars	je partirais	que je parte
tu partiras	partons	tu partirais	que tu partes
il partira	partez	il partirait	qu'il parte
nous partirons		nous partirions	que nous partions
vous partirez		vous partiriez	que vous partiez
ils partiront		ils partiraient	qu'ils partent

Futur simple	**Impératif**	**Conditionnel présent**	**Subjonctif présent**
je plairai	plais	je plairais	que je plaise
tu plairas	plaisons	tu plairais	que tu plaises
il plaira	plaisez	il plairait	qu'il plaise
nous plairons		nous plairions	que nous plaisions
vous plairez		vous plairiez	que vous plaisiez
ils plairont		ils plairaient	qu'ils plaisent

Futur simple	**Impératif**	**Conditionnel présent**	**Subjonctif présent**
il pleuvra	[does not exist]	il pleuvrait	qu'il pleuve

Infinitif
Participe présent

Participe passé	**Présent**	**Imparfait**	**Passé composé**	**Passé simple**
pouvoir	je peux	je pouvais	j'ai pu	je pus
(*to be able, can*)	tu peux	tu pouvais	tu as pu	tu pus
pouvant	il peut	il pouvait	il a pu	il put
pu	nous pouvons	nous pouvions	nous avons pu	nous pûmes
	vous pouvez	vous pouviez	vous avez pu	vous pûtes
	ils peuvent	ils pouvaient	ils ont pu	ils purent

Infinitif
Participe présent

Participe passé	**Présent**	**Imparfait**	**Passé composé**	**Passé simple**
prendre	je prends	je prenais	j'ai pris	je pris
(*to take*)	tu prends	tu prenais	tu as pris	tu pris
prenant	il prend	il prenait	il a pris	il prit
pris	nous prenons	nous prenions	nous avons pris	nous prîmes
	vous prenez	vous preniez	vous avez pris	vous prîtes
	ils prennent	ils prenaient	ils ont pris	ils prirent

Infinitif
Participe présent

Participe passé	**Présent**	**Imparfait**	**Passé composé**	**Passé simple**
recevoir	je reçois	je recevais	j'ai reçu	je reçus
(*to receive*)	tu reçois	tu recevais	tu as reçu	tu reçus
recevant	il reçoit	il recevait	il a reçu	il reçut
reçu	nous recevons	nous recevions	nous avons reçu	nous reçûmes
	vous recevez	vous receviez	vous avez reçu	vous reçûtes
	ils reçoivent	ils recevaient	ils ont reçu	ils reçurent

Infinitif
Participe présent

Participe passé	**Présent**	**Imparfait**	**Passé composé**	**Passé simple**
résoudre	je résous	je résolvais	j'ai résolu	je résolus
(*to resolve, to solve*)	tu résous	tu résolvais	tu as résolu	tu résolus
résolvant	il résout	il résolvait	il a résolu	il résolut
résolu	nous résolvons	nous résolvions	nous avons résolu	nous résolûmes
	vous résolvez	vous résolviez	vous avez résolu	vous résolûtes
	ils résolvent	ils résolvaient	ils ont résolu	ils résolurent

Futur simple	Impératif	Conditionnel présent	Subjonctif présent
je pourrai	[does not exist]	je pourrais	que je puisse
tu pourras		tu pourrais	que tu puisses
il pourra		il pourrait	qu'il puisse
nous pourrons		nous pourrions	que nous puissions
vous pourrez		vous pourriez	que vous puissiez
ils pourront		ils pourraient	qu'ils puissent

Futur simple	Impératif	Conditionnel présent	Subjonctif présent
je prendrai	prends	je prendrais	que je prenne
tu prendras	prenons	tu prendrais	que tu prennes
il prendra	prenez	il prendrait	qu'il prenne
nous prendrons		nous prendrions	que nous prenions
vous prendrez		vous prendriez	que vous preniez
ils prendront		ils prendraient	qu'ils prennent

Futur simple	Impératif	Conditionnel présent	Subjonctif présent
je recevrai	reçois	je recevrais	que je reçoive
tu recevras	recevons	tu recevrais	que tu reçoives
il recevra	recevez	il recevrait	qu'il reçoive
nous recevrons		nous recevrions	que nous recevions
vous recevrez		vous recevriez	que vous receviez
ils recevront		ils recevraient	qu'ils reçoivent

Futur simple	Impératif	Conditionnel présent	Subjonctif présent
je résoudrai	résous	je résoudrais	que je résolve
tu résoudras	résolvons	tu résoudrais	que tu résolves
il résoudra	résolvez	il résoudrait	qu'il résolve
nous résoudrons		nous résoudrions	que nous résolvions
vous résoudrez		vous résoudriez	que vous résolviez
ils résoudront		ils résoudraient	qu'ils résolvent

Infinitif Participe présent Participe passé	Présent	Imparfait	Passé composé	Passé simple
rire (*to laugh*) riant ri	je ris tu ris il rit nous rions vous riez ils rient	je riais tu riais il riait nous riions vous riiez ils riaient	j'ai ri tu as ri il a ri nous avons ri vous avez ri ils ont ri	je ris tu ris il rit nous rîmes vous rîtes ils rirent

Infinitif Participe présent Participe passé	Présent	Imparfait	Passé composé	Passé simple
savoir (*to know*) sachant su	je sais tu sais il sait nous savons vous savez ils savent	je savais tu savais il savait nous savions vous saviez ils savaient	j'ai su tu as su il a su nous avons su vous avez su ils ont su	je sus tu sus il sut nous sûmes vous sûtes ils surent

Infinitif Participe présent Participe passé	Présent	Imparfait	Passé composé	Passé simple
suivre (*to follow*) suivant suivi	je suis tu suis il suit nous suivons vous suivez ils suivent	je suivais tu suivais il suivait nous suivions vous suiviez ils suivaient	j'ai suivi tu as suivi il a suivi nous avons suivi vous avez suivi ils ont suivi	je suivis tu suivis il suivit nous suivîmes vous suivîtes ils suivirent

Infinitif Participe présent Participe passé	Présent	Imparfait	Passé composé	Passé simple

se taire
(*to be quiet*)
se taisant
tu
	je me tais
	tu te tais
	il se tait
	nous nous taisons
	vous vous taisez
	ils se taisent
		je me taisais
		tu te taisais
		il se taisait
		nous nous taisions
		vous vous taisiez
		ils se taisaient
			je me suis tu(e)
			tu t'es tu(e)
			il/elle/on s'est tu(e)
			nous nous sommes
			  tu(e)s
			vous vous êtes
			  tu(e)(s)
			il/elles se sont tu(e)s
				je me tus
				tu te tus
				il se tut
				nous nous tûmes
				vous vous tûtes
				ils se turent

Futur simple	Impératif	Conditionnel présent	Subjonctif présent
je rirai	ris	je rirais	que je rie
tu riras	rions	tu rirais	que tu ries
il rira	riez	il rirait	qu'il rie
nous rirons		nous ririons	que nous riions
vous rirez		vous ririez	que vous riiez
ils riront		ils riraient	qu'ils rient

Futur simple	Impératif	Conditionnel présent	Subjonctif présent
je saurai	sache	je saurais	que je sache
tu sauras	sachons	tu saurais	que tu saches
il saura	sachez	il saurait	qu'il sache
nous saurons		nous saurions	que nous sachions
vous saurez		vous sauriez	que vous sachiez
ils sauront		ils sauraient	qu'ils sachent

Futur simple	Impératif	Conditionnel présent	Subjonctif présent
je suivrai	suis	je suivrais	que je suive
tu suivras	suivons	tu suivrais	que tu suives
il suivra	suivez	il suivrait	qu'il suive
nous suivrons		nous suivrions	que nous suivions
vous suivrez		vous suivriez	que vous suiviez
ils suivront		ils suivraient	qu'ils suivent

Futur simple	Impératif	Conditionnel présent	Subjonctif présent
je me tairai	tais-toi	je me tairais	que je me taise
tu te tairas	taisons-nous	tu te tairais	que tu te taises
il se taira	taisez-vous	il se tairait	qu'il se taise
nous nous tairons		nous nous tairions	que nous nous taisions
vous vous tairez		vous vous tairiez	que vous vous taisiez
ils se tairont		ils se tairaient	qu'ils se taisent

Infinitif Participe présent Participe passé	Présent	Imparfait	Passé composé	Passé simple
vaincre (*to conquer*) vainquant vaincu	je vaincs tu vaincs il vainc nous vainquons vous vainquez ils vainquent	je vainquais tu vainquais il vainquait nous vainquions vous vainquiez ils vainquaient	j'ai vaincu tu as vaincu il a vaincu nous avons vaincu vous avez vaincu ils ont vaincu	je vainquis tu vainquis il vainquit nous vainquîmes vous vainquîtes ils vainquirent

Infinitif Participe présent Participe passé	Présent	Imparfait	Passé composé	Passé simple
valoir (*to be worth, to* *deserve*) valant valu	je vaux tu vaux il vaut nous valons vous valez ils valent	je valais tu valais il valait nous valions vous valiez ils valaient	j'ai valu tu as valu il a valu nous avons valu vous avez valu ils ont valu	je valus tu valus il valut nous valûmes vous valûtes ils valurent

Infinitif Participe présent Participe passé	Présent	Imparfait	Passé composé	Passé simple
venir (*to come*) venant venu	je viens tu viens il vient nous venons vous venez ils viennent	je venais tu venais il venait nous venions vous veniez ils venaient	je suis venu(e) tu es venu(e) il/elle/on est venu(e) nous sommes venu(e)s vous êtes venu(e)(s) ils/elles sont venu(e)s	je vins tu vins il vint nous vînmes vous vîntes ils vinrent

Infinitif Participe présent Participe passé	Présent	Imparfait	Passé composé	Passé simple
vivre (*to live*) vivant vécu	je vis tu vis il vit nous vivons vous vivez ils vivent	je vivais tu vivais il vivait nous vivions vous viviez ils vivaient	j'ai vécu tu as vécu il a vécu nous avons vécu vous avez vécu ils ont vécu	je vécus tu vécus il vécut nous vécûmes vous vécûtes ils vécurent

Futur simple	Impératif	Conditionnel présent	Subjonctif présent
je vaincrai	vaincs	je vaincrais	que je vainque
tu vaincras	vainquons	tu vaincrais	que tu vainques
il vaincra	vainquez	il vaincrait	qu'il vainque
nous vaincrons		nous vaincrions	que nous vainquions
vous vaincrez		vous vaincriez	que vous vainquiez
ils vaincront		ils vaincraient	qu'ils vainquent

Futur simple	Impératif	Conditionnel présent	Subjonctif présent
je vaudrai	vaux	je vaudrais	que je vaille
tu vaudras	valons	tu vaudrais	que tu vailles
il vaudra	valez	il vaudrait	qu'il vaille
nous vaudrons		nous vaudrions	quc nous valions
vous vaudrez		vous vaudriez	que vous valiez
ils vaudront		ils vaudraient	qu'ils vaillent

Futur simple	Impératif	Conditionnel présent	Subjonctif présent
je viendrai	viens	je viendrais	que je vienne
tu viendras	venons	tu viendrais	que tu viennes
il viendra	venez	il viendrait	qu'il vienne
nous viendrons		nous viendrions	que nous venions
vous viendrez		vous viendriez	que vous veniez
ils viendront		ils viendraient	qu'ils viennent

Futur simple	Impératif	Conditionnel présent	Subjonctif présent
je vivrai	vis	je vivrais	que je vive
tu vivras	vivons	tu vivrais	que tu vives
il vivra	vivez	il vivrait	qu'il vive
nous vivrons		nous vivrions	que nous vivions
vous vivrez		vous vivriez	que vous viviez
ils vivront		ils vivraient	qu'ils vivent

Infinitif Participe présent Participe passé	Présent	Imparfait	Passé composé	Passé simple
voir (*to see*) voyant vu	je vois tu vois il voit nous voyons vous voyez ils voient	je voyais tu voyais il voyait nous voyions vous voyiez ils voyaient	j'ai vu tu as vu il a vu nous avons vu vous avez vu ils ont vu	je vis tu vis il vit nous vîmes vous vîtes ils virent

Infinitif Participe présent Participe passé	Présent	Imparfait	Passé composé	Passé simple
vouloir (*to want*) voulant voulu	je veux tu veux il veut nous voulons vous voulez ils veulent	je voulais tu voulais il voulait nous voulions vous vouliez ils voulaient	j'ai voulu tu as voulu il a voulu nous avons voulu vous avez voulu ils ont voulu	je voulus tu voulus il voulut nous voulûmes vous voulûtes ils voulurent

Futur simple	Impératif	Conditionnel présent	Subjonctif présent
je verrai	vois	je verrais	que je voie
tu verras	voyons	tu verrais	que tu voies
il verra	voyez	il verrait	qu'il voie
nous verrons		nous verrions	que nous voyions
vous verrez		vous verriez	que vous voyiez
ils verront		ils verraient	qu'ils voient

Futur simple	Impératif	Conditionnel présent	Subjonctif présent
je voudrai	[only used in the second person plural]	je voudrais	que je veuille
tu voudras	veuillez	tu voudrais	que tu veuilles
il voudra		il voudrait	qu'il veuille
nous voudrons		nous voudrions	que nous voulions
vous voudrez		vous voudriez	que vous vouliez
ils voudront		ils voudraient	qu'ils veuillent

Index

Credits

Text/Realia

p. 23, © Michelin, Guide Vert Alsace Lorraine Vosages (5e ed., 1995); p. 43, ©INSEE; p. 57-58, ©CASLON, S.A.; p. 109, Le message, *Paroles*, Editions GALLIMARD 1946; p. 113, ©IUT du Havre; p. 137, ©CNRS-Conception M.-J. Husset and C. Hornet

Photos

All photos are the property of the author with the exception of the cover and title page photos.